邻避治理

理论与实践

徐祖迎　朱玉芹 ◎ 著

上海三联书店

本书是安徽省哲学社会科学规划项目（AHSKQ2016D32）

的阶段性研究成果

摘　要

随着社会的发展，人们对公共设施的需求也开始急剧增加。一些公共设施在服务民众的同时，也产生了极大的负面效应，如环境的污染引起的生态环境的恶化，以及由此而引起了人们的身体健康受到了损害及其房屋价值的贬值。环境类"邻避"设施，诸如垃圾焚烧厂、火力发电厂、变电所等，虽然对于公共利益是必需的，但却容易引起当地民众的反对和抵制，这就是邻避冲突。

通过对四例典型案例的分析发现，邻避冲突爆发的原因有经济因素、心理因素、参与动机和环保意识的觉醒等。邻避冲突总体呈现出成本和收益的非对称性、资讯的不均衡性、高度的动员性和不确定性等特点。除此之外，中国邻避冲突有着不同于西方的独特景观，具有抗争诉求的单一化和非政治化、抗争方式的弱组织化、抗争策略的"问题化"特征。

邻避治理是保持社会稳定、促进社会和谐发展的重要手段。由于邻避冲突涉及公共事项、事关公共利益，第三方的介入和干预就成为一种必然选择。第三方干预是帮助冲突双方实现冲突平息和冲突和解的重要手段，其作用机制包括制造"缓冲期"和"冷却期"、建立或改进对话渠道以及直接裁决。第三方干预的有效发挥必须具备一定的条件，即较高的公信力、较强的中立性和公正性以及恰当的干预时机。在冲突管理过程中，权力介入的效果受到冲突困境性质和冲突管理目标的限制。对于"守约困境冲突"和"对抗困境冲突"，权力介入能够发挥重要作用；而对于"隔绝困境冲突"，权力介入就起不到重要作用。以处置冲突为目标的冲突管理需要权力大力介入，但以化解和转化冲突为目标的冲突管理对权力介入的需求就比较间接。为了弥补权力介入的局限，一种重要的替代选择是"威信介入"。

冲突管理并不仅仅是政府的职责，社会组织也是冲突管理的重要主体，是政府冲突管理的有益补充。社会组织在冲突管理中发挥了重要作用，其功能主要表现为交流功能、干预功能和提议功能。社会组织参与冲突治理的实践和经验，对于提升社会组织的冲突管理能力有重要启示：改善社会组织建设和发展的制度条件，向社会组织提供资源，向社会组织开放机会，向社会组织授权，推进社会组织自身能力建设。

当前中国社会的冲突以强势群体和弱势群体之间的博弈为主。网络动员可以迅速地改变冲突双方的博弈格局，它对强势群体和弱势群体双方的影响是不同的。网络动员使得冲突双方的支持力量呈现一种非均衡性增长，它大大地削弱了强势群体对冲突结果的控制。具体地说，网络动员通过影响民众的认知、评价、情绪和意志等主观因素对冲突双方产生了不同影响。

　　实践中,中国某些地方政府在邻避治理过程中主要运用控制媒体,封锁信息、排斥环保组织参与、滥用强力等手段。因此邻避治理不可避免地面临着各种管理危机,主要表现为信任危机、参与危机和发展危机,信息开放和公众参与是破除这些危机的根本途径,具体地说就是要求政府进行政策营销和政策对话、保障民众参与邻避项目的补偿回馈以及专家坚守独立性和中立性。同时坚持以疏代堵原则、民众参与原则和信息公开原则。

　　中国邻避冲突的解决之道就是要由邻避情节走向迎臂效应,具体地就要加强参与机制、健全回馈机制、完善风险机制等机制建设。同时重塑政府公信力,破除"塔西佗陷阱"、推进网络合作治理、构建行政伦理自主性也就成为一种必然的选择。

目　录

第一章 导 论

第一节 问题的提出及研究意义

一、问题的提出

随着社会的发展，人们对公共设施的需求也开始急剧增加。一些公共设施在服务民众的同时，也产生了极大的负面效应，如环境的污染引起的生态环境的恶化，以及由此而引起了人们的身体健康受到了损害及其房屋价值的贬值等。因此，这种嫌恶性的公共设施一旦放置在"我家的后院"，隔壁民众必然会产生抗拒心理，甚至采取激烈的抗争行动。但是，并不是所有的公共设施都会受到人们的反对，只有那些具有高度邻避效果的公共设施才会受到人们的激烈反对。一些特殊的公共设施，比如石化工业区、垃圾焚化场、火力发电站、变电所、火葬场等，常常受到当地居民的激烈反对，"这类设施的兴建与营运经常成为当地民众进行激烈自力救济之问题焦点。"①这种嫌恶性的公共设施虽然对于整个社会的公共利益是必须的,但是却经常遭到设施所在地居民的抵制和反对,这种厌恶性的公共设施就是邻避设施。根据"预期损失——不确定性"特征,邻避设施主要分为四类:第一,污染类邻避设施,包括垃圾焚烧厂、磁悬浮和飞机厂等;第二,风险聚集类邻避设施,包括核电厂、化工厂、加油站等;第三,污名化类邻避设施,包括戒毒中心、监狱、传染病医院等;第四,心理不悦类邻避设施,包括殡仪馆、火葬场和墓地等。② 针对这些公共设施的"不要在我家后院"运动(即 Not In My Backyard),在全国范围内掀起了一系列的社会抗争并且使"邻避冲突"的问题异常突出。

所谓的"邻避冲突"(NIMBY Conflict)是指由于嫌恶性公共设施的兴建而带来的各种抵制和抗议活动。一些居民一般会在"邻避情结"的支配下拒斥公共设施建造在他们的后院,从而引发各种各样的邻避冲突。"这种邻避冲突已经从发达国家蔓延到发展中国家,称为城市冲突中及其重要而特殊的表现形式。"③这种邻避冲突最早发生在西方的发达国家,如二十世纪七十年代日本的"反污染输出运动"、1992 年美国

① 邱昌泰.邻避情结与社区治理:台湾环保抗争的困局与出路[M].台北:韦伯文化国际出版有限公司,2007:1.

② 陶鹏,童星.邻避型群体性事件及其治理[J].南京社会科学,2010(8).

③ M. J. Dear & Taylor S. M., *Not on Our Street:Community Attitudes toward Mental Health Care*,London:Pion,1982.

夏洛特(Charlotte)民众发生了反对废弃物转化能源工程运动以及 2008 年德国上万民众封堵核废料列车运动。

回顾发达国家或地区的发展轨迹可以发现,几乎所有的发达经济体在走过经济高速发展阶段之后都会经历一个"邻避"时代。从 20 世纪 70 年代的美国到 80 年代的欧洲、日本,再到 90 年代的新加坡、韩国、中国台湾地区等,发达经济体无一不经历了一个从单纯对抗转化为理解配合的过程。

邻避现象最早出现在美国。随着城市化和工业化进程的加快,一些厌恶性的公共设施虽然对于公共利益是必需的,却遭到了设施所在地居民的抵制,美国也不例外。20 世纪 70 年代,公众的环境和安全意识增强,邻避问题开始出现,到了 20 世纪 80 年代,邻避抗争愈演愈烈,"1980 年代的大众政治哲学,当时被成为美国的邻避时代[①]"。

以美国邻避史为例,美国的邻避历经前邻避时期、早期邻避时期和后邻避时期[②]:

1. 前邻避时期(Pre-NIMBY Era):20 世纪 70 年代之前。这一时期,社会公众普遍认为污染是经济社会发展的必然结果,环保意识和权利意识较为薄弱,对于经济活动对环境的破坏作用以及邻避设施对自身健康权、财产权的侵害尚未有准确的认知与重视,不同群体在邻避问题上并不存在共识。在此阶段,社会公众自然而然地对邻避设施的相关决策毫无兴趣,忽

---

① 陈佛宝,郝前进. 美国处理邻避冲突的做法[J]. 城市问题,2013(6).
② 王佃利. 邻避困境——城市治理的挑战与转型[M]. 北京大学出版社,2017.

略邻避设施的负外部性,对邻避设施的兴建与运营后果秉持自然接受的结果。这一时期,美国的一些厌恶性的公共设施诸如垃圾焚烧厂、填埋场、火葬场、核电厂等较少得到抵制和反对。

2. 早期邻避时期(Early NIMBY Era):20 世纪 70 年代至 80 年代。20 世纪 70 年代石油危机之后,社会公众对于环境保护问题日益关注,生产活动对环境的破坏作用逐渐得到重视,社会公众的环境和安全风险意识得到增强。此时,社会公众的态度从毫无兴趣、坦然接受转变为极度关心或反对,不同群体在邻避问题方面逐渐产生分歧,此时的邻避问题逐渐走向复杂化。

3. "拉夫运河"时期(Post-Love Canal Era):20 世纪 80 年代至今。"拉夫运河"事件后,邻避设施的大肆兴建与日益崛起的"邻避主义"进行激烈交锋,邻避问题上升为社会议题。在此背景下,不同类型的草根环保组织纷纷兴起,掀起各类有组织的抵制邻避设施在邻近地区兴建的社会运动。数据显示,美国 1980—1987 年计划兴建的 81 座毒性废弃物处理厂,只有 8 座顺利完成,究其原因,就是因为民众强烈的"邻避情结"。至此,"邻避"一词在争议中逐渐流行开来,不同社会组织及群众逐渐参与到相关决策之中。

20 世纪 80 年代以来,随着人们环保意识得觉醒,人们开始抵制邻避设施的兴建。"1980—1987 年间,美国共有 87 家设施申请建厂,结果只有 6 家成功建造和运营①"。其中居民

————————
① 陈佛宝,郝前进.美国处理邻避冲突的做法[J].城市问题,2013(6).

对尤卡山项目的抵制和反对就体现了民众的这一邻避情节。

为了有效地处置核废物，美国决定建造核废物处置库。经过仔细的勘察，1987 年，美国国会指定尤卡山场址为唯一高放废物处置库候选场址，要求能源部对其场址特性进行评价并查明该场址作为地质处置库的适宜性。2002 年 7 月 9 日，由总统推荐并经美国国会批准，尤卡山场址被确定为高放废物地质处置的最终场址。

然而，由于担心处置库的有害物质会随地下水带至居民区，以及核器试验场的核试验会导致癌症的增加，影响人们的生存条件，政府的尤卡山选址决策引起了民众的担忧和强烈抵制。2010 年 3 月 3 日，能源部正式向核管会提交申请，撤销其于 2008 年 6 月提交的尤卡山处置库建造许可证申请书，这意味着美国唯一的高放废物地质处置项目已经正式终止。

台湾地区的邻避抗争发轫于 20 世纪 80 年代，此后才开始展开激烈的自力救济运动，从邻避设施的分类来看，台湾的环保抗争可以分为五个阶段[①]：

1. 以中小型工厂污染为抗争对象的萌芽阶段（1981—1986）

这一时期台湾地区的环保抗争运动的出现，和一九八一年以后力量逐渐强大的政治反动运动由密切关系。在台湾民

---

① 参见邱昌泰.从邻避情结到迎臂效应：台湾环保抗争运动的问题与出路.政治科学论丛,2003(17).

主政治转型过程中，威权体制的统治能力备受质疑，民间社会力量的迅速崛起，以致社会出现对于公共政策合法性的认同危机，使得邻避设施所在地居民经常以自力救济的方式解决环境污染的威胁。

总体而言，此阶段的邻避抗争对象，主要是以中小型的污染性工厂为抗争对象，如李长荣化工厂、三晃农业工厂、杜邦公司等。由于这些邻避设施长期以来一直没有解决环境污染的诚意与行动，造成社区邻里环境和身体健康严重威胁与迫害，而且所造成的环境污染事件一直没有得到政府的重视，故环保抗争运动开始结合政治反对人士而形成强有力的自力救济行动。

2. 以石化业及核能设施为诉求焦点的高潮阶段（1987—1991）

1987 年，台湾地区开始解除报禁和党禁等，台湾的民主政治开始朝多元化发展，这个时期台湾的邻避抗争突出体现为以石化业及核能设施为诉求焦点，如台东县兰屿乡的反核废料案、台北贡寮①乡反核能电厂事件、宜兰县反六轻设厂案、高雄林园事件等。该时期邻避抗争的起因仍然是对抗环境污染，保卫家园，环保抗争的对象是大型的邻避设施，所抗争的环境污染类型当中以水污染为主体。随着民众环境意识的高涨，一些反公害组织机构逐渐出现和发展，社区纷纷成立

---

① 本来属于台湾省台北县所属，随着行政区划的调整和改革，以台北县为主体升级为新北市，贡寮区也成为台湾新北市下辖的一个市辖区，是新北市、也是台湾本岛最东端的行政区。

反污染的草根性组织,环境污染问题成为全国讨论的热点问题。

3. 以设厂作为抗争主题,并于全球化议题挂钩的转型阶段(1992—1996)

虽然前一时期的邻避抗争得到了人们的广泛关注,诉求的重点大都局限于地方发展的利害关系观点,并未与全球化议题挂钩,以至于抗争的知识基础较为薄弱,欠缺国家化比较的宏观视野。因此,当这类运动呈现在民众面前时,给以一般民众的印象是:一群企图争取环保回馈、以暴力进行抗争的乌合之众,不容易得到社会各界的广泛支持。

这一时期邻避抗争的焦点以反设厂为主要诉求,以环境正义为旗帜,并且开始和全球化议题相挂钩,如台中港区反海渡电厂、反拜耳案等。这一时期的环保抗争面临着一个十分重要的转型阶段,即公民投票成为解决冲突性邻避设施的重要手段,迫使管理者关注公民参与,关注公民投票。

4. 以电厂与焚化厂为主体的成型阶段(1997—2001)

1997年之后,台湾政府大力推行民间电厂兴建计划,如宜兰的富堡电厂、桃园的长生电厂、新竹的新桃电厂、花莲的火力发电站等,都遭到民众的激烈抗争。抗争的焦点大致为赔偿问题、健康问题、生态问题和生活问题等。

这段期间的环保抗争运动可以说是"环保知识进步,抗争行动退步"。一方面抗争民众的环保知识确有所提高,其诉求主题具有相当的学理基础,不能视为乌合之众与纯粹的流于情绪之争。另一方面抗争行动确更为复杂,环保流氓、黑道白道联合介入等时有发生。这个阶段的成就是,台湾开始从日本引进环保协定模式,大力推广环境保护协定。

　　5. 以反"核四"为抗争主题的反复阶段(2002—)

　　进入 21 世纪以来,台湾民众的邻避抗争开始聚焦于"核四"的停或建。台湾核电发展的转折点发生在筹建核四电厂时。80 年代初,鉴于台湾核电产业发展良好,台湾决定建造"核四"电厂。然而核四开建不久,台湾经济发展放缓,出现了电力过剩情况,为此,台湾暂停了核四的建设。在"核四"停建后不久,苏联发生了切尔诺贝利核事故以及日本福岛的核电站泄露事件,民进党及其他一些政治团体开始抹黑核电。反核者认为,台湾是世界地震图上"最危险"的地带,多发地震、海啸,成为核安的隐患。

　　为了恢复"核四"建设,台湾能源部分和台当局有识之士一直在奔走,但是直到 1999 年,"核四"才重新开工,之后民进党执政再次停建"核四"。直到 2008 年国民党重新执政后,马英九宣布重启"核四"项目,台湾的反核大游行也逐年上演,反核群体打着"停建核四、核电归零"的旗帜,以"告别核电、能源新愿"的旗帜,表达反核决心。

　　这个时期的反"核四"运动,掺杂着政治因素和斤斤计较。"核四"争议或停或建都借着民意的光环,实际上成为政客角力的棋子。坚持无核化是民进党的核心诉求,追求"2025 非核家园"。只要有利于打压国民党、争取选民的选票,就成为民进党的思考主轴。因此,这一时期的反核运动及其废核政策受到"选票主义"的支配,邻避设施的运作趋于复杂化,邻避抗争与邻避政策呈现出明显的泛政治化倾向。

随着城市化进程的加快以及公民权利意识的觉醒,这些邻避冲突和邻避运动也逐渐成为发展中国家的一种生活常态。在我国大陆,由于邻避现象而引起的冲突正在成为一种突出的社会现象。在城市化的进程中,邻避运动正在成为一个潜在的冲突源。备受公众关注的 2007 年厦门 PX 事件、2008 年上海人民反对磁悬浮的"集体散步"事件,2009 年的广东番禹发生垃圾场建造事件、2010 年广西民众抗污染怒砸铝厂事件、2011 年的大连 PX 项目事件、2012 年的什邡事件以及天津 PC 邻避运动,都引起了当地居民的强烈抗议和抵制,有的甚至升级为群体性事件。这种集体抗议和抵制通常都是由公共设施所在地居民发起和参与、以环境公平为诉求、以"嫌恶设施"的停建为直接目的,构成了当前中国"社会运动的日常形式"。[①]

近年来,因为邻避设施选址引发的社会纠纷事件愈演愈烈,成为中国改革开放三十多年城镇化进程中频发的社会现象。从下表中,我们可以发现,包括厦门、宁波等地的 PX 事件、沪杭磁悬浮事件等等,当时都有着不小的轰动,民众反应激烈,甚至进行了大规模的抗议活动,如表 1.1 所示:

邻避现象和邻避冲突的存在给城市公共管理者带来了很

---

① 赵汀阳. 年度学术:2007(治与乱)[M]. 北京:中国人民大学出版社,2007:355.

表 1.1　我国大陆最近几年的邻避冲突事件

时间	事件	缘由	结果
2005 年	东阳市画水镇化工污染事件	当地居民因工业区环境污染,强烈抗议从而引发大规模群体性事件	对化工企业停产整治
2007 年	厦门 PX 事件	市民集体"散步"抗议兴建 PX 项目	项目转移至漳州古雷
2008 年	沪杭磁悬浮事件	民众持续数日"散步"游行,抗议磁悬浮项目的实施	项目持续环评中,后于 2010 年开始建设
2009 年	番禺垃圾焚烧事件	居民积极动员社会力量,强烈抵制垃圾焚烧厂	政府尊重民意,项目暂缓
2011 年	大连 PX 事件	大连数万市民上街"散步"抗议 PX 项目	项目暂停,后又低调复产
2012 年	南通启东事件	居民强烈抵制日本王子造纸排海工程项目	政府发公告永远取消这一项目
2012 年	什邡宏达钼铜事件	民众强烈抵制铝铜项目,后发展到网络抗议	项目仅开始三天就被政府停止。
2012 年	宁波 PX 事件	民众游行示威,强烈抗议 PX 化工项目,各路明星艺人也纷纷表态支持	项目中止
2012 年	京沈高铁事件	居民采取"晒太阳"抗议行动,并指责政府环评造假	项目中止,并且重新做出环境评价
2012 年	云南安宁石化事件	居民从反对 PX 进一步扩大到反对炼油项目	我国民间组织介入
2013 年	四川石化事件	民众强烈质疑与不满,官方集体"失声"	在争议中踟蹰 25 年,后来政府承诺在正式验收前不允许投产
2015 年	漳州古雷 PX 事件	继 2013 年后,第二次爆炸	重新评估

大的挑战,稍有不慎就会引起冲突的扩散和升级,并极大地影响政府形象。正如有的学者所言:"在台湾,邻避运动已经有30多年历史,这个运动差点整垮了国民党政府"。① 因此,在政府的公共服务职能日益延伸的背景下,如何处理邻避冲突就成为当前社会管理中的一个突出问题。在公共设施的兴建过程中,邻避现象和邻避冲突一直是"剪不断,理还乱"的公共议题,是对公共管理者智慧的考验。

邻避现象和邻避冲突是世界各国城市化浪潮中的一种普遍现象。但是就我国而言,由于我国特殊的国家与社会关系以及集体主义至上的政治文化传统,都使得我国的邻避冲突呈现出一种与迥异于西方国家的独特景观。与西方发达国家相比,中国式的邻避冲突呈现怎样的特点? 我国在实践过程中邻避冲突治理的困境和难题是什么? 如何破解我国的邻避冲突治理的困境? 可以说,这是本文的主要研究目的。换言之,在我国公共设施兴建的过程中,如何实现让民众从"不要在我家后院"(Not In My Backyard,NIMBY)的邻避情结转变为"欢迎在我家后院"(Yes In My Backyard,YIMBY)的迎臂效应就成为一个现实的社会问题。

二、研究意义

生态文明建设已经成为我国经济社会发展的重要内容,

---

① 崔筝."邻避运动"在中国[J].新世纪周刊,2011—11—18.

中共十八届三中全会明确提出："建设生态文明，是关系人民福祉、关乎民族未来的长远大计。面对资源约束趋紧、环境污染严重、生态系统退化的严峻形势，必须树立尊重自然、顺应自然、保护自然的生态文明理念，把生态文明建设放在突出地位，融入经济建设、政治建设、文化建设、社会建设各方面和全过程，努力建设美丽中国，实现中华民族永续发展。"因此邻避冲突的治理不仅是推进我国生态文明建设发展的需要，而且也是缓解社会矛盾、满足群众需求、维持社会稳定的需要。

（一）理论意义

中国邻避冲突有着不同于西方的独特景观，也表现出具有中国特征的治理困境。目前的邻避冲突治理研究大多数都是基于西方的语境提出来的，中国有着明显不同于西方的社会环境、政治制度、政治文化，应用西方的理论需要结合实际情况进行本土化。"中国式"邻避冲突及其治理的研究强调了冲突治理的中国特色，丰富了公共冲突治理的内涵，是冲突理论的一种本土化运用的尝试。

（二）实践意义

中国目前正处于社会转型和快速发展所导致的社会冲突高发期，由环境问题所引发的邻避冲突也呈现出频发的趋势。对"中国式"邻避冲突及其治理的研究，不仅有助于中国邻避冲突的解决，推进我国生态文明建设的发展，同时也有助于疏导民众的不满情绪、防止环境群体性事件的发生,从而维持社会的长期稳定。

第二节　文献及理论综述

随着城市化进程的加快以及民众环保意识的提高,一些嫌恶性的公共设施,诸如垃圾焚烧厂、火力发电站、变电所、火葬场、精神病院等的兴建经常会带来的各种抵制和抗议活动,这类设施的兴建与营运经常成为当地民众进行激烈自力救济的问题焦点。围绕这类嫌恶性的设施的兴建与运营而产生的抗争就是邻避冲突,邻避冲突的治理已经成为我国生态文明建设的必然选择。

国外对邻避冲突的研究最早始于 20 世纪 70 年代,最早主要集中于对邻避冲突的属性、原因和特点分析。国外近年来对邻避冲突治理的研究,主要集中于邻避冲突的对策和方法研究,并出版了一批专著、论文集和研究报告,其中比较有代表性的包括帕特里克·迪瓦恩·赖特的《大众和可再生资源:从邻避到参与》、赫伯特·哈伯的《远离邻避》、迈耶的《邻避症候群:危险废物的处理设施》、斯密斯·泰勒的《不要在我家后花园:民众对心理健康中心的态度》等。

中国对邻避冲突的研究最早开始于台湾地区,这些研究主要是以个案的方式,指出邻避冲突的普遍特点、台湾邻避冲突治理的发展阶段以及一些邻避冲突治理的具体策略,如丘昌泰的《邻避情结与社区治理:台湾环保抗争的困局与出路》、丘昌泰、黄锦堂和汤京平的《解析邻避情结与政治》、李永展的《邻避设施冲突之管理》等。

台湾的大多数学者都认为,邻避冲突是一种为了反对而反对所引起的冲突,它是一种消极的、非理性的因素。如陈俊宏从民主决策的角度认为邻避症候群主要是一种反动国家强制执行某些对社会整体而言是必要的政策,但是在地方上却强烈反对将当地作为政策目标的草根运动,这种运动仅仅只是一种情绪上的反应。

台湾学者丘昌泰①以六家民营电厂为研究对象探讨邻避设施中邻避情结的成因与因应对策,归纳出因素有:(1)健康与财产问题;(2)环保回馈问题;(3)生活质量问题;(4)专家决策独裁问题;(5)信任差距问题;(6)黑白道介入问题;对策建构从政府管制,社会学者、市场基础,政策论坛四大策略着手,化解民营电厂设施兴建过程中的邻避现象。

大陆地区对邻避情节的研究开始较晚,在 2007 年以前,"邻避"的概念并没有非常清晰和明确的提法,对于公民因环境污染导致的反对活动,多以"环境群体性事件"、"环境抗争"的概念来界定。程雨燕提到:"群体性事件指由人民内部矛盾引发的、参与人数众多的危害公共安全、扰乱社会秩序

---

① 丘昌泰.公共设施中邻避情结的成因与因应:以民营电厂为例[J].政治学报,2003(16).

的事件。群体性事件的原因多种多样,如农村征地、城市拆迁、安全事故、基层选举、腐败现象、公民维权等。环境群体性事件即指因环境问题而引发的群体性事件。[①]"中国人民大学冯仕政认为,环保抗争(environmentalaction)是指"个人或家庭在遭受环境危害之后,为了制止环境危害的继续发生或挽回环境危害所造成的损失,公开向造成环境危害的组织和个人,或向社会公共部门(包括国家机构、新闻媒体、民间组织等)作出的呼吁、警告、抗议、申诉、投诉、游行、示威等对抗性行为"[②]。

　　大陆方面对邻避冲突的研究也主要是在西方邻避冲突治理的框架之下展开的,主要集中于以下几个方面:一是环境群体性事件的研究,如朱海忠的《环境污染与农民环境抗争——基于苏北N村事件的分析》、韩从容的《突发环境事件应对立法研究》;二是对邻避冲突治理理论的反思,如陈宝胜的《邻避冲突基本理论的反思与重构》、董幼鸿的《邻避冲突理论及其对邻避型群体性事件治理的启示》;三是对邻避冲突治理的对策研究,如李敏的《城市化进程中邻避危机的公民参与》、陶鹏和童星的《邻避型群体性事件及其治理》等。

　　目前,国内外学者对于邻避冲突的研究主要集中在以下几个方面:

---

　　①　程雨燕.环境群体性事件的特点、原因及其法律对策[J].广东行政学院学报,2007(2).

　　②　冯仕征.沉默的大多数:差序格局与环境抗争[J].中国人民大学学报,2007(1).

一、邻避冲突的表述

随着城市化的快速发展和环境问题的日益严峻,早在 20 世纪 70 年代,国外学者便着手研究因环境问题而引发的抗争。欧哈壬①(O'Hare)首次提出了"邻避"(NIMBY)的概念,来描述那些能够带来公共利益,但是会给当地居民带来负面效应的公共设施。"邻避"概念是港澳台尤其是台湾学者意译而创造的一个新词,来自英语短语"Not in my backyard",直译为"别在我家后院"(简称为 NIMBY)。除此之外,还有其他几种类似的含义,如"在你家后院好过在我家的后院"、"不要在任何人的后院"、"不要在任何地方建设任何设施"、"不要越过我的底线"等。随后,迪尔(Dear)等人将其作为都市地区冲突的一种形式并展开广泛讨论,但是国外学者对邻避的表述并不完全相同,如表 1.2 所示:

表 1.2 "邻避"的不同称谓及中文翻译

英文全文	英文简称	中文翻译(直译)
Not in My Backyard	NIMBY	不要在我家后花园
Not in Anybody's Backyard	NIABY	不要在任何人的后花园
Not on Planet Earth	NPOE	不要在地球上
Locally Unwanted Land Used	LULU	不希望身边的土地被使用(露露)
Better In Your Backyard Than In Mine	BIYBYTIM	建在你的后花园要好于建在我的后花园

---

① O'Hare M.,Not on My Back,You Don't: Facility Sitting and the Strategic Important of Compensation[J],*Public policy*,1977,25(4).

在 2007 年以前,我国研究者很少使用"邻避"的提法,对于公众因环境污染而导致的反对行动或者情绪,多使用"环境抗争"、"环境群体性事件"等字眼进行描述。有的学者就认为,环境群体性事件是指"民众为了维持自己的生存权、健康权而采取游行、集会、围攻、集体上访等方式反对污染企业落户、生产或排污的一种群体性事件,实质是我国公众基于维护生态利益而采取的环保自力救济行为。[①]"环境保护部门受理的"环境信访"量的变动情况是衡量环境纠纷情况的重要指标。就全国而言,根据对 1995—2006 年我国环境纠纷状况的不完全统计,1995 年群众来信总数是 57678 封,到了 2006 年,群众的来信总数已经达到了 616122 封,10 余年间,环境信访的数量增长了 10 倍之多。[②] 广东在 2000—2004 年共发生群体性事件 16523 起,其中因信访问题得不到妥善解决而诱发的群体性事件有 10285 起,占 62.2%[③]。由此可见,由环境问题引发的邻避冲突已经成为频繁发生,如果不能有效地解决,将会对我国的社会稳定造成一定的冲击。

20 世纪 90 年代起,台湾学者开始注重对邻避问题的研究,并且把民众对某些公共设施虽然能够给公众带来利益,但是却给自己的生活带来不便引起的抗争成为邻避情结或

---

① 刘娜娜. 由环境群体性事件看我国参与式民主建设[J]. 福建省社会主义学院学报,2007(2).

② 张晓燕. 政府在环境群体性事件中存在的困境及其对策研究[A]. 见李亚主编. 公共领域中的冲突化解:理论与实践[C]. 2012:70.

③ 郑杭生. 减缩代价与增促进步:社会学及其深层理念[M]. 北京师范大学出版社,2007:198.

者邻避冲突，其中以丘昌泰、黄锦堂、汤京平和李永展为代表，他们以发生于台湾的个案为例，分析了台湾邻避冲突的特点和涵义，即他们普遍认为邻避冲突是一种民众面对在其附近进行不受欢迎的设施选址时的一种保护主义的态度和对立战术。"公众对于邻避设施的抗争，主要源于这些设施可能产生的潜在威胁生活品质与财产价值的风险，因而产生敌视行为态度。因此，当一种产生效益为全体社会所共享，但负外部效果却由附近的民众来承担的邻避设施建设时，就容易引发当地民众的抗拒心态与发对行动。这种抗议就是典型的邻避冲突。①"我国内地学者也多是站在这个角度展开研究的，如何艳玲就认为邻避冲突是由于对邻避设施的反对而发生的冲突等。

二、邻避冲突的属性

总的来说，学者对邻避冲突属性有以下两种截然不同的认识：

（一）邻避冲突是一种非理性的情绪性行为

邻避情结是一种相当复杂、充满矛盾的因素组合，大多数的国外学者以及港澳台地区的学者都把邻避情结视为一种自私的、自利的、情绪性的、非理性行为。基于这种情结而

①　陶鹏，童星. 邻避型群体性事件及其治理[J]. 南京社会科学，2010(8).

发生的抗争所引起的邻避冲突无疑更被视为一种极端自私自利的情绪性发泄行为。维特（M. E. Vittes）[①]教授认为邻避情结有三层意思：第一，它是一种全面性地拒绝被认为有害于社区民众生存权与环境权的公共设施之消极态度；第二，邻避态度基本上是环境主义的主张，它强调以环境价值衡量是否兴建公共设施的标准；第三，邻避态度的发展不须有任何技术面的、经济面的或行政面的理性知识，它的重点是一项情绪性的反应。台湾的大多数学者都认为，邻避冲突是一种为了反对而反对所引起的冲突，它是一种消极的、非理性的因素。如陈俊宏从民主决策的角度认为邻避症候群主要是一种反对国家强制执行某些对社会整体而言是必要的政策，但是在地方上却强烈反对将当地作为政策目标的草根运动，这种运动仅仅只是一种情绪上的反应。Kraft 等认为邻避现象是一种"强烈的、有时是情绪化的、常常是固执的"[②]非理性反应。

（二）邻避冲突具有相当程度的理性成分

虽然大多数的国外学者以及我国港澳台地区的学者把邻避情结和邻避冲突视为一种非理性行为，也有一些学者对邻避

---

① Vittes，M. E.，S. A. Lilie，Facators contributing to NIMBY attitudes[J]，*Waste Management*，1993，13(2).

② Kraft E. Clary B. Citizen Participation and the NIMBY Syndrome：Public Response to Radioactive Waste Disposal，The Western Political Quarterly，1991，Vol. 44(2)，299—328.

冲突表示理解和同情,认为在邻避冲突中同样包含着相当程度
的理性成分。如罗斯·塔卡哈斯①(Lois M. Takahashi)教授认
为,邻避冲突本身极为复杂,如果狭隘地把其理解为一种自私自
利的非理性抗争行动,将会是十分错误的。台湾学者丘昌泰也
持类似观点,他认为,民众的邻避情结和邻避冲突具有较高的理
性意涵,这是民众在参与缺位情况下的一种私立救济,体现了一
种环境正义的伦理观。与西方及港澳台学者的主流观点不同,
我国大陆学者大都把邻避运动看作一种正义的理性抗争行为。
如应星和晋军通过西南一个水电站的移民的故事②,讲述了这
些移民如何通过集体上访中的"问题化"策略来展示弱者的声音
是如何在中国当代独特的社会权力运作机制中传达出来的。
邹军教授通过将上海部分市民反对磁悬浮工程事件与厦门反
对 PX 事件进行了对比考察,分析了这两起社会运动中,公民进
行表达的策略和控制机制的不同,都是理性选择的结果。

　　Dan van der Horst③ 从六个方面阐释了对于同一现象的
不同理解及操作,包括这一现象空间距离的测量,对于地方设
施世俗的研究范围,在研究中应包含更多被动或者主动的抗
议者,研究侧重于抗议领导者或跟随者的程度,原则上赞同风

---

① Lois M. Takahashi, Sharon Lord Gaber, Controversial facility siting in the urban environment: resident and planner perceptions in the united states, Environment and Behavior, 1998, Vol. 30, 184—215.

② 应星. 大河移民上访的故事:从"讨个说法"到"摆平摆顺"[M]. 三联书店, 2001.

③ Dan van der Horst, NIMBY or not? Exploring the relevance of location and the politics of voiced opinions in renewable energy siting controversies, Energy Policy, 2007, Vol. 35, 2705—2714.

力设施者的意见,被访问者也许故意引用法律证据去反对地方工程规划以免被贴上"NIMBY"的标签。文章指出,亲近和熟悉很大程度上影响公众对工程项目的态度,而自然、范围和空间的影响很大意义上取决于地方背景和土地价值。例如,光照条件好的地区的居民更加欢迎有关"绿色"工厂的到来,但是对乡村风景有独特爱好的人则反对这种潜在的发展,特别是当他们居住在那里。如果想改善在选址冲突中个人对其态度的理解,就必须充分重视这些。

三、邻避冲突的研究途径

就邻避冲突的研究途径而言,主要可以分为以下几种类型:

(一) 冲突管理途径

这一途径把冲突视为组织和生活中必然出现的现象,坚持这种研究途径的人认为,冲突并不必然地只有消极的作用,它对于社会整体、冲突各方、公共组织以及参与冲突的个人有某些正面的功能。因此冲突管理强调的是对社会冲突进行有效的管理,将冲突限制在适当的程度和范围内,以限制其消极作用,发挥其建设性作用。这一途径多探讨邻避设施的空间冲突、管理模式与空间对策。如李永展[①]分析了邻避冲突在于公众部门与民众的认知不同、利益分配不同、资源分配不同

---

① 李永展.邻避症候群之解析.都市与计划[J].1997(1).

以及资讯传播不正确,解决之道在提出合作管理的策略,以风险减轻、经济诱因及民众参与三个工具来管理冲突。S. Hayden Lesbirel[1] 关注了高污染和风险的工厂实施建设问题,指出这已经成为工业化国家主要的政策问题之一,由于邻近居民的反对,使得工程协议的达成非常困难、复杂和拖沓。工程进入社区的交易成本非常高昂。他通过国别比较,提出现代民主国家必须适应这种挑战并采取新的方法去管理这种冲突,并提出弄清楚谁参与工程选址决定以及怎样制定这些政策非常重要。

新西兰达尼丁奥塔戈大学的 B. J. Gleeson 和 P. A. Memon 从新西兰的社区医疗设施的建设入手,指出市政规划者在土地使用冲突上所面对的特殊困难没有受到足够的重视,重点是要正确定位市政规划者在关于社区医疗设施选址争议中的角色,增强其在地方政府规划实践中的能力,同时,避免、缓和及解决土地使用的冲突,并从政治经济学角度分析了邻避现象产生的原因。有关能源再生工程建设的研究也成为邻避现象研究的主要研究对象[2]。

Arik Levinson 等从美国各州之间的有害污染物处理的征税情况入手,表明征税水平对流入各州的污染物数量的影

---

① S. Hayden Lesbirel, Daigee Shaw, Managing conflict in facility siting: an international comparison, Energy Policy, 2005, Vol. 23, 864—879.

② B. J. Gleeson, P. A. Memon, The NIMBY syndrome and community care facilities: a research agenda for planning, Planing Practice and Research, 1994, Vol. 2, 105—118.

响,他称各州为了不使本州成为有害污染物流入的对象而对其征收的税为"邻避税",他的研究表明,在实证方面,征收这种税会明显减少流入本州有害污染物的数量,但是从理论上来说,这种征税的做法是无效率的,并且会打破美国联邦政府到各州以及地方环境政策的基本理论格局[1]。

台湾学者汤京平、陈金哲在以嘉义县鹿草焚化厂的运作为例,透过协商的过程,建构起有利的诱因结构,达成提供县、市政府与民营公司三赢的协议,利用新公共管理之治理模式,化解可能发生的邻避冲突[2]。

(二) 公民参与途径

这一途径主张从一种自下而上的视角来推动邻避冲突的解决,坚持这种研究途径的人认为,邻避冲突归根究底是公民为了保障健康权而与政府和开发商产生的冲突,没有公民的参与,邻避冲突不可能得到真正地解决。如台湾学者丘昌泰[3]主张采取社区治理的途径来化解邻避冲突,他认为社区居民共同参与公共设施选址和营运的决策过程,是解决邻避冲突的关键。Karl R. Dorshimer 以美国密歇根州一个能源

---

[1]　Arik Levinson, William T Harbaugh, David Wilson. Reexamining the Empirical Evidence for an Environmental Kuzenets Curve. The Review of Economics and Statistics,2002,Vol. 84,541—551.

[2]　汤京平,陈金哲. 新公共管理与邻避政治:以嘉义县市跨域合作为例[J]. 政治科学论丛,2005(23).

[3]　丘昌泰,黄锦堂,汤京平. 解析邻避情结与政治. 台北:翰芦图书出版有限公司,2006.

工程为例，阐述了整个工程从决定实施到举行民众听证的整个过程，指出虽然组织民众提出疑问和听证，但是由于没有充分重视民众的问题以及没有及时主动的公布民众做出判断所需要的信息，该工程最终不得不移址，甚至由于民众反对的呼声，主持该工程听证的有关官员都被罢免，这一研究从民主政治的角度充分展示了在缓解邻避现象中公民参与的重要性①。

S. Hayden Lesbirel 关注了高污染和风险的工厂实施建设问题，指出这已经成为工业化国家主要的政策问题之一，由于邻近居民的反对，使得工程协议的达成非常困难、复杂和拖沓。工程进入社区的交易成本非常高昂。他通过国别比较，提出现代民主国家必须适应这种挑战并采取新的方法去管理这种冲突，并提出弄清楚谁参与工程选址决定以及怎样制定这些政策非常重要②。

香港中文大学的 LamK 对香港地区邻避设施设置比较集中的几个区进行了研究和调查，主要针对民众对周边邻避设施建设的态度以及解决邻避冲突的方法和策略。结果表明，通过和公民建立信任和风险沟通机制能够降低周边民众对邻避设施的抵触情绪。

---

① 潘金珠. 村改居社区中的邻避冲突及其消解——以南通市通州区十总居为个案研究[D]. 苏州大学：2013.

② S. Hayden Lesbirel, Daigee Shaw. Managing Conflioct in Facility Siting： An International Comparison. Journal of Political Science, 2005, Vol. 20, 286— 301.

（三）政治伦理途径

这一途径主张从环境正义与伦理视角探讨了邻避设施之于公民而言意味着民众环境权的剥夺，因此坚持这一主张的学者大多从积极的意义看待邻避冲突，把它看作是公民争取环境正义的抗争行为，这种冲突形式在一定形式上体现了民众争取公平与正义的政治伦理精神。如叶明森以环境正义的角度研究了环境议题的抗争。张向和等人认为，处理诸如垃圾场这些公共设施以及由此而引起的邻避冲突应该基于一种人性公平的视角。James T. Hamilton(2003)从环境公平的角度来审视有害废弃物设施的建设，指出有害废弃物分布一部分取决于如何定义"有害"，而对工厂选址、运行及清理的研究显示在一些把环境当作普通商品的国家，通常危害也就越大，并且在低收入地区的危险比较大。他回顾了经合组织成员国的有害污染工厂和设施的分布情况及环境公平的研究资料，总结了美国及其他国家对有害废弃物设施选址和建设的政策。涉及到环境公平与环境人权的研究还有英国曼彻斯特大学的简·汉考克，在其著作中主张两项普遍的环境人权，一项是免受有毒污染的环境自由权，另一项是拥有自然资源的权利。①

台湾学者洪鸿智②通过对核二厂周围社会居民抽样调

---

① ［英］简·汉考克著，李华译. 环境人权：权力、伦理与法律［M］. 重庆出版社，2007.
② 洪鸿智. 科技邻避设施风险知觉之形成与投影：核二厂［J］. 人文及社会科学集刊，2006(16).

查,并利用二阶段风险社会扩展模式分析,探讨科技设计与周围居民的风险知觉空间冲突关系,发现影响风险知觉决定的主要因素,有心理测度、社会信任、社会经济与人口特质及居民认为设施对生活的影响,再描绘风险知觉投影提供公平的民众参与与沟通机制。

(四) 公共政策途径

这一途径认为邻避情结和邻避冲突的存在是问题的症结所在,与公民参与的途径不同,这是一种自上而下的过程,主张通过政策方案的规划和设计使得邻避设施的利益相关人能够参与决策,从而实现负外面效应的内部化。Arik Levinson(1998)从美国各州之间的有害污染物处理的征税情况入手,表明征税水平对流入各州的污染物数量的影响,他称各州为了不使本州成为有害污染物流入的对象而对其征收的税为"邻避税",他的研究表明,在实证方面,征收这种税会明显减少流入本州有害污染物的数量,但是从理论上来说,这种征税的做法是无效率的,并且会打破美国联邦政府到各州以及地方环境政策的基本理论格局。[1] 丘昌泰从利害关系人的角度探讨了如何构建利害关系人取向的环境风险政策。丘昌泰[2]以六家民营电厂为研究对象探讨邻避设施中

---

[1] Arik Levinson, "State Taxes and Interstate Hazardous Waste Shi Pments" The Ameri Can, Economic Review, 1999, Vol. 89, No. 3, 666—667.

[2] 丘昌泰. 公共设施中邻避情结的成因与因应:以民营电厂为例[J]. 政治学报, 2003(16).

邻避情结的成因与因应对策,归纳出因素有:(1)健康与财产问题;(2)环保回馈问题;(3)生活质量问题;(4)专家决策独裁问题;(5)信任差距问题;(6)黑白道介入问题①。乔艳洁等人从公共政策的角度对邻避效应进行了分析,并提出通过改进政策的途径来缓解、消除邻避效应。台湾学者汤京平、陈金哲在"新公共管理与邻避政治:以嘉义县市跨域合作为例"一文中以嘉义县鹿草焚化厂的运作为例,透过协商的过程,建构起有利的诱因结构,达成提供县、市政府与民营公司三赢的协议,利用新公共管理之治理模式,化解可能发生的邻避冲突。

基于单位制的弱化以及城市建设运动的兴起,何艳玲认为国内的邻避冲突已经凸显。她把发生在中国大陆的邻避冲突称为"中国式邻避冲突"。何艳玲通过对 J 市美景花园反变电站事件的跟踪和分析,认为中国的邻避冲突具有不同于西方国家的特点。概括地说,何艳玲认为,中国式邻避冲突具有以下三个特征:第一,大多数国家和地区的邻避冲突往往会直线升级为大规模的、集体的邻避抗议,与此不同,中国式邻避冲突的抗议层级呈现螺旋式上升;第二,中国式邻避运动是一种单议题运动,行动议题难以拓展;第三,在中国,邻避冲突的双方往往很难达成妥协。何艳玲运用"动员能力与反动员能力共时态生产"框架,对中国式邻避冲突进行了解释,并指出

---

① 邱昌泰,黄锦堂,汤京平.解析邻避情结与政治.台北:翰芦图书出版有限公司,2006.

应该把冲突纳入制度化途径，即建构一种指向"制度缓解"的冲突解决机制。①

张向和博士通过对重庆垃圾场的实证研究，指出中国式邻避冲突呈现以下几个重要的特征：第一，中国的邻避现象发生的范围向纵向延伸。这种纵向主要体现为两个方面，一方面，邻避现象发生的范围越来越广泛。另一方面，邻避现象发生的区域越来越广泛；第二，邻避抗争的途径与手段日益多元化。这其中既有上访和通过网络表达其诉求等非暴力方式，也有围堵公路、攻击政府人员等暴力方式；第三，城乡邻避抗争存在着较大差异。城市居民具有较强的抗争策略和抗争经验，相对而言，农村的抗争策略较为原始和粗劣；第四，邻避抗争对制度的演化作用日益加强，推动了我国决策过程的民主化进程。基于中国式邻避冲突这四个方面的特征，张向和博士指出要设计一种基于人性公平视角的邻避冲突解决机制。②

潘永强博士在他的博士论文中将中国式邻避冲突分为被激怒、投诉、集结和干扰四个过程。民众更愿在制度框架内表达诉求，即使在体制内意见表达渠道受阻时，他们也尽量采取一种"踩线而不越线"的策略，也尽量避免暴力的使用。当他们发现自己的环境权利没有得到尊重和保护时，就有可能处

---

① 参见何艳玲."中国式邻避冲突"：基于事件的分析[J]. 开放时代，2009 (12).

② 张向和. 垃圾处理厂的邻避效应及其社会冲突解决机制的研究[D]. 重庆大学；2010.

于一种被激怒的状态。在抗争的初期,他们还会采用投诉这种法律允许的方式表达诉求。如果没有收到上级足够的重视,人数的集结通常作为一种有效的策略来给政府施压。如果政府这种抗议方式依然没有触动政府,他们便会采用各种"问题化"策略来影响政府的行为。由于抗争的高度不确定性,抗争的结果很有可能造成双输的结果,因此加强对话和协商,实现国家与社会的有机连理才是减缓和解决邻避冲突的关键。①

虽然国内的学者对中国邻避冲突的特点和管理进行了有益的探索,但是这些缺点是研究成果以单独个案为主,这些个案并不具有充分的代表性,以至于根据个案得出的研究结论可能与我们的经验事实存在一定的偏差。例如,何艳玲通过对 J 市美景花园反变电站事件的跟踪和分析,认为中国冲突的双方往往很难达成妥协。实际上,我们看到在中国的环保运动中,正是公民和政府的沟通和妥协,才使问题得到真正的解决。厦门 PX 事件的迁址正是公民和政府双赢的结果。因此通过对厦门 PX 邻避冲突案例的跟踪和分析,总结出现阶段我国邻避冲突的出路在哪里。

总的来说,虽然邻避冲突的研究取得了一定的很大的进展,但仍然存在着不足,它主要表现在一些两个方面:

第一,邻避冲突研究的本土化不足。对邻避冲突的研究

---

① 潘永强. 被治理的社会运动:中国环境运动的政治分析[D]. 复旦大学:2008.

主要集中在西方学术界,我国的一些学者对西方的研究进行了译介或参考,但整体而言,本土化不足。以抗争政治理论为例,西方的研究主要基于西方的政治生态,而中国当下的社会冲突显然与西方制度化了的抗争行为有着巨大的差别。邻避冲突具有普遍的特点,但是由于中国独特的政治环境、政治文化以及民众的环保意识等,中国的邻避冲突具有普遍性特征的同时,还具有独特的不同于西方的特点。在对邻避冲突研究过程中,很少有学者注意到邻避冲突的特殊性,极少数的学者比如何艳玲虽然也对中国邻避冲突的特点进行了归纳和分析,但由于是建立在个案分析的基础之上,解释力不足,不能很好地概括中国邻避冲突特点的共性。本土化的不足严重影响着理论对实践的解释力和指导性。

第二,对社会组织参与邻避冲突治理的重视不足。目前邻避冲突的治理主要还是强调政府自上而下的管理,对社会组织特别是绿色非政府组织参与邻避冲突治理的必要性和可能性认识不足。虽然我国的社会组织目前还存在着诸如身份困境、融资困境等,但是这些社会组织通过嵌入到我国的党政结构中去,从而为参与邻避冲突的治理开启了一扇"机会之窗",已经成为政府治理邻避冲突的重要合作伙伴。

第三,缺少邻避冲突治理机制的研究。虽然很多学者都对邻避冲突的治理提出了相应的对策建议,比如强调民众参与和专家咨询等的重要性。但是并没有提出邻避冲突治理的具体机制,从而使得这种对策研究仅仅处于一种宏大叙事,而缺乏具体的可操作性。

第三节　基本概念与理论基础

一、基本概念阐述

（一）邻避设施

纵观我国现阶段频繁发生的各类邻避冲突事件,邻避设施的兴建往往成为冲突的导火索,邻避设施所在地居民往往以这类设施的停建或者寻求补偿为基本诉求。所谓邻避设施,通常是指在一些有污染威胁的设施,例如变电站、垃圾掩埋场、医院、发电厂等等。有时候,邻避设施也被称为"地方上排斥的土地使用(Locally Unwanted Land Use, LU-LU)"[①]。在众多的研究中,人们对邻避设施的称谓不一,有嫌恶性设施、不舒适设施、风险集中设施、引起争论的设施、污染性设施等,但都是指区域整体性设施但也会造成周边环境负外部性的设施。这类设施虽然对于公共利益是必需的,但具有明显的成本和收益的非对称性,居民一般会强烈地反对建立在他们家的附近,这也就是所谓的公共善和个人恶的混合体。邻避设施具有以下明显的特征[②]:第一,邻避设施

[①]　何艳玲."中国式"邻避冲突:基于事件的分析[J].开放时代,2009(12).

[②]　潘金珠.村改居社区中的邻避冲突及其消解——以南通市通州区十总居为个案研究[D].苏州大学:2013.

是一种基础性设施,满足消费上的非竞争性和非排他性特征;第二,邻避设施是一种负外部性明显的基础设施。这种负外部性可能表现为其带来的空气、噪音等污染,也可以表现为建设给当地居民带来的心理上的不悦,还有可能表现为建设所在地居民的房产价值的下降等;第三,邻避设施的这种负外部性分布呈现不均衡性。这种不均衡表现在,邻避设施居民受到的负外部性最大。与邻避设施建设所在地的居民越远,受到负外部性的影响就越小。这种不均衡性通常会居民的不公平感,如果得不到合理解决就会群体性的抗争事件,进而影响到社会的和谐稳定。根据不同的标准,可以对邻避设施进行不同的划分。根据邻避设施的用途,生活中常见的邻避设施主要包括以下几种类型:①第一,教堂、庙宇和加油站等一般生活类邻避设施;第二,舞厅、PUB、电动玩具店等休闲生活类邻避设施;第三,残障中心、戒毒所和精神病院等社区福利类邻避设施;第四,消防站、消防栓和危险品处理场等社区安全类邻避设施;第五,垃圾收集站、垃圾处理场和污水处理厂等环境基础类邻避设施;第六,电信号发射塔、核电站和变电站等经济类邻避设施。邻避设施本身是不可避免地具有公共利益和地方成本的分配不平衡性,这种不平衡性是产生分歧的根源,并且可以从不同的角度被进一步感知和阐发,从而使分歧更加明显。

---

① 林茂成.邻避型设施区位选择与处理模式之探讨:以都会捷运系统为例[J].现代营建,2001,259:67—76.

(二) 邻避情结

在公共设施选址过程中,居民希望享受这些设施带来的便利和收益,却不想承担由此而带来的风险和成本,即"不要在我家后院"(NIMBY),这被称为一种邻避情结。邻避情结是居民的这样一种心理纠结:每个人原则上都期望能够兴建公共设施,然而却不愿意在我家后院,被排斥于自己家园以外。它是对不喜欢与嫌恶性的公共设施所产生的排斥心理。邻避情结是居民反对公共设施的兴建所表现出来的态度,它具有以下三层内涵:第一,它是一种全面性地拒绝被认为有害于社区民众生存权与环境权的公共设施之消极态度;第二,邻避态度基本上是环境主义的主张,它强调以环境价值衡量是否兴建公共设施的标准;第三,邻避态度的发展不须有任何技术面的、经济面的或行政面的理性知识,它的重点是一项情绪性的反应。[1] 李永展和陈柏廷指出邻避情结具有下列四个特征[2]:邻避设施所产生的效益为全体社会所共享,但负外部效果却由附近的民众来承担;居民对邻避设施的认知与接受程度受到居住地与此类设施距离远近的影响;对具有污染性的邻避设施如能妥善处理,发生意外的概率相当低,但若不幸发生事故,则后果非常严重;邻避设施的兴建往往涉及专家科技

---

[1] M. E. Vittes, P. H. Pollock & S. A. Lilie, "Factors Contributing to NIMBY Attitudes," *Waste Management*, 1993, Vol. 13, 125—129.

[2] 李永展,陈柏廷. 从环境认知的观点探讨邻避设施的再利用[J]. 国立台湾大学建筑与城乡研究学报,1996(6).

知识与民众普通知识之间的价值冲突。因此,邻避情结主要是一种针对邻避设施的抵触心理,当邻避设施所在地居民面对可能对周边环境和自己的生活带来负面影响的公共设施建设时,尽管承认设施的重要性,但依旧抵制政府将此类设施建设到自家周边。

(三) 邻避冲突

冲突是社会的一种常态,它是指"各派之间直接的和公开的旨在遏制各自对手并实现自己目的的互动"。① 在公共设施的选址和营运过程中,由邻避设施而引起的各种抵制和抗议活动被称为邻避冲突,它已经成为都市冲突的重要表现形式。邻避设施在服务民众的同时还具有明显的外部负效应,邻避设施所产生的效益为全体社会所共享,但由此而产生的成本和风险却由附近的民众所承担。这种不对称的收益—成本结构以及伴随而来的附近居民这些受害者的负面情绪共同诱发了邻避冲突。邻避冲突主要发生于邻避设施附近的民众、政府和承建方之间,是民众感觉到自己受到了伤害和不公平对待而采用各种体制内或体制外的手段参与集体抗争,抗争的对象通常是当地政府或者是参与邻避设施兴建的施工方。这种抗争的目的可能是阻止嫌恶性公共设施的进驻,或者是拆除这些嫌恶性的公共设施,也有可能是寻求各种物质

---

① 乔纳森·H·特纳. 现代西方社会学理论[M]. 天津:天津人民出版社,1988:245.

的和精神上的补偿。

二、相关理论支撑

（一）治理理论

Governance 源于拉丁文 gubenare 有掌舵、导航的意思，被译成中文含义为治理的含义，治理理论是 20 世纪 70 年代以来西方理论界最为熟悉的理论范式之一，它的兴起是在经济全球化、市场化和分权化的背景下展开的。詹姆斯·罗西瑙他将治理定义为一系列活动领域里的管理机制，它们虽未得到正式授权，却能有效发挥作用。威格里·斯托克对目前流行的各种治理概念作了一番梳理后指出，到目前为止各国学者们对作为一种理论的治理已经提出了几种主要的观点。这几种观点分别是：(1)治理意味着一系列来自政府但又不限于政府的社会公共机构和行为者。(2)治理意味着在为社会和经济问题寻求解决方案的过程中存在着界限和责任方面的模糊性。(3)治理意味着办好事情的能力并不仅限于政府的权力，不限于政府的发号施令或运用权威。俞可平教授认为，"治理一词的基本含义是指官方的或民间的公共管理组织在一个既定的范围内运用公共权威维持秩序，满足公众的需要。治理的目的是在各种不同的制度关系中运用权力去引导、控制和规范公民的各种活动，以最大限度地增进公共利益。所以，治理是种公共管理活动和公共管理过程，它包括必要的公共权威、管理规则、治理机制和治理方式。"全球治理委员会认为:治理是各种公共的或私人的机构管理其共同事务的诸多方式的总和。它是使相互冲突的或不同的利益得以调和并且采取联合行动的持续过程。它既包括有权迫使人们服从的正式制度和规则,也包括各种人们同意或以为符合其利益的非正式的制度安排。①

治理途径不是以政府为中心的管理模式,它强调政府与社会力量的通过面对面的合作方式组成网状的管理系统。与自上而下的管理不同,治理尤其看重活跃的公民在治理网络中的积极作用,将它看作是横向联合的"公民参与网络"。在这个复杂网络中,行动者不仅包括政府部门,也包括非政府部门(私营部门、第三部门以及公民个人)。

向公民提供公共产品和公共服务,是政府的基本责任。政府是公共产品和公共服务的最主要的提供者和监督者,因此如果没有政府的重视和努力,由邻避设施而引发的邻避冲突的解决只能是空中楼阁,政府在邻避冲突的治理中必须要发挥主导作用,但同时要重视公民的参与。

(二) 冲突管理理论

国内学者李兴山教授认为:"冲突就是两种目标的互补相容和互相排斥。它是矛盾激化的表现。"美国著名管理学者斯蒂芬. P. 罗宾斯认为:"我们把冲突定义为一种过程,这种过程始于一方感觉到另一方对自己关心的事情产生消极影响或

---

① 俞可平. 治理与善治[M]. 北京:社会科学文献出版社,2000:46.

要产生消极影响。它包括了在组织中人们经历的各种各样的冲突,如目标不一致,对事实的解释存在分歧,在行为期望方面的不一致等等。另外,这一定义还非常灵活,它可以涵盖所有的冲突水平:从公开、暴力的活动到微妙、意见不一致的形式。①"从上述引文可以看出:结构和心理是冲突定义的两个主要方面。

在冲突管理问题上,德伯勒(Borisoff Deborah)和维克多·A·大卫(David A. Victor)认为,产生于个人与职业环境之间的冲突通常要么被认为是一种消极的力量,要么是产生伟大潜力与效率的源泉。人与人之间的差异要么很容易破坏相互的人际关系并阻碍个人发展,要么使这种关系得到培养和加强。产生何种结果取决于个体如何应对所面对的冲突。两位作者在其合著《冲突管理:关于沟通技巧的方法》中,从微观层面对化解和管理冲突做了详细的论述,包括语言与非语言战略,其中,非语言战略如外貌、眼神、肢体动作、情绪暗示等对于冲突的化解和应对通常具有更直接的意义。性别差异也是影响冲突管理过程中交流方式和结果的一个重要因素。再有,对待冲突持灵活应变的态度往往会收到一种化危险为机遇的效果。即两相对峙的局面下,能力并非是决定胜败的第一要素。这种理论已经被无论是学术研究还是实际生活与工作中的谈判所广泛运用。

---

① 斯蒂.P.罗宾斯.组织行为学[M].北京:中国人民大学出版社,2012:12.

有学者认为，所谓冲突管理，就是指只要冲突没有实际妨碍有关各方正常关系，冲突就算是得到了管理。冲突并不都是有形的现象，相反，它还存在于当事人的头脑之中。所以，要对冲突进行管理，管理者需要做到心领神会，掌握有关人员对冲突局面的真实想法。南开大学常健教授认为，冲突管理的内涵主要在于预防争端激化成严重的危机，或冷却已经激化的危机。其主要方式是空间和手段控制。冲突化解则在于消除产生冲突的根源。它主要不是依靠强力（power），因为强力总是激化冲突。冲突化解的有效方式是通过对话和谈判。[①] 按冲突管理的层次将冲突管理分为五大机制：即不同主张的表达机制、对立观点的交流机制、冲突利益的整合机制、争议事项的裁决机制和对抗行动的制动机制。[②] 各种管理机制不应当是零散的、相互隔绝的，而应当形成在功能上层次分明又相互依赖的有机立体结构。

冲突管理具有广义和狭义之分。广义的冲突管理包括冲突预防（Conflict Prevention）、冲突处置（Conflict Settlement）、冲突化解（Conflict Resolution）和冲突转化（Conflict Transformation）。在此意义上，冲突管理囊括了冲突发展的整个周期，从冲突的预防、冲突爆发、到冲突化解和冲突转化的整个过程，都需要加强对冲突的管理。科多拉·莱曼（Cordula Reimann）也是在此意义上展开研究的。他认为冲

---

① 常健.公共冲突管理[M].北京：中国人民大学出版社，2010：19.
② 常健，许尧.论公共冲突管理的五大机制建设[J].中国行政管理，2010
(9).

突管理有三种路径,即冲突处置、冲突化解和冲突转化。在此研究基础上,常健教授和许尧对冲突管理的三个层次进行了研究和区分,并对当代中国的冲突治理的状况进行了层次分析和评价。狭义的冲突管理是指冲突控制(Conflict Regulation)或者冲突调解(Conflict Mitigation),是指在冲突爆发之后,如何对冲突中的暴力进行削弱和控制的行为。所以有的学者认为,冲突管理主要关注的是冲突过程中的暴力因素,并对冲突进行必要的调解和控制,防止冲突中暴力的运用,但并不一定要解决冲突。因此,冲突管理是在冲突预防和冲突化解之间的一个中间环节,处在冲突发展的中期。大多数的冲突管理都将限制暴力的使用作为管理的中心,并将冲突置于政治层面予以解决。可以说,狭义的冲突管理主要是指将冲突维持在一个适当的水平,以防止冲突的升级和暴力的使用。

　　本文主要是从冲突管理的广义涵义上展开研究的。概括地说,冲突管理主要具有几个方面的特征:(1)从过程上看,冲突管理囊括了从冲突预防到冲突处置、冲突化解和冲突转化的整个周期。(2)从重点上看,冲突管理的过程尤其注重消除各种暴力以及与暴力相关方式的运用。(3)从对冲突的认识上看,冲突管理理论认为冲突是普遍存在的,但并不是所有冲突的后果都是有害的,有时候冲突也能发挥建设性的作用。(4)从目标上看,冲突管理的目标可以从质和量两个方面加以规定。从质上说,公共冲突管理的目标,是充分利用和积极引导公共冲突的正面功能,努力抑制和设法转

化公共冲突的负面作用。从量上来说，公共冲突管理的目标
是控制冲突的升级，将公共冲突限制在适当的程度、范围和
时间段内，以便使其正面的功能得到更充分的发挥，负面作
用得到更有效的抑制。冲突水平过高或者过低都具有同样
的危害性，冲突管理的目标就是要适当地、合理地控制冲突，
对破坏性冲突加以正确地引导，使之变成强大的、具有建设
性的动力。同时也要适当地诱发建设性冲突，发挥冲突的正
面功能。

邻避冲突是由邻避设施而引发的民众的抵制和抗议活
动，但它并不是一项无解的公共议题。邻避冲突一方面暴露
出政府的决策太过专断以及群众参与管道的受阻，另一方面
也体现了对环境正义的伦理观的忽视。邻避冲突突出地暴露
了这两个方面的缺陷，因此它一定程度上实现了对政府的倒
逼，迫使政府尊重民众意愿，鼓励民众参与。在此意义上，邻
避冲突也并不是完全消极的，但要加强对冲突进行管理，防止
冲突的升级危及到正常的社会秩序。

（三）危机管理理论

赫尔曼（Herman）认为，危机是一种情景状态，其决策主
体的根本目标受到威胁，在改变决策之前可获得的反应时间
很有限，其发生也出乎决策主体的意料。薛澜认为危机事件
具有突发性和紧急性、不确定性、事件的影响具有一定的社
会性、危机事件的实质是非程序化的决策问题。"危机管理"
的实质是非程序化的决策问题。危机事件是突然发生的，无

章可循,具有模糊性、重要性,演变迅速①巴顿(Barton)认为,危机是"一个能引起潜在负面影响的具有不确定性的大事件,这种事件及其后果可能对组织及人员、产品、服务、资产和声誉造成巨大的损害"。② 综上所述,危机的特征可以概括为突发性、紧迫性,危机与机遇共存,所以危机还具有两面性的特征。

20 世纪 60 年代美国学者提出危机管理(crisis management,CM)的概念。"危机管理是组织行为,是组织对所有危机发生因素的预测、分析、化解、防范等采取的行动总和。"危机管理是"对于组织前途转折点上的危机,有计划的挪去风险与不确定性,使组织更能掌握自己前途的艺术"。③ 管理学家格林(Green)指出:"危机管理的任务是尽可能把损失控制在一定的范围之内,在事态失控后要争取重新控制住"④。史蒂文·芬克(stevenFink)认为:"危机管理是指组织对发生危机的所有因素的预测、分析、化解、防范等等而采取的行动。包括组织面临的政治的、经济的、法律的、技术的、自然的、人为的、管理的、文化的、环境的和不确定的等等所有相关的因素的管理"。综上所述,所谓"危机管理",就是运用各种方法,调动各种资源以应付可能出现的危机或潜在

① 薛澜,张强,钟开斌著. 危机管理——转型期中国面临的挑战[M]. 北京:清华大学出版社,2003:67.
② 劳伦斯·巴顿著. 组织危机管理[M]符彩霞译. 清华大学出版社,2002.
③ Steven Fink, Crisis Management:Planning for the Invisible[M]. New York:American Management Association,1986:16.
④ 朱磊,朱峰. 企业危机管理预警系统的构建[J]. 中国软科学,2011(5).

的危机。

所以在顺应当代经营环境过程中,人们越来越重视对危机的管理。危机管理也成为当今管理发展的一个更成熟的趋向。所谓危机管理主要是"指组织在危机发生的前后,调集资源、致力恢复组织的稳定性及活力,迅速恢复有效经营所采取的相应对策及行动"。而危机就是组织因内外环境因素所引起的一种对其生存具有立即且严重威胁性的情景或事件。由于危机具有突发性、威胁性、急迫性、不确定性等特点,每个组织都应在危机危害发生前对其进行控制,以降低危机对组织或公众带来的巨大危害。

在邻避冲突的过程中,政府和承建方要树立正确的危机管理意识,有效的预防和处理由邻避设施而引起的邻避冲突,把破坏降低到最小,使邻避设施的选址达成社会效益的最大化并降低冲突发生的概率。在由邻避冲突而引发的危机管理中,为应对危机而应该采取预先防范措施、事发时采取应对行动、事发后采取各种善后措施及减少损害的行为,避免危机扩大和升级。根据公共危机的发展周期,邻避冲突的应急管理可以划分为危机预警及准备、识别危机、隔离危机、管理危机以及善后处理阶段,各个阶段构成了邻避危机发展的一个循环周期。邻避危机管理的重点在于预防;邻避危机管理的功能是防范、化解危机,在危机出现后,采取及时、有效的措施减少危机带来的损失,恢复社会秩序,保障人们的正常生产和生活秩序,维护社会稳定,促进社会的和谐健康发展。

三、研究方法

(一)文献分析法

文献分析法主要指通过文献的搜集和整理,来探讨社会现象的一种研究方法。文献分析是所有研究的前提,没有文献的搜集与分析,就无法获知已有的研究成果,也就失去了研究的理论基础。因此文献分析法是本文的主要研究方法。本文通过对大量文献资料进行搜集和整理,包括书籍、期刊论文、报纸杂志等进行内容分析,从而搭建整体的研究框架。

(二)案例研究法

本文的原始材料主要依托对现实社会中的一些重大的、典型的邻避冲突事件进行总结、整理和归纳。收集近几年来国内尤其是"邻避"冲突案例并进行聚类分析,对其中具有典型意义的重要案例进行深入剖析,尤其重点以厦门 PX 事件为例,分析了邻避冲突的起因、特点和治理之道等。在对案例进行选择、整理和分析的过程中,总结邻避冲突及其治理的一般性规律。与此同时,结合相关理论、中国的本土文化和资源,以及政府在冲突治理中的行动框架,试图构建一种新的解释框架,以案例印证理论阐述的力度。

(三)比较研究方法

比较分析法,通常是指把所要研究的对象与不同的或相

似的事物放在一起作比较，或将研究对象在不同阶段的情况
进行比较，通过鉴别事物之间的异同及其制约因素等，加深对
事物的认识，找出事物的本质或规律性东西。比较分析法的
要点就是通过对不同事物或同一事物在不同发展阶段的情况
进行比较，从中找出共同点、本质或规律性的东西。

就本文而言，就是从我国的国情实际出发，以分析的方法
进行归类，以比较的方法进行研究。具体来讲，在本书中，通
过运用纵向比较方法、横向比较研究方法和理论与实际比较
方法，对其他国家和地区邻避冲突治理的有效手段进行分析，
并借鉴其有效经验，尤其是美国邻避治理的经验，从而找出规
律性的东西，以探索和创新适合中国大陆邻避冲突治理的新
方法，为我们提供准确判断的思路。

第二章　邻避冲突的成因及特征

第一节　几起典型的邻避冲突事件

一、厦门 PX 事件[①]

厦门市在 2006 年引进一项二甲苯化项目,简称 PX 项目(所谓 PX 是一种化工产品,别名叫二甲苯),总投资 108 亿元人民币,是厦门市"有史以来最大工业项目",是"手续完备、程序合法"的"十一五"重点项目。项目建成后每年给厦门市可带来 800 多亿元人民币的收入,因而得到了厦门市政府的大力支持。但因为选址距离人口稠密的沧海区过近(附近有厦

---

　　① 邹军. 中国内地都市社会运动中的网络表达——基于对厦门、上海两起社会运动的考察. 载于邱林川、陈韬文. 新媒体事件研究[M]. 北京:中国人民大学出版社,2011;曾繁旭、蒋志高. 年度人物:厦门市民 PX 的 PK 战[EB/OL]. 南方周末;http://www.infzm.com/content/4640;袁越. 厦门 PX 事件. 三联生活周刊[J]. 2007—10—5.

门外国语大学、沧海附属学校,两个学校大约有 5000 名学生、
项目 5 公里范围内超过 10 万人口),最近的居民区与厂区之
间的距离不足 1.5 公里,离名胜风景区鼓浪屿也仅有 5 公里
远,距离新开发的'未来海岸'居民区只有 4 公里,对周围居民
的生活产生巨大的影响,更让人害怕的是:"PX 是高致癌物,
对胎儿有极高的致畸率"。就在这样的一种情况下,PX 项目
依然得到了国家环保总局的环境评估审查以及国家发改委核
准,并且顺利通过了当地政府的审批并获得了合法手续,在相
当长的时间里当地民众对此一无所知,并计划于 2006 年底
开工。

(一) 专家介入阶段

较早关注此项目的是全国政协委员和中科院院士、厦门
大学化学系教授赵玉芬,作为一名专业的人士,她更深知其中
的严重性,于是她与其他的几位院士田中群、田昭武、唐崇惕、
黄本立、徐洵联名写信给厦门市领导,从专业的角度力陈项目
的弊端,并且还面对面与厦门市主要领导座谈,未能取得任何
的进展。于是,2007 年"两会"期间,赵玉芬联合了另外 104
名政协委员,向政府提交了一项提案,建议暂缓 PX 项目建
设,重新选址勘查论证,但并没有引起足够的重视,国家发改
委仍然关注的是项目进展,厦门市政府也没有迁址的打算,但
这次的事件却让市民了解了该项目,PX 项目受到了一定的
关注。

（二）集体抗议阶段

在厦门PX事件的初期,由于厦门市地方的报纸等媒体拒绝报道PX项目,公民原子化的个体抗议取得的效果并不明显。人们开始转向互联网进行求助和发布信息。在此次事件中,互联网和手机短信发挥了巨大的作用网络论坛通过转载的方式披露了PX项目的全过程,前期影响最大的技术厦门的当地论坛——"小雨论坛",论坛报道了市政府被动的局面,厦门市民所进行的强烈抗议活动,5月28日,论坛被政府强行关闭,首页的提示信息以红色字体写到社区部分帖子有违法行为,"在相关违法信息被清理完后,社区会重新开放。"厦门人民没有屈服,转战天涯论坛、猫扑等,在这次行动中QQ也发挥了重要的作用,如影响较大的"还我厦门碧水蓝天"群,通过群公告对QQ群人民进行引导。在PX事件中,博客也发挥了重要的作用,笔名连岳的博客不仅在博客上转载了有关PX项目的报道,还通过博客协调人们的行动,告知人们应该怎么办。他在博客上刊登环评报告,揭露PX项目的危害,发表《厦门人民怎么办》鼓励厦门人民乃至全国人民如何捍卫应有的公民权利。他的博客点击率迅速上升,他的看法和意见广为流传,被市民视为"精神支柱"。

在厦门PX事件中,短信大发权威,很多公民都受到过同样的一条短信:

"台湾陈由豪与翔鹭集团合资已经在海沧动工PX化工项目,这种化学剧毒产品一旦投入生产,意味着在厦门岛放了一颗定时原子弹，厦门人民的生活以后将在白血病和畸形儿中度过，我们要生活，要健康！国际组织规定这类专案要在距离城市 100 公里以外才能开发，而厦门最远距此项目才 16 公里，为了我们的子孙后代，行动吧，参加万人大游行，时间为六月一日八点起，由所在地向市政府进发，手绑黄丝带！一起来吧，为了厦门的明天！"①

　　当地媒体，市政府与此成鲜明对比，"2007 年 3 月 18 日 PX 事件开始进入公众的视野直到本地媒体一概受到严密的宣传管制，先是长时间的'失语'，后是密集展开对 PX 项目的正面宣传，与厦门市民的私下的议论和网络表达形成两个空间。"②

　　关于"六一散步"的消息，市政府采取了强制的措施，拘留相关的责任人、发布通告和禁止"六一"放假，并且也不允许请假外出等，并声称要保证 PX 项目的顺利建设。厦门市政府软硬兼施想来说服市民，但并没有成功，"散步"照常进行。

　　2007 年 6 月 1 日上午 8 时许，三三两两的市民自发上街，手系黄丝带，开始了在此后以来一直未被公众忘怀的集体"散步"。当事者回忆称，散步在平静的气氛中进行，无论市民还是警方，都没有过激行为。警察在人群前头的道路两侧封锁交通，为"散步"的人群开辟安全通道。示威人士占据主要街道，手上举着写有"反对 PX，保卫厦门"、"要求停建，不要

---

① 史雪莲. 公众参与之厦门 PX 事件始末[J]. 理论探索，2008(5).
② 周葆华. 突发公共事件中的媒体接触、公众参与政治效能[J]. 开放时代，2011(5).

缓建"、"爱护厦门,人人有责"、"保卫厦门,拒绝劈叉"、"STOP PX"、"抵制 PX 项目,保市民健康,保厦门环境"等字样的横幅及标语,领头者头戴一个防毒面具,要求政府终止兴建化工厂的计划。"散步"持续 6 月 2 日约下午 3 时,人群才陆续散去。

（三）抗议消散阶段

在强大的舆论压力下,厦门市政府不得不调整了方向。厦门市政府广开言路,广泛吸纳各界人士的建议,如开通了"公众参与"程序,通过公民参与的方式以便更好倾听民声。12 月 13 日和 14 日,厦门市召开市民座谈会,九成发言代表反对 PX 项目上马。[①] 省委书记卢展工对厦门 PX 项目的态度是:虽然这是一个"大项目、好项目","但是那么多群众反对,所以我们应该慎重考虑,应该以科学发展观、民主决策和重视民情、民意的视角来看待这件事"。卢展工还表示,迁建为上策,他肯定了厦门市政府缓建和邀请专家重新进行环境评估的决定,"表现出极高负责任的态度"。[②] 厦门市政府启动了市民参与的活动——市民座谈会,并通过网络等科技手段来征集市民的意见,以便更好的倾听民声。几经周折,12 月 16 日,福建省政府就厦门 PX 项目问题召开专项会议,会议决定迁建 PX 项目,最后迁址漳州古雷半岛。

---

① 刘云耕. 晓执政之道,谋稳定之策——关于正确处理人民内部矛盾之管见[J]. 理论前沿,2003:13.

② 秦启文. 突发事件的管理与应对[M]. 北京:新华出版社,2004.

这是政府和民意双赢,厦门政府通过正常的渠道,政府给了市民最充分的参与权,媒体最大限度的自由讨论权,知识分子也有机会畅所欲言,实现了政府与市民的良性互动,民众也通过艰难的抗争维护了自己的利益。

二、大连 PX 事件①

(一)背 景

大连 PX 项目是由民营的大连福佳集团和国有的大化集团一同投资建设,占地 80 公顷,投资 95 亿元,年产量为 70 万吨芳泾,年产值约 260 亿元,可纳税 20 亿元左右,被称作为中国最大的 PX 项目。2005 年 12 月福佳大化 PX 工厂通过国家发改委核准,被列为"大连市政府六大重点工程"之一,2007年 10 月项目开始动工实施,2008 年 11 月 18 日完成装置建设,2009 年 5 月试生产,6 月 21 日正式运营。然后此项目在 2010 年 4 月才经辽宁省环保厅核准进行试生产,2010 年 11月份才对此竣工项目公布环保验收的检测和调查结果,在获批试生产前近 10 个月和国家公式环保验收结果前近 17 个月就投产。2010 年 7 月 16 日中石油输油管线发生爆炸,引发大连市附近海域严重漏油和城区严重污染,而 PX 项目距离爆炸的着火点只有 200 米。同年 10 月 24 日同一出发地点发

---

① 马奔,王昕程,卢慧梅. 当代中国邻避冲突治理的策略选择——基于几起典型邻避冲突案例的分析[J]. 山东大学学报(哲学社会科学版),2014(3).

生了第二次爆炸,它再次侥幸"逃脱"了。但接连的环境事故引发大连市民强烈不满,产生化工企业猛于火灾的担忧。

(二)起　因

2011 年 8 月 8 日上午,受台风"梅花"带来的海水冲击影响,福佳大化 PX 工厂沿海在建的防波堤有两段垮塌,两个 PX 储存罐离被毁的南段堤坝只有 50 米左右的距离,若海水倒灌,情况会很严重。当地的抢险指挥部提出了一旦发生泄漏立即组织社区和企业人群疏散的预案,当地的公安、武警和解放军已做好了疏散的准备,这一消息在当地引发了恐慌。事发后有 400 台次工程车运载石料泥土围堵垮塌处,不久后溃堤风险得到有效控制,未发现有毒气体泄漏,但这一事件引发当地居民的严重不满。

事发当天下午 4 时,央视记者在大连市交警部门的指挥下进入厂区准备采访,厂区冲出十多人推搡阻拦记者、动手抢夺记者摄像机还殴打记者,没有负责人到场。当天还发生多起类似的阻拦记者采访的情况,到达现场的公安系统内部记者也遭到围困,车辆甚至被砸。

在大连市委副秘书长、大连市委宣传部外宣处长及大连金州开发区公安局局长的协调下,同样不能靠近垮塌现场,几名负责人也被殴打。据报道,福佳大化的董事长还宣称"放进一个记者,要你们的命"。这种欲盖弥彰的做法使得大连市民重新重视这一项目并最终形成此次公民运动的一个导火索。

(三)升　级

8月14日前国内各大论坛及QQ纷纷出现号召市民于8月14日前往人民广场进行散步的消息,但均被各大论坛删除,很多人在Twitter与新浪微博相互告知。人们在事先有准备规划,很多人备有面具、横幅、T衫、标语牌。

网友在微博里发布:"这种剧毒化工品一生产,大连意味着放了一颗原子弹,大连人民以后的生活将在白血病、畸形儿中度过。我们要生活、我们要健康"、"1000枚瞄准台湾的导弹,也远远抵不上对二甲苯储存罐爆炸的威力"、"按照国际惯例,PX建厂应该离城市100公里以外,而大连的PX离大连仅仅20多公里。"

8月14日晨,很多市民聚集在友好广场,然后高喊口号游行至市委市政府,接着前往人民广场,其间游行人群多次受到军警阻拦但未爆发冲突。游行人群抵达人民广场,现场有"我们要生存、我们要环境、还我大连、PX滚出大连"等标语,还有人戴着防毒面具手举"还我空气"横幅。一位女生哭着举着标语"救救我的家乡"。大家原地坐下继续喊口号并要求市长出面与市民对话。据报道,参加示威人数有12000多名。

上午10时许大连市委书记唐军出现在一辆警用面包车上向游行市民喊话。在唐军宣布福佳大化PX项目即日停产并尽快搬迁后,群众要求唐军给出期限,在没得到唐军正面回应后,市民高喊"滚蛋",唐军随后也离开了现场。

中午时出现了反对腐败的诉求,市民提出了四点要求:第一,立即停产;第二,宣布搬迁时间;第三,追究责任人;第四,媒体公开事件。

下午人民广场的集会继续,当天 14 时许,小批武警前往集会人群的后方并抢夺市民们的条幅和标语,引起市民不满。双方爆发冲突,市民们向武警投掷矿泉水瓶、花坛的栏杆等物品,其间武警准备带走一个人但被市民抢回。击退武警后集会市民又迎接了另外的一个从市区内方向走来的游行队伍。16 时许,市民开始离开广场准备游行至市委,当日大连其他地区也爆发示威。

8 月 15 日,有部分学生到福佳总部抗议并要求他们搬迁并公布内幕。

（四）解 决

实际上,就在溃坝的第二天即 8 月 9 日,大连市委市政府就连夜召开紧急会议,将大连福佳大化 PX 项目的搬迁提上议程。

8 月 14 日下午,大连市委、市政府决定,福佳大化 PX 项目立即停产,并正式决定该项目将被搬迁。

8 月 17 日,大连市各大媒体都刊登了市政府部署福佳大化停产后安全工作的消息,而在此消息旁边是福佳大化"立即进行 PX 项目停产工作"的董事会决定。

然而,据有些媒体报道,该工厂在 8 月 15 日仍在正常运行。有知情人士对媒体称,在政府的要求下,福佳大化于 9 月份有过一次停产,但自 9 月下旬起就一直在正常生产。

12 月 29 日,大连市政府一位官员表示,大连福佳大化石油化工有限公司 PX 项目,经安全整顿并达标后,已于近期恢复生产。同时强调该项目的搬迁工作还在推进中,并未停滞,也没有"收回搬迁"这个说法。

三、广东番禺垃圾焚烧厂事件[①]

广东番禺本来计划新建一个垃圾焚烧发电厂,以解决迫在眉睫的垃圾处理问题,但是计划一出,却遭到了当地居民的强烈反对,在得知政府将在附近建垃圾焚烧厂之后,广州市番禺区华南板快的部分居民以各种方式表达他们的不满。向有关部门投诉信访,在小区广场签反对意见书等等,他们反对的主要原因是担心焚烧垃圾过程中会产生有毒物质——二噁英。

这就是垃圾焚烧厂的规划选址地点。按照规划,这里将新建一座日处理两千吨生活垃圾的焚烧厂,然而离规划选址地直线距离两公里外,就是广东房地产界享有盛誉的番禺华南板块,因为风景优美和相对低廉的房价有 30 多万人来此购房置业。

"项目环评不通过,绝不开工,绝大多数群众反映强烈,也

---

① 梁怿韬、张林. 番禺垃圾焚烧厂易址南沙昨奠基,预计 2015 年完工[N]. 羊城晚报,2013—6—27;番禺事件:垃圾焚烧背后的多方博弈,中国固废网:ht-tp://report. solidwaste. com. cn/2011/pangyu/hot2. shtml。

绝不开工。"这是广州市番禺区区长楼旭逵在创建番禺垃圾处理文明区座谈会上的新表态。番禺将在全区进行为期半年的大讨论,广泛开展征求民意的工作。

曾饱受争议的番禺垃圾焚烧厂,经过易址后,2013 年 6 月 26 日在广州南沙区大岗镇装备基地地块举行奠基仪式。在广佛两地相关领导的见证下,这个命途多舛的生活垃圾焚烧发电项目,迁址重新开工建设了。

（一）政府决策

2006 年 8 月 25 日,历经三年多调研和选址论证的广州市番禺区垃圾焚烧厂取得广州市规划局下发的项目选址意见书。

2009 年 2 月 4 日,广州市政府发出通告,决定在番禺区大石街会江村与钟村镇谢村交界处建立生活垃圾焚烧发电厂,计划于 2010 年建成并投入运营。该公告表示:"违反本通告,拒绝、阻碍国家工作人员依法执行职务的,由公安机关依照有关治安管理处罚的法律、法规规定处理;构成犯罪的,依法追究刑事责任"。

2009 年 4 月 1 日,番禺区市政园林局获得国土部门批准的土地预审报告。

（二）进入公众视野

2010 年 9 月起,广州番禺大石的居民从媒体、网络等民间渠道得知当地要建垃圾焚烧厂。媒体报道称,规划在番禺大石街会江村附近、日处理 2000 吨垃圾的生活垃圾焚烧发电厂可能在国庆节后开工,2010 年亚运会前投入使用。

10 月 25 日下午,番禺大石数百名业主发起签名反对建设垃圾焚烧发电厂的抗议活动。

10 月 30 日,番禺区政府召开了解释垃圾焚烧疑问的新闻发布会。就是在这次会上出现的四位专家后来广受网友诟病。

11 月 5 日,广东省省情调查中心对垃圾焚烧厂 8 公里内的 12 个小区调查证明,97.1% 受访居民反对建垃圾焚烧发电厂。同一天,广州市番禺日报以头版头条报道《建垃圾焚烧发电厂是民心工程》,称番禺区人大代表 70 多人视察了项目选址现场,认为这是"为民办好事、办实事的民心工程"。

11 月 6 日,广州市政协委员韩志鹏建议,在当前市民激烈反对建垃圾发电厂的情况下,因势利导推进垃圾分类。据相关观察,同一天,之前积极跟进的广州各大媒体要么失语,要么改口,广州电视台、《广州日报》先后报道番禺和广州当局将"依法推进垃圾焚烧项目"。

11 月 14 日,广州规划局表示 2006 年便批准了番禺垃圾焚烧厂的选址工作,正在配合环卫部门进行环评。强调如果通不过环评,规划局才不会发出规划许可证。

11 月 22 日,广州市政府召开新闻通报会,表示"要坚定不移推动垃圾焚烧"。

11 月 21—22 日,CCTV 公开报道广州番禺垃圾焚烧厂这一全国性的公共政策事件。

（三）出现转折

11月23日,番禺区长召开了"创建番禺垃圾处理文明区工作座谈会",与约30多名小区业主进行面对面谈话,称"环评不通过不动工,绝大多数群众反映强烈不动工"。同日,番禺大石镇近300名居民因生活垃圾焚烧发电项目问题到市城管委上访之后,又来到附近的市信访局继续上访。但因上访群众没有按照《信访条例》选派5位代表与市领导直接对话,表示不愿意"被代表",导致副市长苏泽群空等五个小时,最终也没有与群众交流。

次日,《南方都市报》爆出政府态度的突然转变与复杂的承建运营商关系有千丝万缕的联系。

12月1日,网友爆料坚决要求垃圾焚烧的广州市副秘书长吕志毅和垃圾焚烧利益集团存在密切关联:他的儿子和弟弟都在垃圾焚烧厂供职。吕志毅回应说"这是胡说八道"。

12月2日,网友质疑四位环评专家身份:为做垃圾焚烧生意。

12月10日,番禺区表示,暂缓垃圾发电厂项目选址及建设工作,并启动选址全民讨论。

12月20日,番禺区委书记谭应华应丽江花园业主代表邀请,与反对垃圾焚烧的业主座谈,表示已证实,会江项目目前已经停止。

（四）再次启动征集

2011年4月12日,广州市番禺区政府召开番禺垃圾综合处理(焚烧发电厂)新闻发布会,并由广州市城市规划勘测设计研究院专家介绍番禺垃圾综合处理(焚烧发电厂)修编情况和备选点情况。

会议上表示,广州市番禺区政府公布5个建设垃圾焚烧发电厂的备选地址,最终厂址将通过广泛讨论,根据群众意见、环评分析和专家论证来确定。番禺垃圾焚烧发电厂计划在2014年建成投产。

据悉,垃圾处理厂选址提前公开征求市民意见,并且是一个"五选一"方案。此次公布的5处备选地址为大石街会江、沙湾镇西坑尾、东涌镇三沙、榄核镇八沙、大岗镇装备基地(新联二村)。

番禺区政府表示,欢迎市民积极提出意见和建议,参与讨论项目可行性及项目最优选址。与此同时,还将积极发挥区人大代表和区政协委员的作用,认真组织专家进行论证。综合择优选址后,将严格按照有关建设程序,稳步推进综合处理项目环评、立项、征地和建设,采用国内最先进的技术和最好的设备设施,以人民群众健康为出发点、落脚点,严格建设、严格管理、严格监管。

(五) 陷入暂停期

9月8日下午,广州市通报《关于加强后亚运时期城市管理工作的实施意见》相关情况。市城管委巡视员孙金龙表示,最终决定番禺垃圾焚烧厂建设时间表的是广州市民。

"现在的垃圾处理有焚烧、填埋和厌氧处理,关于它的时间表问题,媒体报道也很多,也有很多领导答复,因为它的每一个步骤都要和人民的意愿相吻合了,最后才能真正定下一个时间,最终定下时间的是我们的市民。"孙金龙表示,整个规划运作、整个环评工作最终还要和当地群众协调好利益关系,才能把它落地。

（六）尘埃落定

所谓"邻避抗争",指当垃圾焚烧厂远离自己居住区域时,它会被看作具有公益性质的基础设施;而当这个设施落户居民周边地区时,它就会被看作是个毒气工厂,而遭到居民激烈反对。

在此次事件中,就有部分专家指出,垃圾焚烧场之所以选址艰难,一个主要原因就是因为"邻避抗争"。其实二噁英被妖魔化了,垃圾焚烧并没有公众认为的那么有害。美国卡万塔中国区副总裁舒成认为:"如果比较二噁英产生的量,那么烤肉产生的二噁英比垃圾焚烧高1000倍"。他认为,垃圾焚烧产生的二噁英量很少,危害也很小。

2012年11月18日,番禺区政府再次发布通告,对广州市第四资源热力电厂(原番禺生活垃圾焚烧发电厂,以下简称第四热电厂)项目进行第二次环评公示,并开展公众调查活动,收集公众对此项目的相关意见。

2013年6月26日上午,在南沙区大岗镇举行了第四热电厂的奠基仪式。该项目占地面积9.68万平方米,设计日处理生活垃圾2000吨,配置3台日处理能力为750吨的焚烧炉和 2 台 25 兆瓦的汽轮发电机组,年处理生活垃圾 73 万吨和发电 2.63 亿度。预计 2015 年完工,主要负责处理广州市南部区域——番禺区和南沙区的城市生活垃圾,兼顾佛山市顺德区不大于 400 吨/日的生活垃圾。

(七) 填埋、焚烧等路线之争

在垃圾处理领域,其实一直有两个路线之争:填埋或者焚烧?

目前世界上处理垃圾主要有 3 种方式:卫生填埋、堆肥和焚烧资源化利用。由于政策、资金、技术等因素,我国许多地方所编制的垃圾处理方案大都采取填埋方式。据新华社报道称,中国除县城之外的 668 个城市中,有 2/3 的城市处于垃圾包围之中,1/4 已经无垃圾填埋堆放场地。而全国垃圾处理量的 70% 以上为填埋。

垃圾填埋,相对处理费用较低,但另一方面却加剧了土地资源的浪费。尤其在一些土地珍贵的区域,建占地面积巨大的垃圾填埋场似乎也是一道棘手的难题。

广州市环卫局环卫处处长鲍伦军称,从 2004 年起垃圾日产量每年约递增 5%,增幅过快导致著名的兴丰垃圾填埋场使用寿命提早 8 年结束,预计最多只能延续到 2012 年。北京市政管委主任负责人公开表示,再过不到 5 年,北京市基本无地可埋垃圾。上海,生活垃圾高峰时每天可高达 2 万吨,且仍以每年 5% 的速度增长。

由江苏省环境科学研究院提供的南京江北垃圾焚烧厂建

设环评报告简本中透露,以人均生产垃圾产量年增长率 4％
测算,2010 年南京市将日产垃圾 5378 吨,市区垃圾卫生填埋
场将无地可埋。

另一方面,生活垃圾填埋处理虽然把垃圾埋了,但并没有
真正解决问题,造成了严重的二次污染,直接威胁到空气、土
壤、地下水和饮用水的安全,即"集中污染、立体污染"。近年
抽样调查显示,全国城市生活垃圾填埋场所在地的地下水污
染已有 86％超过国家标准。堆肥处理虽然达到了一定资源
化目的,但堆肥量太大、养分含量低,长期使用易造成土壤板
结和地下水质变坏,垃圾堆肥规模也难以做大。

所以一些专家认为,相比来说,垃圾焚烧应该是垃圾处理
的终极手段。他们认为,垃圾经过焚烧处理可使垃圾资源化
利用,同时节约了大量的土地资源,焚烧是人口密集、土地缺
乏大城市垃圾处理的主要方向。

环境保护部副部长吴晓青曾在 2009 年的两会上表示,垃
圾焚烧和发电技术,在国外已有三四十年历史,非常成熟,是
垃圾处理的方向。福州市人大副主任高翔在多年调查研究的
基础上认为,科学焚烧处理、循环综合利用是推进当前我国城
乡生活垃圾统筹规划无害化处理的最佳方案。

焚烧处理是将垃圾置于高温炉中,使其可燃分子充分氧
化的一种方式,产生的热能再用来发电和供暖,垃圾焚烧具有
减量化最彻底、无害化程度高、资源利用好的显著特点。

据悉,目前国际上发达国家和地区生活垃圾大部分均采
取焚烧处理再利用。日本、韩国、新加坡和欧盟大部分国家的

70%—80%的生活垃圾均焚烧处理。

不过这些理由并不能说服反烧专家。垃圾处理专家、北京市政府参事王维平接受媒体采访时说:"填埋场关键要有'国标',而焚烧厂,它是目前垃圾处理的主流之一,不是最好的,更不是唯一的。"中国环境科学研究院研究员赵章元是国内坚决反对垃圾焚烧的代表人物,他在接受记者采访时认为:"没有分类的混合垃圾,怎么烧都不行的,只有在真正搞好垃圾分类的前提下,剩下都是可烧的垃圾,但不管怎么烧,还是会有二噁英。"

"国内很多焚烧厂,实则为变相的'小火电',虽然已有不少贴上'绿色能源'的标签,但实际仍然是消耗能源的大头。"

(八) 遵从民意还是官方意志

而此次番禺垃圾焚烧选址征集民意,理论上可望避免"先斩后奏"再次引发民意强烈反弹而陷入进退维谷的窘境。但是,因为"要不要烧"的官民纷争一直没有熄火,"五选一"只是政府单方设置的步骤,让人很难对选址推进乐观。

尤其是上次风波发源地的大石会江村选址仍列其中,且在官方提供的"五选一"排列表中位居第一位,番禺华南板块住户即刻提出"为什么不再讨论垃圾处理方式"、"能否保证满足敏感区范围内75%以上群众同意"、"焚烧发电如何监管"、"为什么不在区政府旁番禺广场建让所有居民信服"等一串质疑。

居住在丽江花园的"巴索风云"等人连日来不断向番禺区

政府发出呼吁："怎么确定这五个地址的,规则必须先公开!"对此,政府解释,公布 5 个备选点,就是要听取民众对各个备选点的意见。收集意见的时间长达两个月(从昨日起至 2011 年 6 月 15 日),希望广大民众在这段时间充分表达意见。在广泛征询意见的同时,他们还积极发挥区人大代表和区政协委员参政议政的作用,认真组织专家进行论证,综合择优选址。暂缓番禺垃圾焚烧发电厂选址建设期间,番禺区为全面掌握民意,多渠道收集专家市民建议,公布了城管区长专线等 5 条意见收集途径,"市民意见赞成焚烧多过填埋。"

巴索风云表示,这一比较既无意义也难以让人信服——因为没有公布这个调查的人群构成情况;没有公布反对垃圾焚烧的人数;反对垃圾填埋并不代表就是支持垃圾焚烧等等,都会让这个所谓的大打折扣。另一个重要的是,在 2009 年 2 月,政府邀请的专家论证会后,唯一反烧的赵章元公开发表文章指责论证会打压不同意见。

有专家指出,政府此次为何如此费尽心思地代表民意,在"垃圾围城"的现实困窘之外,"因为末端是项目,政府更重视。"而新快报则直接给出了其背后可能的经济算盘:根据公开资料显示,垃圾处理费补贴和上网电价收入是垃圾发电厂成本补偿和利润的主要来源。按每年 6 亿元补贴估算,广日集团特许经营 25 年的广州垃圾发电项目,总共可获得 150 亿元补贴。此外,国家为扶持再生能源项目,除保证所发电力全部收购上网外,每度电还补贴 0.25 元,同时免征增值税、减免所得税,按现值估算 25 年共可获得 347 亿元收入。广日集团从垃圾焚烧和售卖电力两项合计可获 500 亿元收益。

四、化州市民抗议修建火葬场①

（一）抵 制

2014 年 4 月 12 日，化州市丽岗镇爆发了抗议修建火葬场而引发的群体性事件。化州市丽岗镇以及附近村庄约 500 多名市民在丽岗镇街聚集，反对在该镇建设殡仪馆，事件中引发周边村民围观。事情发生后，化州市委、市政府高度重视，认真组织做好解释疏导工作。由于民众有不同意见，12 日当天下午，该市一名分管民政事务副市长到达现场，宣布市政府停止建设该项目的决定。

然而，紧急叫停并未完全打消一些群众的顾虑。14 日，部分群众再次聚集，希望殡仪馆项目能够彻底取消。14 日上午 11 点左右，100 多人到化州市政府门口聚集抗议，截至 14 日下午 4 点左右，聚集者仍未完全散去。一名姓吴的抗议者说，当地政府表示的"停止"是暂停，并不是"取消"，他们担心殡仪馆项目还会继续进行。随着政府宣布停建，抗议的人群逐渐散去。总体来说，茂名化州丽岗镇交通畅通，群众情绪

① "广东化州市民聚集抗议建殡仪馆，政府称有人挑唆"，腾讯网：http://new. qq. com/cmsn/20140415001304；"广东化州群众抗议建火葬场，官方宣布停建该项目"，腾讯网：http://new. qq. com/cmsn/20140414005772；"广东化州火葬场续：民众称征地时说修建养老院"，中国广播网：http://news. china. com/domestic/945/20140414/18446967_2. html。

稳定,整个事件属于平和处理,没有人员冲突,没有拘留任何人员。

(二)修建火葬场是市政的需要

修建火葬场是公共利益的需要,是城市发展过程中不可或缺的公共设施。建设殡仪馆是民生工程,符合化州市的需要。通常来说,火葬场也应该是城市建设的必须配置,很难想象一个城市会没有火葬场。早在 2013 年,茂名化州市曾出台《关于深入推进殡葬改革加强殡葬管理的意见》。《意见》稿说计划到 2015 年,各镇(区、街道)建成的公益性骨灰存放设施数量将不少于 2 座。根据不愿意透露姓名的政府公职人员称,茂名目前只有一座火葬场,而对于茂名这个具有 800 万人口的城市,远远不够。因而,茂名根据省里的部署,计划在茂名化州以及信宜各建一个。

化州市委宣传部副部长陈爱表示,建设殡仪馆符合化州市的需要,是一项实实在在的民生工程。化州市总人口 160 多万,多年来,遗体需要运到茂名殡仪馆火化,最远距离 130 多公里,边远山区从早上 6 点出发,直到晚上 8 点家属才能回家。

根据化州市殡仪馆建设项目可行性研究报告,项目总用地面积 42186 平方米,建筑占地 6261 平方米。化州市政府宣传部副部长陈爱接受记者采访时表示,项目的立项过程合理合法。从 2012 年底开始筹建,该项目先后完成了选址、立项、征地、环境评估、可行性报告、风险评估、土地规划调整、规划

设计等前期工作,选址经市政府常务会议讨论决定。2013 年
10 月通过法定手续开始对项目进行公开招投标。各项手续
齐备充分,完全按照有关程序、手续办理好才开始项目建设。

(三) 抵制原因

民众之所以抵制修建火葬场,基于以下几个方面的原因:

第一,封建思想的影响。地方群众封建残余思想较重。
"群众普遍认为"建设殡仪馆视为不吉利的东西,在茂名市农
村,入土为安的旧观念是比较根深蒂固的。在茂名化州当地,
由于山地居多,所有当地人仍然保留着土葬的风俗。特别是
老一辈人,对于火葬仍然保留较为抵触的思想。在茂名化州
当地,遗体火化仍被一些群众特别是老人视为"畏途",不少人
家早早就为老人做好棺木,选好坟址。年轻人也不敢破除旧
的传统习俗,否则就会被村里人说"不孝"。因此,偷偷土葬、
火化后又葬,买尸顶火化等现象时有发生。2000 年之前,茂
名市火化率低,殡改工作落后,被列为省重点管理单位。早于
2004 年,茂名殡仪馆就被披露出交钱后可将尸体烧一半后土
葬的情况,随后茂名实行殡葬改革,曾表示 2005 年去化率达
100%,摘掉了省重点管理单位、殡改工作落后的帽子。

第二,群众的跟风从众心理,对政策理解不足。在建设之
初,政府做了大量舆论宣传工作,群众没有表示特别的异议。
化州市委宣传部方面表示,2012 年底开始筹建殡仪馆的时候,
政府就该项目建设的有关环节征求了群众的意见,专门举行
了专家论证会和听证会,群众没有提出异议。2013 年 12 月至

2014年3月底建设期间,周边群众对建设也没有提出意见和反映问题。但在一部分人的带头或者情绪感染下,殡仪馆建设附近的群众迫于宗族等原因,不得不参加抗议、示威活动。

第三,基于邻避情结而反对修建。火葬场的建设原委毋庸多说,化州市丽岗镇及附近村庄之所以反对火葬场选址在其镇建设殡仪馆,并不是因为担心PX一样可能的危害,而是不愿意自己家门口就是火葬之地。当地群众对火葬场很反感,感觉不吉利,对当地名声不好。同时,有人认为,火葬场有可能带来严重的气味污染,火葬场建在居民区集中的区域,离几万人的居民区不到一公里。

第四,信息封锁,市民感觉"受骗"。据称,当初政府在征地时并没有明确提出修建火葬场,有人称要在当地修建垃圾焚烧厂,也有人称要修建养老院,与老百姓的心理期望差距太大。此次化州政府决定建设一个规模及功能更加完善的火葬场,但透露给居民的信息却是修建垃圾焚烧场。"原本就有不少居民以污染环境为由,反对建垃圾场;现在居然变成建设火葬场,我们的反对声更大了。"村民通过建筑工人才得知实情,火葬场建在离居民区不到一公里的地方。知道项目开始动工了,居民才知道修建火葬场,民众的知情权没有得到保障。

第二节　邻避冲突的原因

"邻避冲突"（NIMBY Conflict）是指由于嫌恶性公共设

施的兴建而带来的各种抵制和抗议活动。一些居民一般会在"邻避情结"的支配下拒绝公共设施建造在他们的后院，从而引发各种各样的邻避冲突。邻避冲突的形成的原因是多方面的、复杂的，既与邻避设施本身有关，也有其他外部的影响。本文认为邻避冲突的原因主要有以下几个方面：

一、经 济 因 素

经济因素也是邻避冲突发生的一个主要原因，邻避设施的兴建利益由社会共同享受，成本却要由少数人承担，造成了利益的分配不公现象，从而引发冲突的产生。如火葬场，墓地的建立使得社区形象遭到破坏，给周围的民众造成心理上的不适，也给社区贴上了不好的标签，造成附近社区的房价的下降。"邻避设施对周边地区存在某种负外部性影响，邻避主义者关心他们的财产价值、美学、健康或安全风险等，因而出于维护自身利益的目的而反对设施建设和运营。①"也正是由于邻避设施的建设，造成附近社区的房地产贬值（房产是一般家庭的主要资产），直接造成了他们经济蒙受损失。

利益是通过各种主观形式表达出来的，这些主观形式包括要求、主张、目标、期望、信仰等。对利益对立的感知相应地也有多种形式，其中包括：他人拒绝满足自己的要求；他人反

---

① 陈宝胜.国外邻避冲突研究的历史、现状与启示[J].安徽师范大学学报（人文社会科学版），2013(2).

驳自己的主张;他人妨碍自己目标的实现;他人违背了自己的
期望;他人藐视自己的信仰等①等。这些对利益对立的感知
形式,都会成为邻避冲突爆发的现实的甚至直接的原因。

　　从经济层面看,由邻避型公共设施产生的利益冲突是由
个体经济效用高低差异引起的。公共设施服务所覆盖的个体
的经济效用都会因为公共产品的提供而增加,但邻避型公共
设施负外部性的空间集中化特征带来的不对称的收益成本结
构,会使邻近设施的个体觉得他们是在为其他多数个体的经
济效用增加负责,而与同样享受该项设施服务的其他人比较
起来,自己经济效用的增加显然会低于其他个体。个体的自
利性与经济效用高低不同,形成邻避性设施负外部性引发利
益冲突的经济基础②。同时也有可能造成环境污染的加剧、
交通出行的不便,使当地的经济恶化,间接的造成了当地经济
的损失,但居民却没有得到合理的补偿,广大居民为了维护自
己的利益,与政府或厂商产生冲突。设施所在地居民会觉得,
他们是在为多数人的福祉负责:与同样享受该项设施服务的
其他人比较起来,自己虽获得少部分的利益,却要负担所有的
成本,因此感觉到不公平③。

　　一些大型的公共设施,除了满足广大民众的需要外,还很
有可能是开发商逐利的行为或是政府的政绩工程甚至包含个

---

　　①　常健.公共冲突管理[M].中国人民大学出版社,2012(25).
　　②　李晓晖.城市邻避性公共设施建设的困境与对策探讨[J].规划师,2009
(12).
　　③　李永展.邻避设施冲突管理之研究[J].建筑与城乡研究学报,1998(9).

人的私利。政府常常以很低的价格推动拆迁和征购农民的土地,引起民众的不满,往往容易引起冲突的发生。这种冲突的背后就可能的补偿机制不畅的问题,有可能是政府与开发商与民争利或不愿让利的行为,政府和厂商从中牟取暴利,联合起来欺骗民众;也有可能是政府为了所谓的政绩,不顾民众的强烈反对甚至违反法律来兴建邻避设施,引发民众的不满。

一般在邻避项目选址应该是科学的选址,尽量远离人群,把环境污染降到最低,以减少对距离较近的居民的不利影响,这是一种比较科学的方法,最少的投入获得最大的回报。但有时政府在考虑项目选址的时候,更多的往往是对经济上的考虑,把对项目选址所需要的花费放在最重要的位置上,经济是他们优先考虑的而不是周边居民的利益。李永展说:"大都仅考虑设施设置后是否符合经济(服务范围最大)及效率(履行时间或成本最小)两大标准①",为了政府的私利不惜牺牲民众的利益。民众为了保护自身居住环境不受损害,经济不受损失,最后往往导致冲突的发生。

二、心理因素

邻避冲突的发生有民众的心里原因,因为邻避设施一般都带有负外部影响,居民都害怕这种设施建在我家的后院,居民希望享受这些设施带来的便利和收益,却不想承担由此而

---

① 李永展. 邻避设施冲突管理之研究[J]. 建筑与城乡研究学报,1998(9).

带来的风险和成本,居民从心里认定邻避设施"这是有害的"。Rabe 的田野研究显示,如果没有公开的邻避设施选址过程,一旦居民得知某邻避设施选中其社区作为兴建地址的时候,在无心理准备的情况下,他们第一反应必定是在诧异与愤怒支配下誓言抗争到底。这种极端化的情绪反应可能很快关闭各方进行理性协商和沟通的机会,埋下互不信任的隐患①。

现在公民环保意识逐渐地增强,对自己周围的居住环境特别的关心。他们首先考虑的是这种邻避设施对我有什么不利的影响,基于对设施的不理解,往往又道听途说,一些人又故意夸大邻避设施的危害,从他们的生活经验出发,邻避设施损害身体的健康,造成房地产贬值,最终都是自己的经济利益受到影响。居民恐惧邻避设施可能对人体健康及生命财产造成严重威胁,这种恐慌更多来自受害者的经历。② 从历史的经验出发,历史上发生过不少邻避事件,如能源泄露,垃圾污染环境资源遭到破坏等,使得他们都强烈的反对邻避设施建在我家后院,从内心对邻避设施产生一种恐惧的心里。在一些地区,邻避设施的兴建甚至将造成当地居民产生自卑心理。

其次,人们对邻避设施的不信任。这种不信任来自对厂商的不信任、对政府的不信任,甚至是专家的不信任,他们往往联合起来欺骗民众,还有其他一些不确定的因素,让民众产生一种抗拒心理,反对邻避设施建在我家的后院。

---

① 何艳玲. "中国式"邻避冲突:基于事件的分析[J]. 开放时代,2009(12).
② 黄岩. 邻避设施与邻避运动[J]. 2010(12).

再次，居民往往会考虑到，为什么受伤的是我而不是其他人，为什么牺牲的是我而不是其他人，大部分人享受利益，而伤害却由我们少部分人承担，为什么不能换个地方，总之不能在我家的后院。民众对邻避设施从心里有一种恐惧感，一旦建在我家后院，就会激起民众的强烈反对，处理稍有不慎就会引起冲突。

三、参与动机

决策程序的不透明，不公正也是邻避冲突发生的一个重要原因。邻避设施的建设上，政府只是象征性的通知一下民众，而不是被咨询，民众被排除在决策之外。很多时候政府为了掩盖邻避设施的负面的效应，政府采取"包""捂"等方式蒙蔽民众，使广大民众不能够及时有效的了解真实的情况。其实很多时候是政府和厂商之间的利益联盟，这种不透明和不公正的决策程序，使原本不对称的利益分配更加扩大化，某些时候政府为了自身的利益等方面的原因，对公开的信息进行所谓的技术处理，降低邻避设施的负面影响，使相关的民众对邻避设施的建设的潜在风险没有一个完全的了解，从而导致民众的冲动的、不理性的反对政府决策的不利局面。"缺乏正当性的决策程序加上不对称的利益分配结构将加深地区居民的不满，增加民众参与抗争活动的意愿。[①]"政府的决策的不

---

① 黄岩.邻避设施与邻避运动[J].2010(12).

透明,信息的失真,导致冲突的发生。"有时候邻避设施附近居民诉求的焦点不在于未得到合理的补偿,而在于政府在邻避设施的决策中,忽视了居民的主体地位,不尊重居民的参与权利,缺乏完善有效的政策参与、利益协调以及监督反馈过程,居民很难在政策规划阶段就表达自己的立场和利益,民众对决策的合法性产生质疑,从而对政府失去了信任,这形成了邻避冲突的心理基础,也加大了邻避冲突的可能性。从已经发生的邻避冲突事件中也可以看出,信息的不透明、公众意愿被忽视成为事件加剧的主要原因。在决策过程中,重视'环评'而忽略民意,重视预期效益而忽略政府公信力,以科学的名义为民作主,实质上损害了公民的知情权和决策权。"①有时候民众是"为了反对而反对",即政府在决策中忽略了民众的参与而表达的不满和愤怒情绪。

项目决策的不透明,不公开化,使得民众对政府产生了不信任,在项目实施的过程中,政府出台的一些列措施,遭到民众的怀疑甚至认为政府在有意欺骗他们。由于不信任进而产生了抗拒,决策不够民主,民众不能够最大限度的参与,不能够充分表达他们自己的意见,让他们感觉他们不够被重视而产生抗拒。正因为害怕民众强烈的反对,使得政府在制定决策时更加的封闭,待所有的手续,规划齐全后才对外公布。政府这种不透明,不公开的暗箱操作,更激起民愤,导致冲突的发生。"对于公民来说,最不能接受的是政府对于公众意愿的

---

① 沙元森.PX 项目上也得明白下也得明白[N].齐鲁晚报,2012—10—29.

漠视。几乎所有的 PX 项目，都是到开发建设，公众才通过媒体、网络等渠道获知，人们的知情权和参与权不能保证，导致政府与社会之间的信任丧失。遗憾的是，有些地方政府并没有吸取其他地方经验，信息不透明、公民的意愿被代表的现象并没有实质改变，甚至为了避免公众'聚众闹事'，更进一步封锁信息。[①]"作为政府，在处理邻避冲突的问题上时，更多考虑的应该是民众的利益，做到信息公开，透明，让民众做自己的主人参与到邻避项目中来，充分表达出自己的意见，把民众的利益损失降低到最小化等，这样才能尽可能的避免邻避冲突的发生。解决危害性废弃物选址争议首先要消除公民对健康和社区财富的担心，这就需要在决策制定程序中向公民提供信息和允许公民参与，并将公民参与和技术努力相结合[②]。

四、环保意识因素

当今的世界是一个发展的世界，经济的发展是其他发展的开路先锋，经济发展也是其他发展的基础。目前我国经济正在迅猛的发展，全国各地都在争先恐后的搞经济，促发展，能够为地方经济带来巨大贡献的大型企业，重型企业更是受到当地政府的青睐，经济发展的快慢也成了衡量政府工作好

① 马奔，王昕程，卢慧梅.当代中国邻避冲突治理的策略选择——基于几起典型邻避冲突案例的分析[J].山东大学学报（哲学社会科学版），2014(3).
② 陈宝胜.国外邻避冲突研究的历史、现状与启示[J].安徽师范大学学报（人文社会科学版），2013(2).

坏的一个标准。

"在以经济增长为主要任期考核指标的压力型行政体制下,GDP 和税收财源的增长成为地方官员的优先选择,从而导致他们容易采取重增长、轻环保的污染保护主义行为,并与追求利润的企业家结成利益同盟。"①在这种思想的指导下环境问题只会越来越严重,如在厦门 PX 事件中,投产后,每年能给地方经济带来 800 多亿元人民币的收入,因而得到了当地政府的大力支持,环境评估和安全评估方面都是走走过场而已。

随着人民生活水平的提高,受教育水平越来越高,人民对环境问题的认识水平也越来越高,对环境污染危害的认识也越来越深入,环保意识也逐渐地增强,人们对生活的质量要求也越来越高,附近的设施一旦损害周围的环境,就会遭到当地居民的强烈反对。"随着经济发展和环境恶化,公民对自身的环境权益越来越重视,甚至上升到'环境正义'的地步。邻避设施的设立可能会对环境造成破坏,影响健康。另外一些邻避设施的建立也会对当地的形象构成破坏,进而影响到当地居民的房产价值,因而会遭到抵制。②"

为了保卫厦门,厦门人民进行了不屈不挠的斗争,厦门人民通过各种方式进行反对,如吴贤建立的"还我厦门碧水蓝

---

① 张玉林. 政经一体化开放机制与中国农村的环境冲突[J]. 探索与争鸣, 2006(5).

② 马奔,王昕程,卢慧梅. 当代中国邻避冲突治理的策略选择——基于几起典型邻避冲突案例的分析[J]. 山东大学学报(哲学社会科学版),2014(3).

天"，通过 QQ 群发公告引导人民斗争。作家连岳通过博客揭露 PX 的危害，鼓励人民如何捍卫自己的权力，厦门人民通过短信"台湾陈由豪与翔鹭集团合资已经在海沧动工 PX 化工项目，这种化学剧毒产品一旦投入生产，意味着在厦门岛放了一颗定时原子弹，厦门人民的生活以后将在白血病和畸形儿中度过，我们要生活，要健康！国际组织规定这类专案要在距离城市 100 公里以外才能开发，而厦门最远距此项目才 16 公里，为了我们的子孙后代，行动吧，参加万人大游行，时间为六月一日八点起，由所在地向市政府进发，手绑黄丝带！一起来吧，为了厦门的明天！"这更直接鼓励人民为了厦门环境而战，PX 事件最终以民意的胜利而落下了帷幕。

第三节　邻避冲突的特征

一、邻避冲突的总体性特征

（一）成本和收益的非对称性

邻避设施的兴建所产生的利益由社会成员共同享受，而它所产生的负外部影响，却由邻避设施附近的居民来承担，这就造成了成本与收益的不对称，距离设施越近影响也就越大，反之也就越小。也就是说，邻避设施的负外性由少数人负担绝大部分的成本，利益被社会大众所共享，负担绝大部分成本的一部分人心里会产生一种不平衡感，他们感觉他们自己付出的成本比大部分的要多的多,结果得到了和其他人相同的利益,形成了一种利益不公平感,这种利益不公平感以及心里的失衡感,使得这部分人容易结成利益联盟,共同来反对邻避设施的建设;"邻避设施的负外部性意味着邻避设施所产生的效益并未透过市场机制来合理分配,而外部化的成本往往转嫁给设施周边的民众,民众因此而产生不满情绪[①]"。另外这些利益受损者一般都处于一个共同的、相对狭小的区域内,这也为他们结成利益同盟提供了方便。邻避设施具有某种危险性或者污染性,一旦发生事故,设施所在地的居民财产会遭到严重的威胁。因此越是邻避设施所在地的居民,抵抗意愿越强烈,距离越远的用户,接收程度越高。

(二) 资讯的不均衡性

邻避冲突涉及多个利益群体,如政府、厂商、部分专家学者,还有邻避设施附近的民众,一方以政府、厂商、部分专家学者为代表;另一方以民众为代表,其中包括村民,业主。双方的实力相差太大,以政府为代表的一方,他们手里掌握着大量的资料(其中包括公共权力和公共资源),他们拥有政策的制定权,拥有强大的社会动员能力,在博弈中处于绝对的优势,能够从容应付来自各方面的压力,在博弈中处于强势的地位和主导的地位。以民众为代表的另一方,他们所拥有的资源

---

① 董幼鸿.邻避冲突理论及其对邻避型群体事件治理的启示[J].中国行政管理,2013(2).

与此形成鲜明的对比，在博弈中处于劣势的地位，他们几乎不拥有什么社会资源，也没拥有什么社会权利，再加上自身的社会参与能力、技术壁垒等一旦冲突发生他们就处于较为被动的一方。以政府为代表的处于博弈优势的一方，因为拥有优势的资源占有，在邻避设施的建设中是主导者，他们长期拥有着决策权，他们主要从自己利益方面出发来制定决策，根本不顾及民众的利益，最终利益的拥有大部分为他们所有；以民众为利益代表的另一方，他们因为不具备占有资源的优势，他们往往被排除在政策制定之外，即使参与，也是一种形式，他们的意见并不能影响那些决策者，在追逐和保护自己的利益方面显得无力状态。在邻避设施建设的过程中，这部分人的利益普遍受损，导致了他们强烈的不满，为了保护他们的利益，他们会通过各种形式进行斗争，如上访闹事等被视为最直接最有效的抗争方式。

（三）高度的动员性和不确定性

邻避设施的负外部影响主要由一些少数人承担，这部分人面临着共同的危机，并且他们认识到问题的严重性需要尽快的解决，容易产生一种同仇敌忾的情绪，让他们联合起来一致对外[1]；另一方面，除了邻避设施带来的危害使民众有强烈的参与动机外，邻避设施的负外部成本的担负着一般处于一个相对狭小的空间，有着共同的生活环境，有着共同的遭遇，

---

① 何艳玲.“中国式”邻避冲突：基于事件的分析[J]. 开放时代，2009(12).

他们往往容易结成一个共同的团体来行动,这个团体具有较强的凝聚力和社会压力,对坐享其成着会被孤立,在这种情况下那部分人会有相当大的压力。另外参与闹事的群众都存在一种从众的心态,由于相互感染,个体往往容易屈从与群体,人们容易被暗示,容易模仿他人的言行,一旦参与此类的事件,他们就不再是一个单一的个体,而是以群体的形式出现,这容易导致参与者责任心的丧失,不再考虑法律的约束,他们认为法不责众,致使冲突事件不断的升级。[①] 由于种种原因使得邻避冲突具有高度的动员性。邻避冲突除了具有高度的动员性外还具有高度的不确定性。

　　在一些共识性危机中,因为社会成员感受到社会体系所受的外力威胁,并且认识到问题需要得到尽快解决,因此会容易被动员起来。许多邻避冲突所指向的目标往往是带有一定的专业性环保污染问题,由于信息不对称,邻避设施所在地区的居民对于这类问题产生的原因、带来的危害的概率、可能存在的风险,以及如何避免这类威胁等问题往往不甚清楚[②]。这是因为邻避冲突带有一定的专业性、可能存在的危险性等威胁不太清楚,他们对邻避设施的危害只是根据他们自身的主观判断,他们也有可能受一些谣言或传闻的蛊惑,从而产生对邻避设施的判断有某些不确定性,进一步损害了双方的信

---

① 汤京平.邻避性环境冲突管理的制度与策略:以理性选择与交易成本理论分析六轻建厂及拜耳投资案[J].政治科学论丛,2000(10).
② 董幼鸿.邻避冲突理论及其对邻避型群体事件治理的启示[J].中国行政管理,2013(2).

任,冲突也有可能进一步扩大化。

(四) 较强的公共政策性

邻避设施的设置与兴建,不但是一项高度专业科技知识的评估,也是一项关系社会大众福祉的公共决策问题①。专业科技知识的评估因涉及学理和专门知识,一般民众较不了解,但公共决策的过程却必须要让民众知晓,以保障民众的知情权,减小民众抵抗的强度。公众参与越早越容易获得民众的支持,比如在环评环节就应该让民众充分参与,否则在邻避设施兴建之后,才让民众知晓和参与,不仅会遭到民众的强烈反对,也会产生沉没成本,造成资源的极大浪费。决策过程必然涉及到民众和专家的价值判断,由于观念、利益的出发点不同,民众和专家的价值判断往往有一定的差距甚至相互冲突,若政府忽视这种差距和冲突,则难免会与民众发生冲突。由于邻避设施往往修建在人口较少的偏远地区或者经济条件较差的地区,设施所在地居民往往是社会弱势群体,基于环境正义的视角,有的学者将这种措施成为"种族歧视"的环境政策。

二、"中国式"邻避冲突的特点

邻避冲突根源于邻避设施的负外部性,由此而造成了其

———————

① 李永展.邻避设施冲突管理之研究[J].国立台湾大学建筑与城乡研究学报,1998(9).

成本和收益的不对称性。它具有"成本或利益高度集中化、高度群众动员性、高度不确定性、高度资讯不均衡性以及跨区域性①"等特点。但是由于中国特殊的制度环境、发展程度以及文化传统,我国的邻避冲突呈现一种迥异于西方国家的独特景观。总的来说,转型期我国的邻避冲突呈现出以下特点:

（一）抗争诉求的单一化和非政治化

在西方国家,邻避冲突虽然同样源起于邻避设施对环境的污染,但是邻避设施的停建或者迁移并不必然地导致邻避抗争的结束,邻避抗争往往诉求到诸如社会公平、族裔平等和环保政治等多个议题。邻避运动往往坚持"最低抵抗原则",社会弱势群体所居住的区域往往成为邻避设施兴建的所在地,这往往引起人们对社会公平的关注。针对高风险的邻避设施不成比例地兴建在有色人种聚居区的事实,上个世纪80年代,美国掀起了一种追求族裔平等和社会公平的邻避运动。

与西方国家多议题的邻避抗争不同,中国的邻避冲突往往呈现出抗争诉求的单一化和非政治化。中国的邻避冲突的诉求比较单一和具体,往往以邻避设施的停建或者获得补偿为直接目的。人们往往通过抗议和抵制反对邻避设施兴建在"我家的后院",这种集体抗议和抵制通常都是由公共设施所在地居民发起和参与、以环境公平为诉求、以"嫌恶设施"的停建或争取补偿为直接目的,构成了当前中国"社会运动的日常

---

① 何艳玲."中国式"邻避冲突:基于事件的分析[J].开放时代,2009(12).

形式"①。在大多数的邻避抗争中,虽然民众也打着社会公平的旗号,但是这种旗号只不过具有某种象征意义,其主要目的是为自己的抗争行为塑造某种程度上的合法性,并通过这种"话语"上的道义性倒逼政府,最终实现邻避设施的停建或者得到补偿。如在大连的PX事件中,游行群众打出"抵制PX,滚出大连",就直接表达了其强烈诉求。有的学者运用"动员能力与反动员能力共时态生产"框架,认为,正是业主(抗争者)动员能力的短缺,导致了抗争议题难以拓展,这样就往往表现为一种单一化的行动议题②。因此我国邻避运动多是一种"就事论事式"的抗争,它的成功往往意味着邻避设施的停建、拆除或者取得适当的补偿。至此,大规模的邻避抗争也会戛然而止,很少有人会深究社会公平和环境正义等伦理价值观。西方国家的邻避抗争诉求具有某种程度上的政治化特点,它不仅表现为行动议题往往涉及到族裔平等等政治问题,也表现为某些邻避抗争的领导者也把这场抗争视为争夺选票和权力的绝佳机会,因此权力和选票往往成为邻避抗争诉求的一种"隐藏的文本"。与西方国家相比,我国的邻避冲突和邻避运动中的抗争诉求具有明显的非政治化特点,它并不以政治权力和权利的追逐为诉求对象。即使是针对地方政府的邻避抗争,也努力与现有的国家话语保持一致,不但不挑战和对抗既有的体制和制度,也力求在体制内获得国家资源的支

---

① 赵汀阳.年度学术:2007(治与乱)[M].北京:中国人民大学出版社,2007,355.

② 何艳玲."中国式"邻避冲突:基于事件的分析[J].开放时代,2009(12).

持。非但如此,为了不过分刺激政府,我国的邻避抗争也往往力图和政治保持一定的距离,呈现出一种抗争诉求的"去政治化"特点。

如在厦门的 PX 事件中,人们通过短信和互联网争相传递着这样一条信息:

"台湾陈由豪与翔鹭集团合资已经在海沧动工 PX 化工项目,这种化学剧毒产品一旦投入生产,意味着在厦门岛放了一颗定时原子弹,厦门人民的生活以后将在白血病和畸形儿中度过,我们要生活,要健康! 国际组织规定这类专案要在距离城市 100 公里以外才能开发,而厦门最远距此项目才 16 公里,为了我们的子孙后代,行动吧,参加万人大游行,时间为六月一日八点起,由所在地向市政府进发,手绑黄丝带! 一起来吧,为了厦门的明天!"①

这种诉求就比较单一和具体,它并不寄希望于通过宏大的政府改革来追求社会正义和社会公平等等宏大的价值目标。民众的诉求比较单一,就是为了保护厦门的环境,通过"散步"的方式给政府施压,迫使 PX 项目迁出厦门。

我国的邻避冲突和邻避运动中的抗争目的性比较单一,它并不以政治权力和权利的追逐为诉求对象。即使是针对地方政府的邻避抗争,也努力与现有的国家话语保持一致,不但不挑战和对抗既有的体制和制度,也力求在体制内获得国家资源的支持。非但如此,为了不过分刺激政府,我国的邻避抗

---

① 史雪莲.公众参与之厦门 PX 事件始末[J].理论探索,2008(5).

争也往往力图和政治保持一定的距离，抗争的目的性比较单纯。

在厦门 PX 事件中，市民为维护自己的合法权益不受侵犯而对政府施压的过程。如进行的"散步"活动（本质上就是游行示威）也是在政策许可的范围内，虽然人数众多，但在整个"散步"的过程中，市民始终保持着理性、克制，自始至终都较少的发生对抗，扰乱公共秩序、环境卫生等破坏性行为，反对的方式一直比较的温和，而且"散步"适可而止，他们的目的也非常的简单：只是向政府表达一种公意诉求，诉求也非常明确，不存在某些政治目的，并且很耐心的等待政府的回应。当政府承诺 PX 项目迁出后，"散步"活动也很快的解散了。

邻避设施所在地居民的抗争比较单一，主要着眼于经济利益或者设施的废止。对于民众而言，抗争是有利而无害的，因为即使抗争失败，也最多是维持现状，不会有更坏的结果。反之，如果抗争过程足够吸引人们的眼球，就可以得到某种补偿或者降低风险威胁。

（二）抗争方式的弱组织化

资源动员理论十分强调社会组织在社会运动中的动员和领导作用，在西方国家的邻避运动中，各种环保组织积极参与其中，具有明显的组织化特点。就我国而言，虽然我国邻避冲突和邻避抗争的组织化特点日益增强，但是仍然具有明显的弱组织化特征。

抗争方式的弱组织化首先表现为在邻避抗争的过程中缺

乏一个统一的、持续的组织和领导网络。在我国的邻避抗争中，"草根精英"往往成为抗争的组织者和领导者，但是这些"草根精英"往往并不拥有组织资源，他们主要是凭借在社区里的威望和一副古道热肠而成为邻避抗争的临时领导者。在邻避抗争的初期，这些"草根精英"往往通过暗中串联、幕后策划等方式积极参与抗争，这时的抗争具有一定的组织化特点。但是从抗争的初期开始，政府或邻避设施的承建方就试图通过各种方式对这些"草根精英"施压和瓦解，迫使其退出邻避抗争。因此邻避抗争中领导层的频繁更替就成为我国邻避运动的突出特征。特别是在邻避抗争的后期，由于这时的抗争往往涉及到堵路、"散步"、拉横幅甚至冲击政府机关等实质阶段，为了避免惹上各种麻烦，抗争的前期领导者往往竭力避免参与其中，这时的邻避抗争呈现出分散化和无组织化的特点。例如 2007 年的厦门 PX 事件的集体"散步"以及此后的集体"购物"和集体"喝茶"，都存在着抗争领导缺位的弱组织化特点，这也相应地增加了政府进行协商和谈判的难度。

　　抗争方式的弱组织化还表现为社会组织的缺失。由于我国公民社会的不发达，我国的环保组织在邻避抗争中存在着能力和意愿的双重不足。我国的环保组织存在着两种发展模式：一种是自上而下的发展模式，这种民间组织的经费在很多程度上需要依靠政府的拨付，它们和各级政府有着天生的依附关系，因此其独立性和自主性相对不足。另外一种是自下而上的发展模式，即所谓的"草根"环保组织，"草根"环保组织的登记和注册需要政府的审批并受到政府的严格监管。因此它们更希望被看作是政府的合作者而不是挑战者。如在2007 年的厦门 PX 事件中,厦门最大的环保组织"厦门绿十字"并没有参与上街游行,它的负责人马天南是这样说的:"我一直希望民间环保组织同政府合作,这样才能了解真相,因此我对上街游行的做法采取了'三不'政策,就是不支持,不反对,不组织"。①

（三）抗争策略的"问题化"

我国的邻避抗争往往综合利用各种手段和策略,既包括常规的参与手段,也包括非常规的"问题化"策略运用。当公民的权益收到邻避项目的威胁时,最初总是寄希望于通过各种合法的途径来进行维权,如果这种常规或体制内的维权渠道受阻或效果不佳时,就被迫采用各种"问题化"策略,通过这种"问题化"策略把自己的境遇构建为政府不得不面对的问题。

邻避抗争的"问题化"策略是指邻避项目的(潜在)受害者为了使自己的问题受到政府的关注而通过各种非常规方式进行的行为表演。各种社会问题只有得到政府的关注,并进入政府议程也有解决的可能,"问题化"策略就是通过各种夸张的表演来获得社会支持并倒逼政府出面解决问题,这也是"问题化"的生产逻辑,即通常所说的"大闹大解决,小闹小解决,不闹不解决"。非常规化和夸张化是"问题化"的突出特征,只

---

① 袁越. 厦门 PX 事件[J]. 三联生活周刊,2007—10—15.

有那种非常规的、出人意料的行为表演才具有轰动效应,从而获取最大的表演价值。在邻避抗争中,民众主要运用"说"和"闹"两种方式来进行造势。"说"就是所谓的"诉苦"。在邻避抗争中,诉苦是一种基本的话语,即主要通过对邻避项目已经或可能带来的伤害来进行控诉,从而塑造了自己在抗争中的弱者形象。诉苦是"问题化"策略能否获得成功的关键,它旨在于为这种策略寻求各种道义支持,从而塑造自己行为的合法性。如果说"说"的目的在于运用各种道义资源来博取同情和支持,"闹"则直接通过各种夸张的表演获得关注。"闹"是"问题化"技术的核心,各种"问题化"策略都是围绕"闹"而展开的。在邻避抗争中,我们经常可以看到民众通过静坐、"散步"、打横幅、喊口号、拦车、堵路等方式进行抗争,甚至采取自焚、卧轨以及冲击党政机关等极端行为进行维权。"问题化"策略在吸引关注的眼球效应方面是十分成功的,但这种抗争手段往往模糊了合法与非法的边界,从而使抗争者面临着被镇压的可能。因此"闹"的"度"的把握就十分重要,既要使之成为影响社会稳定局面的"事件",从而把想躲闪推诿的地方政府拖到前台来,同时又不能明显逾越法律,从而为地方政府很可能实施的报复提供口实①。

　　邻避抗争中"问题化"策略的频繁运用,体现了我国政治参与制度和权利救济制度的失灵。西方国家虽然也存在着大

---

　　①　应星,晋军.集体上访中的"问题化"过程——西南一个水电站的移民的故事[A].清华大学社会学系编.清华社会学评论[C].厦门:鹭江出版社,2000.120—124.

量的邻避冲突，但是就冲突的解决已经形成了一套运作模式，民众也可以再既有的制度框架和游戏规则下表达自己的诉求，并且这种诉求经常会得到积极的回应。因此，西方国家的邻避抗争和邻避运动往往采用的是一种体制内的、常规的维权方式，非常规的"问题化"策略只能是偶尔为之。相反，由于我国实际存在的政治参与渠道和权利救济制度的受阻，"问题化"策略的运用已经成为社会政治生活的一种常态，这也在一定程度上反映了我国邻避冲突管理的碎片化。

第三章　邻避冲突中的第三方干预

邻避治理是保持社会稳定、促进社会和谐发展的重要手段。由于邻避冲突涉及公共事项、事关公共利益,因此加强对邻避冲突的治理就成为政府的重要职责。当冲突双方在化解冲突的过程中面临着能力和信心不足以及其他障碍时,第三方的介入和干预就成为一种必然选择。

第一节　第三方干预及其机制

冲突是人类社会的普遍现象。在冲突管理过程中,当公共冲突爆发时,谈判和第三方干预就成为冲突管理的两种基本方式。冲突双方往往由于利益的博弈而产生分歧和误解,谈判就面临着失败的可能,这时候第三方干预者的介入就及其重要。可以说,谈判的失败是第三方干预的先决条件,当冲突双方自己能够通过沟通和交流解决问题时,第三方的干预就成为一种多余。第三方干预的历史和冲突的历史一样悠久，它作为冲突管理的一种方式被运用到不同领域，并取得了良好效果。

一、第三方干预的内涵

在邻避冲突过程中，如果冲突的双方能够自行协商和谈判，依靠自己的力量化解冲突，这就是所谓的自力救济。从理论上说，以协商为核心的自力救济是一种最有效的冲突化解方式。由于不需要借助第三方、冲突解决的成本较低，冲突协议也更容易得到双方的积极承诺和回应。"从积极意义上说，社会主体之间协商对话及自律能力越高，和解范围越强，通过双方交涉化解冲突的可能性就越大。"[①]但是协商和谈判的前提是双方地位相对平等，当一方不愿谈判和协商或者使用强力因素时，其手段不仅缺乏正当性，结果也不会得到一方甚至两方的真正承诺。因此，如果实力压服成为惯例，则会对社会公正带来较大风险。因此，现代国家倾向于对自力救济加以限制甚至禁止，而借助于中立第三方干预作为冲突的正规方式。

第三方干预的内涵看似如此简单，以至于许多研究冲突管理的学者不屑于对其进行定义和阐释，而现实往往比这要复杂得多。最广义的第三方主要是指冲突之外的主体，既可能是局外人也可能是局内人。在实际的邻避冲突中，作为干预者和参与者的第三方既有可能是中立的也有可能偏袒某一

---

① 范愉. 纠纷解决的理论与实践[M]. 清华大学出版社，2007.78.

方。如有的学者就认为,第三方是指"任何熟悉冲突的其他人,他不仅包括中立性的第三方也包括派别性的第三方或者边界性的第三方。[①]"这意味着在冲突管理过程中,第三方有时候由于其价值观念、利益倾向等方面的因素,在介入冲突的过程中往往偏向某一方。但是,真正的第三方若想有效地发挥作用,中立性是干预的基础条件,否则不仅不能解决冲突,也有可能会激化冲突,促使冲突的升级,甚至会"引火上身",成为冲突的一方。第三方的概念通常是指积极介入冲突并秉持中立或宣称中立的一方,如调停者、仲裁者和法官等。如普鲁伊特(Pruitt)和金(Kim)教授认为:"第三方干预是指外在于冲突的人或组织帮助冲突双方结束冲突的过程。"[②]利维克(Liwicki)也持有这种观点。他认为,"第三方干预者往往对冲突的事项和冲突双方不存有偏见,他们的职责就是要帮助双方结束冲突。"[③]卡芒(Carment)和罗兰兹(Rowlands)教授在对一系列国际战争和冲突的研究中,认为第三方干预就是国际舞台上的中立第三国对卷入冲突的两国进行进行调解和斡旋,以结束其敌对状态的过程。[④]

---

①　唐纳德·布莱克.正义的纯粹社会学[M].浙江人民出版社,2009.96.

②　Dean G. Pruitt & Sung Hee Kim. *Social Conflict : Escalation, Stalemate,and Settlement*. N. Y: The McGraw-Hill Higher Education,2004,p. 227.

③　Roy J. Lewicki & Stephen E. Weiss. *Model of conflict,negotiation and third party intervention: A review and synthesis*. The Journal of Organizational Behavior,1992,V0l. 13,pp. 209—252.

④　David Carment & Dane Rowland. *Evaluating Third-party Intervention in Instrastate Conflict*. The Journal of Conflict Resolution,1998,Vol. 42. pp. 572—599.

当冲突双方不愿协商、协商不成或者达成和解协议后不履行的,可以寻求第三方干预。第三方干预是指"依靠没有直接参与到冲突中去的主体解决争端的方式。①""第三方干预的目的不应该限于迅速地化解冲突,而是应该向冲突中的各方灌输一种相互合作、相互信任的解决问题的观念和态度。"②第三方可以是个人也可以是组织,可以是本单位人员,也可以是双方都信任的其他人,比如律师、政府官员以及其他的权威人士等。冲突管理中的第三方,是指原本与冲突没有直接利益关系,只是试图居间调解、仲裁或者管理冲突的一方。第三方是居于两个或两个以上冲突主体之外的试图帮助他们化解冲突的一方。③

美国学者沃顿(Richard E. Walton)认为④,第三方进行有效的冲突管理必须具备以下资格和条件:(1)权威性,即具有一定程度的合法性和权力;(2)公正性,即必须是中立的、不偏不倚的,不能采用双重标准;(3)可接受性,即能够被冲突当事方所接受;(4)能力、技巧和经验,即具备一定的沟通能力和技巧,包括对冲突各方的了解、对主要冲突事项的认识、收集和分析信息的能力、促进各方谈论的能力和技巧、起草方案的

---

① 朱景文. 解决争端方式的选择——一个比较法社会学的分析[J]. 吉林大学社会科学学报,2003(5).

② M. Deutsch. Sixty years of conflict, International Journal of conflict management,1990(1),237—267.

③ 常健. 公共冲突管理[M]. 中国人民大学出版社,2012.224.

④ 常健. 中国公共冲突化解的机制、策略和方法[M]. 北京:中国社会科学出版社,2013.167—168.

能力,甚至还要有幽默感,并最好具有过去成功化解冲突的经历。

总之,主流的冲突管理学者认为第三方干预就是要实现冲突的平息和敌对状态的结束,对此,笔者不敢苟同。冲突平息(Conflict settlement)是指对冲突实施的紧急控制和约束,以防止冲突的扩散和升级,并实现冲突的中止。冲突平息的目的就是要迅速控制事态的发展,它能够在较短的时间内达成协议并且实现冲突的暂时中止。从冲突管理的视角来看,冲突平息只是第三方干预所欲实现的较低层次的目标,把第三方干预的目标仅仅定位于冲突的结束,似有贬低第三方干预的功能之嫌。实际上,实现冲突和解才是第三方干预的最高追求。冲突和解(Conflict Conciliation)是指对冲突双方进行调解,它不仅要实现冲突的表层平息,更着眼于双方关系的长期维系,是双方关系从对抗性走向合作性的伟大嬗变。第三方干预兼具有追求冲突中止和冲突和解的双重目标。因此,冲突管理过程中的第三方干预是指冲突双方在谈判失败之后,与冲突没有直接利益关系的第三方通过各种手段和措施居间进行调停和斡旋,以实现冲突平息及其冲突和解的过程。

二、第三方干预的类型

根据第三方干预主体的不同,常见的第三方干预有行政部门、司法部门、社会组织以及权威人士。在邻避冲突化解和管理过程中,不同的主体作为第三方干预的作用和有效性亦有所不同①。

(一) 行政部门

在一些文化中,由于社会管理长期以政府为主导,或是公众在意识形态、价值观上对权威具有较高的认同,当冲突发生时,当事方即对国家行政部门解决冲突形成了明显偏好,政府经常性地主动或被动充当冲突化解的第三方角色。政府作为第三方,其优势是具有以行政权为基础的强制性(但是这种强制性可以不直接加以使用或体现)和权威性,因此在冲突处理上往往能够起到纠纷的快捷结果,及时控制冲突蔓延、恢复社会秩序。但需要注意的是,研究表面,政府过多地、应急式地介入冲突化解过程,不仅不利于保持正常行政过程的节奏,且政府在冲突应对中的失败和挫折反过来会造成冲突的激化,甚至可能使冲突各方掉转矛头指向政府。

(二) 司法机关

司法机关作为第三方进行冲突管理,本质上是被动式的,由当事人一方或双方的申请而介入,其处置纠纷的标准是法律、法规。由于司法权也是一种有限的资源,社会矛盾多种多样,根源也不一而同,不可能通过公诉权的行使化解所有的矛盾与冲突。司法机关充当第三方,当事人要承担相应的诉讼

① 常健. 公共冲突管理[M]. 中国人民大学出版社,2012.226.

成本和审判的时间成本,遵守严格的司法程序;且生效判决具有强制性,即使双方不甚满意也必须严格执行,这对于未来冲突方保持和谐关系存在相当不利影响。

（三）社会组织

社会组织具有的多元性、草根性特征,使其能对各种群体的利益诉求保持敏感;在干预过程中尊重各方的需求和主张,通过灵活多样的人际沟通、规劝疏导、平等对话和协商等非强制手段,鼓励各方自主地参与化解过程,实现冲突各方的合意,达到调解纠纷、化解矛盾的目的。根据不同国家或地区社会组织的成熟的和文化的不同,社会组织介入冲突化解的水平、领域、作用效果等也不同。总的来说,社会组织在干预参与人数不多、标的明确、议题有限、低烈度和低强度的冲突中大多可以取得良好的效果,但当冲突走向群体性的、激烈的对抗升级时,其干预效果往往极为有限。

（四）权威人士

权威人士充当外部干预者,往往与其权威、名誉、声望有关,如部族首领、宗教领袖或是社区中受到普遍认可与尊敬的、德高望重的人物等。其介入冲突的方式可以是主动的,也可以是应当事方要求的。譬如伊斯兰教的阿訇调解,主要是在回族社会秩序中进行;阿訇以宗教权威的身份主持调解,其调解权不是世俗的权力,而是主要来自其作为宗教权威身份的正当性。调解的起始、过程、结果、理由、主体、履行都与伊斯兰教密切相关,回族的传统、理念和价值观等蕴含于其中,宗教中的信仰、真主、穆圣、禁忌等事项共同成为纠纷解决的依据①。研究表明,由权威人士作为第三方进行干预,当事人对调解结果的认同性较好,一旦达成合意,返回率很低,执行起来也较为容易。

根据干预的方式,可以将第三方干预分为调解、仲裁和诉讼。

1. 调解

邻避冲突解决模式的核心为调解方式的运用,调解是使用的第三方干预方式。克雷塞尔和普鲁伊特指出:"调解是第三方干预最基本和最普遍的方式②"调解是中立第三方调解者促使邻避争议得到解决的非正式过程。"调解是指第三者依据一定的社会规范(包括习惯、道德、法律规范等),在纠纷主体之间沟通信息,摆事实明道理,促成纠纷主体相互谅解和妥协,达成解决纠纷的合意。③"调解几乎伴随着冲突而产生,它不仅是一种最古老的冲突管理方式,而且在世界各地被广泛地应用于化解国际冲突、劳工冲突、社区冲突、学校冲突和法律争端等诸多领域④。

---

① 易军. 阿訇调解纠纷解决机制研究[J]. 中南大学学报(社会科学版),2011(4).

② K. Kresel,D. G. Pruitt. Conclusion:A research perspective on the mediation of social conflict,In K. Kressel,D. G. Pruitt and associates,Mediation research,1989. 423—435.

③ 王伟. 农村林地承包纠纷仲裁机制研究[D]. 华中科技大学,2009.

④ James A. Wall,John B. Stark,Rhetta L. Standifer. Medition:A Currrent Review and Theory development,The Journal of Resolution,2001(6),370—371.

邻避冲突中的调解是指中立的第三方游走于公民、企业或政府之间，居中斡旋使冲突得到解决的过程。由于调解需要冲突主体心平气和地沟通和交流，因此必须淡化强力或者权力因素，完全是一种自愿行为。这时候的调解主要运用的资源是沟通、谈判与协商的技巧。中立的第三方分别会见冲突当事人，了解其各自的立场，然后设法撮合两方当事人，针对问题症结进行了解、协商，观察两者有无同意的积极区域，最后再提出解决问题的办法。

在第三方干预中，调解者通常不具有强制和解的法定权力，必须基于冲突方的自觉和自愿。调解者必须运用技巧，以降低敌意，消除沟通不良的障碍，整合各种团体的需要。总之，邻避冲突中的调解具有以下几个方面的特点：[①]第一，调解必须应用立场中立的第三方干预者；第二，邻避冲突调解是个决策制定的过程；第三，调解需要当事人之间的权力平衡；第四，调解适用的情况为争议当事人的关系已经僵化的时候；第五，调解必然导致某种程度的妥协。

调解是一种以柔性方式化解冲突的机制，是解决争议的一种古老方法，在我国具有悠久的历史。调解解决冲突，具有成本低、及时、灵活的优点，可以促使当事人双方尽快取得调解，减少双方的对立情绪，防止矛盾激化，因此，调解也被称为解决冲突的"第三条道路"和"绿色"纠纷处理机制[②]。在邻避

---

①　丘昌泰.剖析我国公害纠纷[M].淑馨出版社,1995.33.

②　程延园.员工关系管理[M].复旦大学出版社,2008.252.

冲突中引入调解机制,有利于把争议解决在基层,最大限度地降低当事人双方的对抗性,阻止双方冲突升级和扩散。

调解能够起到以下作用①:第一,通过调解者的协调,不仅能使冲突双方做到一起交流,而且能使他们在冷静的气氛中有效地缓解矛盾;第二,通过有效沟通,能够使得冲突双方对冲突的解决做出现实的期望,并提出现实的建议;第三,调解者有机会听取对方的心里话,以确定是否存在可以达成协议的区域。如果存在,可以将一方的一些合适的意见反馈给对方;第四,调解者能够寻找合作利益所在,鼓励创造性思维,提出妥协建议,阐明达成一项协议的道理,使双方接受建议;调解可以缩小双方不合理的要求和责任范围,说服双方接受新观点,使双方有机会明确并考虑达不成协议的最大受益和最低损失。当一方改变立场时,可以找到某些方法挽回面子。

2. 仲裁

仲裁也称公断,其基本含义是由一个公正的第三方对当事人之间的争议作出评断。有学者认为,仲裁是"两方或者两方以上的当事人,面临着他们不能自行解决的争议,同意某个私体的个人来帮助其解决争议②。"当冲突发生时,将争议提交给争议之外的中立第三方,由其对当事人的纠纷调解,并做出裁决的行为。也有学者认为,仲裁"即公断,是双方当然人通过合意自愿将有关争议交给仲裁人或公断人的第三者审

---

① 常健.公共冲突管理[M].中国人民大学出版社,2012.231—232.

② Alan Redfern,Martin Hunter,Law and practice of international commercial arbitration,Maxwell,2.

理,由其依据法律或公平原则做出裁决,并约定自觉履行该裁决所确定的义务的一种制度。"①根据对象的不同,仲裁可以分为民事仲裁、海事仲裁、劳动仲裁和国际仲裁等。总之仲裁至少包含着三个要素②:一是必须有当事人将争议交付仲裁的协议;二是仲裁庭就案件作出决定,而非建议人以某种方式达成妥协;三是仲裁庭的裁决和决定虽然是私人协议的结果,但他具有重要的公法后果,可以在执行地国家法院的法律程序中得到承认和执行。

仲裁是处理邻避冲突的一种重要方式,第三方在查明事实、明确是非、分清责任的基础上,依法作出裁决的活动。仲裁是第三方干预的重要方式,具有以下特点:第一,公正性。仲裁是由中立的第三方居中裁判,因此有利于实现社会公正;第二,自愿性。当纠纷发生之后,当事人是否愿意仲裁、找谁仲裁等必须基于当事人的意愿,不得强制仲裁。必须有争议当事人同意仲裁的协议才可进行,只要一方不同意,就不能仲裁;第三,灵活性。与诉讼相比,仲裁在程序上不像诉讼那样严格,当事人具有较大的自主权。程序也不具有较大的形式化,双方可约定使用程序与规则;第四,强制性。虽然劳动争议仲裁除部分案件对用人单位实行一裁终局外,不服劳动争议仲裁裁决的,可以向人民法院起诉。但是作为冲突解决方式的民事仲裁实行"一裁终局制",当事人不服裁决的,不能向

---

① 李双元.国际私法[M].北京大学出版社,1991.496.

② 常健.公共冲突管理[M].中国人民大学出版社,2012.242.

法院起诉,仲裁具有最终的约束力。与调解相比,仲裁的程序更加规范,裁决更加确定。仲裁一般要依据严格的程序规范和实体规范,内含有较强的制度性和规范性因素。

3. 诉讼

与协商、谈判、调解和仲裁等非诉讼性渠道相比,诉讼作为一种诉讼性的权利救济方式有着严格完备的程序支持,确保了程序的正义。司法与诉讼制度的存在是实现民主法治和人权保障的先决条件。以宪政和民主制度作为基本定位的现代国家已经逐步达成一个共识,即建立独立行使审判权的司法机关,并切实保证公民的诉权。司法审判是纠纷的"法律"解决的典型形式,它所提供的是一种法律的标准答案,因此,也是其他解决方式的参考系数,这种解决能够对其他纠纷的解决起到间接性作用。最高司法机关的裁判不仅具有终局性,而且可以由此形成具有约束力和判例和规则,成为向社会公众发布的法律信息和公共产品,从而发挥起决策和指导的社会功能①。尤其是当双方不愿协商或者对协商的结果满意;不愿调解、调解不成或达成调解后不愿履行的;不愿仲裁时,诉讼通过司法程序保证了争议的最终彻底解决,有利于保障当事人的诉讼权。

虽然诉讼渠道在冲突管理中具有不可或缺的意义,但是由于司法程序的复杂性和繁琐性以及司法资源的有限性,这并不意味着可以仅仅凭借扩大司法资源、增加司法资源维持司法对纠纷解决的独占,大力推进非诉讼或替代性纠纷解决方式(Al-

---

① 范愉. 纠纷解决的理论与实践[M]. 清华大学出版社,2007.242—243.

ternative dispute resolution 的缩写,简称 ADR)的发展。

基本上,以法院解决纠纷的诉讼体制呈现出"诉讼病理"的缺点,即诉讼本身是一种参与管道相当狭隘的公众参与模式,诉讼本身的程序十分复杂,而且诉讼费用与社会成本也相应地高,一般民众根本没有能力参与此诉讼体制[①]。与其他非诉讼性权利救济方式相比,社会成员选择诉讼方式解决冲突的成本较高,如表 3.1 所示:

表 3.1　农民诉讼与非诉讼成本对比[②]

	诉　讼	非诉讼
立法成本	完备、健全	尚不完备、零散
经济成本	高	低
时间成本	长	即时、短
关系成本	需充足的人脉资源、斡旋	简单、直接
隐形成本	具有惩戒性	可选择、具有妥协性
社会成本	法官、律师	可选择中立的第三方

总之,第三方干预既包括调解和仲裁等非诉讼性渠道,也包括诉讼权利救济方式,从法理和实践上看,我国的邻避冲突存在着一个从中央到基层的多元化纠纷解决方式。

三、第三方干预的作用机制

第三方干预可以促进冲突双方的有效沟通、提高双方对

---

① 丘昌泰. 剖析我国公害纠纷[M]. 淑馨出版社,1995.24.
② 汤唯. 农村多元纠纷解决机制的法理模型[J]. 淮阴师范学院学报,2008(4).

冲突方案的承诺和满意程度。谢泼德（Sheppard）教授对冲突管理中的第三方角色作了类型学的划分，他认为第三方干预者经常扮演着检察官（Inquisitor）、法官（Judge）、调解员（Mediator）和动员者（Motivator）的角色。在邻避冲突过程中，承担这些角色的第三方干预者会对冲突平息和冲突和解产生重要的作用。第三方干预对邻避冲突过程的影响主要是通过以下三种作用机制实现的：

（一）制造"缓冲期"和"冷却期"

在冲突过程中，当冲突双方由于目标受阻或者在价值差异方面产生严重隔阂时，就有可能产生负面的敌对情绪。鲍德克尔（A. M. Bodtker）和詹姆逊（J. K. Jameson）的研究表明，双方"处于冲突之中就是处于情绪的冲动之中……冲突使人感到不舒服的部分原因就在于它伴随着情绪。"①当这种失败的负面情绪在双方之间蔓延时，就会导致认知偏差的出现，即冲突中的每一方都认为自己是正确和无私的，对方则是不可理喻和无理取闹的。这种认知偏差又会由于冲突方的"选择性记忆"和"选择性接受"而进一步地放大。在这种冲突场景下，如果不对其进行隔离，就有可能导致冲突的升级。在格拉索（Friedrich Glasl）冲突升级的九个阶段的研究中，我们可以看出，当双方分歧强化并且开始激烈争辩时，如果第三方干预

---

① A. M. Bodtker & J. K. Jameson, *Emotion in Conflict Formation and its Transformation: Application to Organizational Conflict Management*, International Journal of Conflict Management, 2001, Vol. 12, p. 15.

未能对其进行分割和情绪冷却,就会导致冲突的进一步升级,最终使得局面无法控制。因此第三方干预首先要做的就是要制造一定的缓冲和冷却期,防止冲突的升级。首先,第三方建议暂时中止谈判。在公共冲突过程中,当双方重复出现激动、气恼、诽谤和责备对方等负面行为时,第三方应该适时地建议中止谈判,直至双方能够恢复理性和祛除偏见。其次,预留充分的时间。在公共冲突过程中,让双方能够接受对方的立场和观点并寻求有效谈判的最佳平衡点,需要一定的时间。为了让谈判不致触礁,预留充分的时间是十分明智的。再次,用内部谈判来影响外部谈判。有效地第三方干预,必须要有积极谈判区域的存在。当冲突双方由于利益分歧太大而陷入僵局时,第三方应促使冲突方内部进行谈判,以促使其形成合理的 BATNA。[①] 这种内部谈判能够降低双方的拒绝点,为外部谈判的有效进行创造了条件。总之,当冲突双方在谈判中被负面情绪所作用时,第三方积极介入为双方营造出一定的喘息空间或者使其头脑冷静的间歇,这是第三方干预能够成功的关键所在。

(二) 建立或改进对话渠道

在邻避冲突过程中,当双方信息沟通不畅时,也有可能使谈判陷入僵局,第三方应该为双方建立或加强沟通提供帮助。

---

① BATNA 是英文"Best Alternative to a Negotiated Agreement"的字头缩写,是指谈判中的最佳替代方案。这个最佳的替代方案决定了谈判中可接受协议的最低限度,如果双方的 BATNA 不存在共同的区域,就意味着谈判的失败。

英国谈判学家比尔·斯科特把谈判中出现的分歧分为想象的分歧、人为的分歧和真正的分歧。① 想象的分歧是由于冲突过程中的一方没有很好地了解对方的要求而产生的,或者是虽然了解了对方的要求但不愿意承认、不愿意接受对方正确的观点。这种分歧,根源在于相互间的沟通不完善;人为的分歧是由于一方有意制造"漩涡"而产生的;真正的分歧是由于各方的需求和条件虽经沟通但仍然尖锐对立产生的,他反映了各方在利益、立场上的冲突。② 真正的分歧反映了冲突双方巨大的利益分歧,第三方可以通过影响双方的内部谈判来促进外部谈判,这在前文有所论及。至于人为的分歧和想象的分歧都是由于双方间的沟通不畅引起的,第三方干预能够克服这种沟通不畅的障碍。人为的分歧虽然是冲突一方故意制造的,这种屏障会阻碍双方的有效沟通,如果他不想引起冲突的升级,也必须求助于第三方干预者。想象的分歧是冲突方自身主观意识的产物,是其人为地设置屏障,使得双方之间的直接沟通变得困难。第三方在这种情况下的干预有助于客观地解释对立双方的沟通和立场,有利于传递某些当事人不便于直接传递的信息。由于改变了相互沟通的方式,因此加大了消除冲突的可能性。③ 总之,在邻避冲突过程中,当双方

---

　　① 　比尔·斯科特.贸易洽谈技巧.叶志杰译,北京:中国对外经济贸易出版社,1986年,第102页。
　　② 　张强.谈判学导论:谈判的理论与实践[M].成都:四川大学出版社,1992.319—320。
　　③ 　同上。

在进行坦率的交流和沟通面临着障碍时,第三方干预有利于破除人为的分歧和想象的分歧,促进双方之间的有效沟通。

(三)直接裁决

在邻避冲突过程中,当双方的谈判陷入僵局时,第三方既可以制造"缓冲期"或"冷却期",也可以建立和改进对话渠道,其最终目的就是要重启谈判之门,帮助双方自己解决问题。然而,如果双方自己解决问题的能力和意愿依然不足时,为了避免冲突的升级,第三方便要对冲突事项作出最终裁决。当双方受到悲观情绪的影响而限制了他们达成一致意见的可能性时,第三方的裁决就成为必然。当双方在谈判时陷入了僵局或者到了最后的期限仍然无法成功地解决冲突时,便会寻求第三方的裁决。从一定程度上说,第三方通过裁决的方式介入冲突,就意味着双方放弃了对冲突结果的控制,而把最终的决定权交给了第三方。如果说谈判是双方自己制定和选择冲突化解决方案的过程,裁决则意味着中立的第三方获得了替其作出这种决定和选择的权利。由于第三方裁决者能够超然于双方的利益和立场,从繁剧多绕的现象中把握事项的发展脉络,作出较为合理和公正的决策,从而极大地拓宽了备选方案的选择。可以说,这种裁决式的干预是一种相对快捷的冲突化解方式,但往往也会增加双方对第三方干预的依赖,减弱了双方进行有效谈判的能力。如托马斯·科汉(Thomas A. Kochan)认为在冲突管理过程中裁决有可能出现的五大负效应,即冷却效应、偏见效应、麻醉效应、半衰期效应和决定接受效应。①

四、第三方有效干预的条件

在最低程度上，第三方干预能够帮助双方打破僵局或者解决谈判过程中的"出轨"。摩尔（Moore）认为当下列情况出现时，就需要第三方的帮助和干预，即出现沟通不畅，而双方无力解决；双方出现了紧张情绪，阻碍了问题的解决；双方不断重复着否定行为（如生气、谩骂、责备等）；在问题的重要性、数据的收集和评估方面严重的不一致；对冲突背后的实质问题的数量或类型认识不一致；不必要的（但双方认为有必要）价值差异使双方产生了隔阂等。② 这些因素都是第三方干预的基本条件，但是第三方干预是否能够取得成功取决于第三方是否能够坚守中立和公正、是否拥有较高的公信力以及是否选择了恰当的干预时机。

（一）中立性和公正性是第三方成功干预的前提

在邻避冲突过程中，虽然完全中立和公正的第三方是不

---

① 冲突管理过程中的冷却效应是指除非裁决结果符合自己的意愿，冲突双方避免作出承诺；偏见效应是指双方都以自己的立场来评价裁决决定，从而形成某种偏见；麻醉效应是指双方失去寻找其他解决方案的兴趣；半衰期效应是指随着第三方裁决的增加，双方对其的承诺和接受度反而降低；决定接受效应是指如果有一方对裁决的方案不满并收回承诺，第三方方裁决的结果便很难执行。

② Christopher W. Moore. *The Mediation Process*：*Practical Strategies for Resolving Conflict*. N. Y；Jossey-Bass Inc. 1986，pp. 11—12.

可能的。第三方干预通常都会以并非有意要支持某一方的方式来影响冲突过程和结果。双方的共同朋友以及上级领导也都会作为第三方进行干预，他们在干预的过程中往往掺杂着一些主观因素，如个人情感及偏好等。根据卡纳瓦莱（Carnevale）的观点，第三方干预过程中的偏袒主要有两种形式：一是在干预前，第三方于其中一方联盟或者结成亲密关系；二是在干预过程中，第三方给予其中一方更多的支持。但是，相对的中立和公正仍然应该始终是第三方孜孜追求的目标。最新的研究成果表明，冲突过程中的第三方应该是不偏不倚的，不能采用双重标准。罗斯（Ross）和康伦（Conlon）认为，有偏袒的第三方（由于与一方或者双方的先前关系而缺乏公正或者在解决纠纷时更为明显地偏袒其中一方）对于第三方介入纠纷的满意度有严重的负面影响。当一方认为存在着第三方存在着偏袒另一方的情形，就会有一种被玩弄和歧视的羞耻感，这种不公平感会削弱一方对方案的承诺和协议的履行。而第三方在干预过程的公正和公平往往能够促进双方对冲突方案的承诺，并且有助于防止冲突的进一步升级。在实践中，人们遇到冲突时总是寄希望于乡村长老及专业的社会组织等的帮助，就是相信其能够坚守中立和公正。

（二）较高的公信力是第三方有效干预的保障

第三方干预若想取得预期的目标，就必须具备较高的公信力，这样才能获取双方的认同和信任。这也赋予了第三方一定的权威性，因此增加了冲突方案的可接受性。当第三方拥有较低的社会信誉或较低的公信力时，人们就会对其产生认同危机，因此解决冲突的动力和意愿不足。近年来社会上出现的一些医患纠纷调解机构在协调医患关系，实现冲突化解方面发挥了重要作用。这些机构有一个共同的特点，就是相对中立，具有较高的公信力。如 2008 年 11 月成立的常州医疗纠纷调处中心并不隶属于卫生行政部门和任何医疗卫生单位，以独立的第三方角色居中调解，其独立性消除了医患双方的对抗心理，为医患双方友好协商、公正调解提供了可能。据调处中心主任李网春介绍，2009 年中心顺利调处医患纠纷230 起，2010 年 1 至 4 月又顺利调处医患纠纷 58 起，纠纷调节成功率和履行率均达到 100％，调节后无一例反悔，其中 11个患方还特意赠送锦旗到调处中心表达感激之情。与此同时，卫生行政部门受理医患纠纷信访同比下降 70％，法院受理医患纠纷诉讼同比下降 65％。[1] 我们的研究发现，一般的治安性事件之所以能够最终发展为群体性事件，这其中的原因众多，但第三方缺乏公信力和干预技巧，这无疑是导致冲突升级的助燃剂和推动器。

（三）成功的第三方干预也需要合适的干预时机

第三方的介入速度（即介入时间的早和晚）会影响到双方对公平感的认知以及对冲突方案的承诺。第三方干预应

---

[1]　张建国.常州成立医患纠纷调处中心，无偿服务［N］.常州晚报，2010—5—12.

该何时开始,需要考虑以下三个因素。第一,双方是否能够自己解决冲突? 就最低程度而言,第三方干预表明了双方自己解决问题的失败,即使这种失败是暂时的。因此,对于"除非必要而无需第三方介入"的规则的必然结论就是"如介入是必要的话,使用最低限度的干扰介入"。可以说,第三方干预有时并不受欢迎,它可能是双方一种虽然失望但又无可奈何的选择。因此,当双方在合理的时间和其他资源限制内会取得或者有可能取得进展的话,就应避免第三方的介入。通常只有当双方认为靠他们自己无法解决冲突时,才会邀请第三方的介入。因此,第三方在双方自己能够解决问题的可能性还没有完全丧失的情况下就进行干预,经常会受到双方的排斥和诅咒;第二,双方谈判的成本是不是可以接受的? 这里的成本既包括谈判的时间成本和其他物质成本。任何谈判都要面对着时间压力,无休无止的讨价还价即使最终能够解决问题也是不可行的。双方通常都为谈判设定了一个最后期限,如果在这个期限之前双方还没有达成协议,就应该寻求第三方的帮助。同时,双方所掌握的资源也是有限的,理性的第三方不会任由谈判资源的挥霍而无动于衷。总之,第三方干预时经常要进行成本—收益分析,努力降低冲突的成本;第三,第三方干预是否会使局面变得更加糟糕? 第三方要始终明确自己的使命,那就是帮助双方解决问题。因此,只有在帮助双方能够找到解决办法时才进行干预。换句话说,不要使第三方的干预使情况变得更加糟糕。一般情况下,当第三方的干预不仅没有帮助双方解决问题,反而促进了冲突的进一步升级时，第三方就应该对自己的干预行为进行反省和深思。

总之，在邻避冲突过程中，第三方要准确地把握好干预的时机。当谈判出现了问题，但双方依然能够控制自己的情绪，并且在时间和资源能够允许的情况下取得进展的话，第三方的干预就成为一种多余。过早的介入会削弱双方自己解决问题的动力，过迟的介入则会贻误冲突化解的最佳时机，最终使得冲突无法控制。然而，人们永远无法为第三方干预硬性设置一个准确的时间域，从这个角度上说，第三方干预是一种只可意会不可言传的艺术，运用之妙存乎一心。究竟何时需要进行干预，这是对第三方智慧的严峻考验。

第二节　权力介入的效果与限度

冲突管理是保持社会稳定、促进社会和谐发展的重要手段。然而，在邻避冲突管理过程中，究竟是有权力的第三方管理更有效，还是没有权力的第三方管理更有效？人们通常都会理所当然地觉得，担任冲突管理的第三方越有权力，冲突就越容易得到解决。而且当人们在现实中遇到冲突时，也都是习惯于找有权力的上级领导者。但是，从冲突管理的角度进行分析，管理者的权力在冲突管理中的作用，会随着冲突本身的性质而有所不同，也会随着冲突管理的目标而有所不同。

一、有关权力在冲突管理中作用的理论争论

权力及其运用在冲突管理中是否具有重要的作用？对此，冲突管理的研究者们有着不同的观点。

一些学者主张权力在冲突管理中具有重要作用。莫尼汉（J. K. Murnighan）指出："当一个强大的第三方介入冲突时，他自身的利益和权威（职位权力）是影响冲突干预效果的两个重要因素。"[①]因为，当有职权的第三方为双方的冲突进行调解时，双方都不得不考虑他们与第三方的关系，因而会从长远的利益考虑做出一定的妥协。卡拉姆贝雅（Rekha Karambayya）和布雷特（Jeanne M. Bret）的研究表明，权力的使用是第三方成功干预的重要条件，特别是当冲突方的上级作为中立第三方来干预冲突时更是如此。当第三方干预者把权力当作对冲突方提供激励和实施制裁的手段时，将极大地推进冲突化解的进程。[②]

另一些学者则持不同的观点，他们认为，没有权力的第三方所进行的第三方干预，更容易产生积极的效果。罗伊·J·列维奇指出："如果介入是必要的话，使用最低限度的干扰介入。"[③]这

---

① Murnighan, J. K. 1986. The structure of mediation and intravention: Comments on Carnevale's strategic choice model. Negotiation Journal, 2: 353.

② Rekha Karambayya, & Jeanne M. Bret. 1989. Third-Party Roles and Perceptions of Fairness Author(s). The Academy of Management Journal, Vol. 32, No. 4 (Dec., 1989), p. 688.

③ 罗伊·J·列维奇，布鲁斯·巴里等. 谈判学[M]. 廉晓红，郑荣等译. 北京：中国人民大学出版社，2006. 424.

里所说的干扰介入，与权力的使用直接相关。而第三方使用权力，往往会影响冲突双方对公平感的认识。谢帕德（Blare H. Sheppard）指出："组织中的管理者经常运用正式权威来决定冲突应如何解决或者迫使冲突方接受他们所欲实现的结果。"[①]他与闵顿（John W. Minton）等人的研究表明，与经常使用权力的第三方干预者相比，在较低程度上运用权力的第三方更少采取结果控制策略，这使得冲突双方在某种程度上仍然掌握着冲突化解方案的控制权。而根据他们的观点，当第三方介入冲突后，如果双方认为他们自身仍然拥有对冲突结果的控制，就会增加双方的信心和对冲突化解方案的承诺。[②] 因此，谢帕德等人主张，有经验的管理者在干预冲突的过程中尽量不运用权力，"如果他们想要看起来更加公平，就要学会拒绝使用权力"。[③] 他们认为，权力的介入，虽然有可能实现冲突的暂时平息，却很难实现双方的真正和解，在适当的条件下，冲突会再次爆发。因为，当第三方通过行使权力来介入冲突时，他往往剥夺了双方对决策结果的控制。当双方认为冲突的化解只是第三方操纵的把戏，而他们自身却被排除于决策过程之外时，就有可能认为自己受到了愚弄

---

① Sheppard, B. H. 1984. Third party conflict resolution: A Procedural framework. In B. M. Staw & L. L. Cummings(Ends.), Research in organizational behavior, Vol. 6: 141－190. Greenwich, CT: JAI Press.

② Blare H. Shppard, John W. Minton, & David M. Saunders. 1988. Procedual Justice From the Third-Party Perspective. Journal of Personality and Social Psychology, Vol. 54. No. 4, p. 636.

③ Ibid, p. 636.

和歧视。这虽然有助于冲突的表层平息,却无法带来真正的信任关系,为双方未来的再次冲突埋下了伏笔。或者说,这种决策方案很难得到双方真正的认同和认真执行。卡拉姆贝雅和布雷特也指出:"有经验的管理者更不愿意通过直接行使权力方式来化解冲突,虽然他们拥有行使权力的能力和手段。管理者认识到,与仅仅被告知该做些什么以及如何去做相比,当冲突双方参与到决策中来时,他们更愿意执行相关的决策方案。"①只有当双方能够很好地控制决策结果时,他们才能真正地消除误解、实现和解。科尔博(D. M. Kolb)指出:"在组织中,由于冲突双方在未来还要经历多次的互动和博弈,因此对于第三方干预者来说,最好的策略就要避免权力的直接介入,鼓励双方通过协商来化解冲突,而不是仅仅依靠第三方干预者的帮助。"②卡拉姆贝雅的研究表明,在冲突管理过程中,第三方干预者要尽量避免使用制裁、威胁、利诱等权威手段,而是为冲突双方创造适当条件,让他们自己来解决冲突。③

---

① Rekha karambayya, Jeane M. Brett, Anne Lytle: effects of formal authority and experience Onthird-thirty roles, outcomes, and perceptions of fairness 1992, Vol. 35, No. 2, 428.

② Kolb, D. m. 1986. Who are organizational third parties and what do they do? In R. J. Lewicki, B. H. Sheppard, and M. H. Bazerman (Ends), Research on negotiations in organizations, Vol. 1: 207—208. Greenwich, Conn.: JAI Press.

③ Rekha Karambayya, & Jeanne M. Bret. 1989. Third-Party Roles and Perceptions of Fairness Author(s) The Academy of Management Journal, Vol. 32, No. 4 (Dec., 1989), p. 688.

二、冲突困境的类型与权力作用的限度

权力在冲突管理中的作用,首先与冲突博弈的类型有关。不同的博弈类型,意味着不同类型的冲突症结,因而需要不同类型的冲突管理方式。

从权力作用的角度出发,我们可以将冲突分为三种博弈类型,第一种可被称为"隔绝困境冲突",第二种可以被称为"守约困境冲突",第三种可被称为"对抗困境冲突"。

所谓"隔绝困境冲突",是指那些由于信息不沟通或相互不信任而产生困境的冲突。囚徒困境是比较典型隔绝困境冲突。囚徒困境的前提,是双方不知道对方会选择哪一种策略。如果双方能够顺畅沟通,并且相互信任,那么,合作是对双方都有利的选择。但正是由于双方都不清楚对方会做出怎样的选择,或不信任对方的承诺,因此,从理性选择的角度,只能选择对自己损失最小的策略,而双方博弈的结果达不到各方和总体收益的最大化,甚至是最小化,如表 3.2 所示:

表 3.2　隔绝困境冲突

		B	
		合　作	对　抗
A	合　作	1,1	-2,1
	对　抗	1,-2	-1,-1

所谓"守约困境冲突",是指那种守约能够导致集体收益的最大化,而违约会使一方收益最大化,却导致集体收益最小

化的冲突。"猎鹿博弈"是最典型的守约困境。在猎鹿博弈中,如果大家都遵守约定共同捕鹿而不去捉兔,集体收益是最大化的。如果都去捉兔,每个人的收益都是最小化的。但如果大家都齐心捕鹿,只有一个人去捉兔,该个人的收益是最大化的,而集体收益是最小化,如表 3.3 所示:

表 3.3　守约困境冲突

		B	
		合　作	对　抗
A	合　作	2,2	−2,4
	对　抗	4,−2	−2,−2

所谓"对抗困境冲突",是指那种一方收益的增加必定会导致另一方收益减少的博弈。"输赢博弈"和"零和博弈"都属于这一类博弈。这种博弈困境的原因,不在于沟通或信任,而在于真实的利益不相容,如表 3.4 所示:

表 3.4　隔绝困境冲突

		B	
		合　作	对　抗
A	合　作	2,2	1,3
	对抗	3,1	1

在这三种不同博弈类型的冲突中,权力在守约困境冲突和对抗困境冲突中最容易发挥重要的作用。在守约困境冲突中,管理者可以运用权力来强迫冲突各方遵守约定,对守约者予以奖励,对不守约者予以惩罚,从博弈论的角度说,这就是通过改变支付结构来使各方守约。在对抗困境冲突中,管理

者可以运用权力裁定收益的分配，保障各方收益的均衡，对抢夺者予以惩罚。

2008 年 8 月 4 日发生的云南丽江环保纠纷事件，可以说明在"守约困境冲突"中权力的重要作用。这次事件爆发的根本原因是由于作为高能耗、高污染的高源建材有限公司与村民在环保问题上的冲突不断升级的结果。为了化解企业和村民的冲突，省市县三级环保部门多次发文要求对高源建材有限公司进行整改并对村民进行相应的补偿。但该公司为了自身利益最大化，不愿如约承担相应的职责。而环保部门面临的尴尬是无权强制拆除违法造成污染的相关设备，这就使得环保部门在化解企业和村民冲突权力资源严重不足，并最终引发了一场破坏性极大的群体性突发事件。

2008 年发生在重庆的"出租车罢运事件"中，出租车司机和公司的矛盾是一种"对抗困境冲突"，在此次冲突的化解过程中，政府权力的介入发挥了重要作用。2008 年 11 月 3 日，重庆市主城区出租汽车全城罢运，重庆各个街道不见一辆出租车。事件爆发后，重庆市政府立即召开各种座谈会，倾听出租车司机的意见和要求，最终解决了"黑车多、收费高、运价低"等难题，有效地化解了这场公共冲突危机。

但在隔绝困境冲突中，如果困境是由于信息不沟通所导致的，那么就不一定要运用权力来沟通信息；如果困境是由于相互不信任所导致的，那么权力的介入并不会减少人们的不信任，而且人们对权力行使者的信任同样可能存在着疑问，因此权力的介入反倒会增加新的变数。

2008 年 6 月 28 日"瓮安事件"的爆发就是一种"隔绝困境冲突"情境下,群众对政府权力的介入不满的结果。"瓮安事件"爆发的导火索是一名初中女学生的非正常死亡。事件发生后,死者家属及其支持者要求政府对死者的死亡原因做出公正的鉴定,在当地民众已经表现出强烈不信任的情况下,当地政府并没有意识到危机迫在眉睫,仍是墨守成规,逐级加强解释,渐次加强控制。结果适得其反,越解释,民众越不相信政府的说词;越压制,政府的对抗情绪越强烈。① 在群众对政府极端不信任的情况下,如果政府能够邀请社会上一些有较高威望的医学专家以及专业的医疗鉴定机构对死者的死因进行鉴定,则有可能缓解群众的不满情绪,增强鉴定结果的可信度,从而实现局势的有效控制。

三、冲突管理目标与权力作用的限度

冲突管理的目标差异,对权力的需求也会有所不同。我们可以将冲突管理的目标区分为三类:处置冲突、化解冲突、转化冲突。

处置冲突是要对冲突实施紧急控制,防止其扩散和升级,防止暴力对抗和破坏,并努力平息事态。化解冲突是要对冲

---

① 于建嵘.社会泄愤事件中群体心理研究——对"瓮安事件"发生机制的一种解释[J].北京行政学院学报,2009(1).

突进行调停、调解或仲裁，使各方能够努力寻找双方都能接受的解决方案。转化冲突是要消除冲突的根源，使双方能够重新相互信任，建立长期的合作关系。

以处置冲突为目标的冲突管理最需要权力的介入和行使。因为它要求快速产生效果，并要求有相应的权力资源才能实施。在吉首"9.3"集资案中，我们可以清晰地看到权力在冲突处置中的重要作用。2008年9月3日至4日，湖南吉首因集资资金链条断裂而引发了万人聚集、围堵火车站的群体性突发事件。从2004年始，一些房地产、矿业和旅游业企业就开始在湖南吉首市的民间以高息为诱饵进行融资，到了2008年，湘西非法集资达到巅峰。2008年8月，一些集资公司不能按时还本付息，集资公司与集资户之间的矛盾逐步升温。9月3日，一些集资者开始向火车站聚集，试图堵住火车站。如果任由冲突的发展，将会严重地影响当地的社会秩序。为了迅速地平息纠纷，解决冲突，吉首市政府作为第三方开始主动介入。吉首市政府果断地依法对堵塞交通的集资上访者进行疏散，并对集资企业进行资产核查，指导企业制定化解风险、偿还集资债务的方案，最终实现了冲突的平息和社会秩序的稳定。

以化解冲突为目标的冲突管理，需要权力施加外部压力，但其调停、调解和仲裁过程并不一定要求权力的介入。特别是当权力行使者缺乏足够的公信力时，权力的介入往往会起到相反的作用。例如，在"孟连事件"中，冲突的根源是云南省孟连傣族拉祜族佤族自治县胶农与企业的经济利益纠纷长期得不到合理解决。孟连县地方政府不仅未能有效地化解胶农和企业的冲突,相反由于胶农对其长期的不信任而导致冲突进一步升级。孟连橡胶产业发展传统上采取的模式是"公司＋基地＋农户",但是随着橡胶价格的攀升,橡胶公司拒绝提升收购价格,胶农和公司的冲突进一步升级。但由于普洱市、孟连县少数领导干部参与橡胶公司入股、分红,参与胶林买卖、租赁等违法活动,人们对政府的信任降到了冰点,政府的公信力受到重创。当地政府虽然也制定了《深化橡胶产业改革指导意见》,但胶农并不认同。所以当胶农与孟连勐马橡胶有限责任公司相关人员发生冲突时,当地政府的化解努力得不到胶农的认可,反而导致了冲突的升级。所以说,如果第三方没有足够的公信力,就有可能无助于冲突的化解,甚至促进冲突的升级。

以转化冲突为目标的冲突管理虽然需要政府配合营造一定氛围,但并不能靠权力的行使来达到冲突转化的目标。例如在 2009 年 3 月 23 日发生的东方市感城镇械斗事件中,权力的介入虽然最终实现了冲突的处置,但并没有消除冲突的根源,冲突的隐患依然存在。东方市械斗事件的导火索是两村的学生发生纠纷,其中一名学生被轻微抓伤。随后,两村村民发生械斗并开始冲击镇政府,进行打砸烧。事件发生后,当地政府积极介入并最终平息这场冲突。但权力介入的最终效果仅仅是实现了对冲突的紧急控制,实现了冲突的中止,但双方的信任关系却没有构建起来,冲突的隐患依然存在。

四、"威信介入"作为权力介入的替代选择

当冲突本身的博弈困境类型与冲突管理的目标不适于权力发挥作用时,对权力介入的替代选择,是"威信介入"。与由体制建立的权力不同,威信是自发形成的。它包括着威望和信任。威望是人们对主体过去言行的高度肯定性评价,而信任则是对主体承诺的可靠性和表达的真实性的肯定性预期。

在"隔绝困境型"冲突中,如果该冲突的困境是由于信息沟通问题引起,那么有威信的第三方介入会有助于信息沟通和误解消除;如果该冲突的困境是由于信任问题造成,那么有威信的第三方介入有助于解除疑惑和加强互信。当冲突管理的目标是化解冲突或转化冲突时,有威信的第三方介入有助于促进双方合作,修补过去冲突造成的创伤。

"权威介入"有两种形式,即有权力者的威信介入与无权力者的威信介入。一方面,有权力者可以在冲突管理中不使用自己的权力,而靠自己的威信来化解和转化冲突。另一方面,无权力者的威信介入,则是通过一些专门从事冲突调解的民间组织来实现的。

在中东地区,如果发生了凶杀,通常通过"苏哈"(Sulha)来消除仇恨、化解冲突。在"苏哈"前期,为了避免流血斗争,通常要首先组建协调委员会("加哈",Jaha)。"加哈"的成员主要是当地有较高社会地位的家族精英以及宗教长老,他们是冲突双方值得信赖的伙伴,这就使得"加哈"具有较高的权

威。"加哈"以及成员的权威是协调工作顺利开展的基础。在"苏哈"的整个过程,"加哈"的权威在迫使双方接受协调、化解冲突的过程中发挥了重要作用。它一方面增强了双方对"加哈"合法性的认可,另一方面也保证了化解方案的有效履行。卢旺达的"人民法庭"("加卡卡",gacaca)在冲突化解中也起到了类似作用。"加卡卡"一词指的是人们处理纠纷的一种方式,那些在当地因有地位、智慧、诚实而受人信任的老人被邀请处理纠纷。这些有权威的老人通过询问来了解冲突原委,说服他们和解,目的是帮助他们说出自己的悔恨,原谅对方。1994年大屠杀后建立的民族团结与和解委员会现在正在使用"加卡卡"法庭来处理与大屠杀有牵连的犯罪行为。[①]

再如,克里兰夫种族团结圆桌会议组织(The Cleveland Rountable Racial Unity Program)在缓和该地区的种族冲突以及该城市区的复兴方面发挥了重要作用。克里兰夫种族团结圆桌会议组织是个独立的社会组织,它最初是为了应对该地区发生的一系列枪杀案而成立的。当时,克里兰夫地区种族冲突现象异常突出,为了弥合种族裂痕,克里兰夫团结圆桌会议组织举行多次论坛就白人和黑人共同关心的问题,诸如住房歧视、种族暴力、谣言控制等问题进行了平等商谈。在此过程中,克里兰夫团结圆桌会议组织努力做到中立,不对双方的最终决策进行采取任何实质性地影响,它只是为双方的交流和互动提供了一个有效平台,这反而增强了双方的信任,提

---

① 卡洛尔·兰克. 冲突化解的理论与实践[J]. 马约生译. 学海,2004(3).

升了冲突化解的效果。

在中国，一些独立的第三方医患专业调整机构同样发挥着冲突化解的重要作用。例如，常州医疗纠纷调处中心就是一家协调医患关系的独立第三方机构。它为医患双方提供"免费咨询、免费受理、免费调解"服务，它在医患纠纷的调解中仅仅承担着信息沟通和咨询的功能，对调解的结果并不施加任何影响，这就保证了它的独立性和非权威性。而权威性的行政调解则形同虚设，得不到人们的认同。通过这种非权威的第三方的干预、互动，不仅实现了冲突的平息，也增加了医方和患方的相互理解和信任，最终实现了冲突的和解。据调处中心主任李网春介绍，2009 年中心顺利调处医患纠纷 230 起，2010 年 1 至 4 月又顺利调处医患纠纷 58 起，纠纷调节成功率和履行率均达到 100％，调解后无一例反悔，其中 11 个患方还特意赠送锦旗到调处中心表达感激之情。与此同时，卫生行政部门受理医患纠纷信访同比下降 70％，法院受理医患纠纷诉讼同比下降 65％。①

从上述分析中，我们可以得到这样的启示：权力的管理冲突的过程中虽然具有重要的作用，但这种作用受到一定的条件限制。为了弥补权力介入作用的局限性，需要威信介入。因此，如何建立冲突管理者和管理机构的威信，如何发展有威信的民间冲突管理组织，是完善公共冲突管理机制必须深入研究和解决的重要课题。

---

① 张建国.常州成立医患纠纷调处中心，无偿服务[J].常州晚报，2010—5—12.

第四章　社会组织参与邻避治理的
功能和策略

　　当前中国的改革主要由经济改革向社会改革逐步深化，伴随着这种转变，我国政府管理的重点正逐步由政治和经济领域向社会领域过渡，并更加重视社会管理。良好的社会管理不仅要发挥政府的主导作用，更要发挥社会组织的作用，实现善治，而社会组织则是社会治理的重要主体。建设和谐社会，不仅需要党和政府的领导，也需要发挥社会组织的作用。建设和谐社会，也为社会组织的发展壮大和发挥作用提供了广阔的平台。因此，为了推进和谐社会建设，推进政府治理能力的现代化，就必须加快社会体制改革，盘活现有社会组织资源的存量，扩大社会组织资源的增量，发挥社会组织在冲突管理方面的重要作用。

第一节　社会组织参与邻避治理的
必要性和可能性

目前,我国正处于由农业社会向工业社会、传统社会向现代社会的转型期。转型期的利益分化必然会带来各种利益矛盾和利益冲突,我国进入了社会冲突的多发期,各种群体性事件也此起彼伏,这种转型的过程以及由此带来的利益纠葛和利益冲突更加复杂,社会冲突事件不断发生。从 2005 年的"池州事件"、2010 年的"马鞍山事件"以及最近的各种环境群体性事件,冲突管理的压力依然比较大。冲突的治理通常被认为是政府的应有职责,在应付和处理各种社会冲突时,政府通常走到冲突治理的第一线,采取自上而下的方式直接管理冲突,效果却不甚理想。

一、政府单一管理冲突的弊端

目前,我国的冲突治理结构呈现出高度的单一性,具有强烈的政府主导色彩。政府虽然不是冲突管理的唯一主体,却是实力最强、影响最大的治理主体。甚至在相当的情况下,由于社会组织的不成熟、政府对社会组织的不信任以及政府冲突治理的惯性作用,政府往往排斥社会组织的作用,充当冲突治理的唯一主体。这种治理结构带来了以下诸多弊端。

（一）政府冲突管理的主动性不足

目前,我国政府的冲突管理存在着较多的被动性色彩。由于政府治理的复杂性以及各种体制性压力,我国政府的冲突管理往往呈现出"体制性迟钝",即在冲突发生之后被动的处置冲突,而不能主动预防,把冲突消灭于萌芽之中。"体制性迟钝导致冲突过程走入'起因很小——基层反应迟钝——事态升级爆发——基层无法控制——震惊高层——迅速处置——事态平息'的恶性循环"。① 这就使得政府对冲突的管理带有明显的"撞击——反应"特征,这种应急式处置的必然结果就是介入时机的迟滞以及介入方式不当,使得很多政府机关无动力主动化解冲突。

（二）政府冲突管理行政色彩浓厚,协商不足

由于受到小农经济以及长期惯性的影响,我国政府总是倾向于用行政的方式来化解冲突,控制社会。正如有的学者所认为的那样:"中国的行政权在很长的一段时间内呈高度集中的强势,渗透到社会与个体生活的每个角落。而与此相应的规则制定或者更准确地说'政策制定'不仅带有很强的'行政导向',甚至成为行政权运行中的'应有之义'……,在中国行政过程中,实际上存在专家理性和大众参与的双重缺位"。② 我国这种

---

① 黄毅,朱立毅,肖文峰,林艳兴. "体制性迟钝"的风险[J]. 瞭望,200(24).

② 王锡梓,章永乐. 专家、大众知识的运用——行政规则制定过程中的一个分析框架[J]. 中国社会科学,2003(3).

行政权力支配的社会实际体现为一种行政上位的行政社会一体化，即政府总是倾向于用政府控制方式来管理社会事务。政府的行政干预是有限度的，尤其是当冲突是由于信息不畅造成的，政府的行政权力干预不仅不会解决冲突，反而有可能激化冲突。2008 年的"瓮安事件"的爆发就是群众对政府权力介入不满的结果。"瓮安事件"爆发的导火索是一名女初中生的非正常死亡。"在当地民众对政府表现出强烈的不信任的情况下，当地政府并没有意识到危机迫在眉睫，仍是墨守成规，逐次加强控制。结果适得其反，越压制，民众的对抗情绪越强烈"。① 这说明群众对政府动辄以行政方式来化解冲突的不满。

（三）政府的不当干预可能会形成新的冲突

在化解社会冲突的过程中，第三方干预是一个重要的途径。但第三方干预并不总是能够顺利化解冲突，在有些情况下，第三方干预可能会激化冲突，甚至会使冲突升级、转化为冲突各方与干预方之间的冲突。这也就是所谓的二阶冲突，即"是指冲突方与干预冲突的第三方之间围绕着干预的方式而产生的新一级冲突。它具有三个特点：第一，它是针对干预第三方的；第二，其冲突事项围绕着干预方式；第三，它是由原冲突各方之间的冲突转向与第三方的冲突，因此是冲突升级和扩散的一种特殊形式"。②

---

① 于建嵘. 社会泄愤事件中群体心理研究——对"瓮安事件"发生机制的一种解释[J]. 北京行政学院学报，2009(1).

② 常健,韦长伟. 当代中国社会二阶冲突的特点、原因及应对策略[J]. 河北学刊,2011(1).

在中国,针对于政府干预而形成的"二阶冲突"尤为明显,比如近几年频繁发生的拆迁冲突,本来是被拆迁户和房地产开发公司之间的冲突,由于政府的不当干预,反而形成针对地方政府的暴力行动。形成这种"二阶冲突"的现实背景是民众对政府一方面的高度依赖,另一方面又高度不信任,即民众生长于对政府的"高依赖——低信任"场域之中。

二、社会组织参与冲突治理的优势

社会管理不仅包括政府对社会的管理,也包括社会的自组织和自我管理。邓伟志认为:"社会管理与社会组织在调处劳资矛盾中的角色与作用包括两类:一是政府的社会管理;二是社会自我管理和社会自治管理。现代社会管理是以政府管理与协调、非政府组织为中介、基层自治为基础以及公众广泛参与的互动过程。"①社会组织参与冲突管理本身就是社会管理的重要内容,它具有政府所不具备的突出优势。

(一) 以其专业性和中立性而获得认可

相对于政府而言,社会组织具有民间性、中立性、草根性和独立性。社会组织和政府应该始终保持着一段距离。它不依赖于政府,不是政府的附属机构,具有自己一套独特内部治理结构。社会组织主要是由于其具备专业技能而不断拓展其生

---

① 邓伟志.如何推动社会管理[N].学习时报,2006—6—26.

存空间。由于社会组织的中立性和公正性,社会组织可以运用其专业主义优势,为民众提供倾诉、发泄和交流的平台,从而推动社会冲突的化解。目前各地流行的医患纠纷调解委员会就以专家的专业技术作为支撑,其调解员往往由各地的主任医生担任。这些专家以其中立性和专业性,获得民众的认可,在纠纷调解中发挥重要作用。截止到 2015 年 5 月,安徽省已有 16 个地市成立了医患纠纷人民调解委员会,发挥了第三方调解的重要作用。2015 年庐江县社会组织孵化园进一步整合调解资源、拓宽调解领域,在孵化园联合调解中心增加了劳动纠纷调解工作,并于 5 月 20 日成功化解首例劳动争议纠纷案件。

(二) 具有弹性和灵活性

在组织机构上,政府采取的是层级节制的金字塔式结构形式,自上而下的等级色彩非常强烈,以其僵硬化为主要特征。而社会组织则不同,它主要采取理事会的治理结构。与政府组织的垂直化管理不同,社会组织是一种扁平化的组织形式,它更加注重组织内部的平等和相互尊重,因此具有较强的弹性和灵活性,能够根据冲突的性质和激烈程度,适时地进行调整策略进行干预冲突。社会组织的弹性与灵活性表现在以下几个方面:"第一,社会组织可以通过迅速建立基层组织去参与地方决策;第二,社会组织可以与政府、同类社会组织、媒体合作,建立跨地区的倡议网络;第三,社会组织可以迅速识别民众需求,并利用有限的资源迅速回应"。① 社会组织的

_____

① 赵伯艳.社会组织在公共冲突治理中的作用研究[M].北京:人民出版社,2012.79.

弹性和灵活性可以使得其在冲突管理中及时地搜集信息、传递情报、舒缓情绪等。

（三）对冲突进行常规化管理

我国目前的冲突管理主要是一种应急化管理,政府的管理具有某种被动性,政府易处于一种"体制性迟钝"。在面对重大突发事件时,政府往往会采取应急管理体制,这种应急化管理可以迅速地平息冲突,却不是一种常规化的冲突管理方式。社会组织直接脱胎于社会,面向基层,和民众的互动性强,拥有参与治理的动力和资源,因此能够实现冲突的常规化处理,防止冲突的升级和扩散。

第二节 社会组织的冲突治理功能

社会组织和政府在冲突治理中各有优势,各自发挥着特殊功能,这种功能的发挥除了与其角色扮演有关,也和冲突的类型和性质等密切相关。就社会组织而言,社会组织的冲突治理功能主要表现为交流功能、干预功能以及建议功能。

一、社会组织提供了交流的平台

冲突的化解需要给冲突双方提供进行意见表达以及平等协商的平台,政府习惯于以行政命令的方式来化解冲突,而对如何利用互动平台来管理冲突缺乏足够的能力。相对于政府而言，社会组织由于其中立性、专业性、独立性及其扁平化的治理结构，更愿意充当冲突信息的处理器，为冲突双方提供交流的平台，从而使得双方形成基本的信任和谅解，推动冲突的化解。比如卢旺达的"人民法庭"（又译为"加卡卡"，Gacaca）作为一种社会组织和民间力量就是专门从事冲突调解的民间组织。这种组织由当地那些有威望、智慧的老人组成，他们通过与冲突双方的接触了解冲突事项及其原因，帮助他们说出自己的悔恨，同时原谅对方，促使冲突的长期和解。国内农村的"和事佬"协会就较好地起到了信息交流的功能。"和事佬"协会是农村自发的民间调解组织，其职责是走访村民，了解社情民意，让村民坐下来协商解决冲突。"和事佬"协会"借助各种社会力量和社会资源，统筹化解矛盾和纠纷，有效促进社会的和谐稳定"。① "和事佬"协会的作用就是当老娘舅，打圆场，当好信息员、调解员和宣传员。

二、社会组织进行中立的第三方干预

在冲突双方不能自行处理冲突问题时，第三方的干预就往往显得十分必要。第三方干预降低了冲突双方解决问题的能力，如果为了不使得冲突的烈度增强，就应该尽可能使用干

---

① 吴仲达."老娘舅"、"和事佬"的社会调解功能探析[J]. 现代经济信息，2010(9).

预程度最低的形式。政府在干预冲突过程中，如果不能采取恰当的方式介入冲突，就有可能给双方留下不公平的形象，从而有可能形成二阶冲突。相对于政府而言，社会组织因其独立性和民间性更能够获得民众的认可，居间调解各方的冲突，促使各方打成协议。"尤其是以社群为基础的纵向协调型社会组织，如各种形式的行业协会、商会、工会、联谊会、同学会等，可以为会员间冲突的解决搭建平台，协调冲突的解决"。①安徽的商会调解中心在 2013 年共调解案件的数量达到 258件，其中劳动纠纷 125 件，民商纠纷 95 件，刑事纠纷 3 件，行政纠纷 8 件，企业维权 27 件，涉及标的额 167891.39 万元。②社会组织通过借助于自身的专业性、中立性，在大量的基层纠纷解决方面发挥了重要作用。

三、社会组织为政府提供各种建议方案

随着治理理念的不断深入，政府在冲突管理过程中，开始重视社会组织的作用，并向其征询意见。现代政府与社会组织的合作基础在于政府与社会组织都是具有公共性的组织，能够共享公共性价值，因而很多涉及公共性话题的领域中可以相互协作，共同行动。创造性的提出解决方案，是化解社会

---

① 常健，赵伯艳. 社会组织参与公共冲突治理的功能、作用和条件，载于赵永茂. 公共行政灾害防救与危机管理[M]. 北京：社会科学文献出版社，2011. 201.

② 数据根据中国社会组织网整理而得。

冲突的重要步骤。社会组织由于具有专业主义优势,能够调动各种社会资源,从而提出创造性的解决方案,为政府的决策提供依据。具体地说,在冲突过程中,社会组织利用其广泛的民意基础和深厚的专业基础,发挥正常倡导功能,积极影响政策的制定和执行,并与各级政府之间建构起各种恳谈会、座谈会、委员会等政策咨询机制,从而推动政府决策的科学化、民主化。如安徽阜阳蓝天救援队是个从事户外遇险救援的民间组织,曾参与青海玉树抗震抢险。2014 年阜阳蓝天救援队共接救援任务 260 多起,其中 10 岁左右儿童溺水事故占 80%。阜阳蓝天救援队不仅从事户外救援,还对造成事故的责任划分以及调解方案提出建议,从而推动事情得到圆满解决。

第三节 社会组织参与冲突治理的
实践和经验

随着社会的发展,社会组织参与社会冲突日益成为一种常态。中华环保联合会以促进公众和社会环境权益为宗旨,由热心环保事业的人士、企业、事业单位组成的非营利性的全国性社团组织。中华环保联合会工作领域包括以下几个方面:"第一,为政府提供环境决策建议;第二,为公众和社会提供环境法律权益的维护;第三,为社会提供公共环境信息和环境宣传教育活动;第四,促进中国环保组织健康发展并确立其应有的国际地位"。中华环保协会以公益诉讼、社会监督和法律援助三种方式介入环保冲突议程、维护公众的环境权益①。

一、社会组织参与冲突管理的方式

（一）以环境公益诉讼为切入点介入环保冲突

2009 年,中华环保联合会启动了我国环保组织提起环境公益诉讼之先河,彰显了我国环保组织对环保冲突的关注和介入。环境公益诉讼关乎公共利益,而且涉及专业性、精力以及诉讼成本负担的问题,因此诉讼主体一般不是公民个人。公益性组织以促进和保护公共利益为宗旨,因此更有动力去提起公益诉讼。

2009 年 5 月,中华环保联合会收到江苏省江阴市君山北路 80 余户居民的求助,反映江苏江阴港集装箱有限公司在从事煤矿粉的装卸、驳运的经营过程中,产生大气污染、环境噪声污染和水污染,严重影响周边空气质量、长江引用水水质和居民的生活环境。中华环保联合会经过调查发现该公司确实有污染环境的行为。2009 年 7 月 6 日,中华环保联合会向江苏省无锡市中级人民法院提起环境民事公益诉讼,请求判令江苏江阴港集装箱有限公司立即停止对公共环境利益的侵害,消除对无锡市、江阴市饮用水水源地和取水口的威胁。经审查,江苏省无锡市中级人民法院当日决定立案受理。

---

① 参见赵伯艳.社会组织在公共冲突治理中的作用研究[M].北京:人民出版社,2012.250.

2009年7月6日,中华环保联合会作为原告,在江苏无锡市中级法院提起全国首例社团组织环境公益民事诉讼。2009年9月22日,江苏省无锡市中级人民法院就中华环保联合会诉江苏江阴港集装箱有限公司环境污染侵权法案向中华环保联合会送达了民事调解书。

在中华环保联合会介入这一环保冲突之前,当地村民曾就环境污染问题多次向当地政府反映和上访,但是均没有取得明显效果。而中华环保联合会作为原告提起环境民事公益诉讼之后,该冲突以司法调解的方式得到解决。

在环境冲突中,由于受害者集体行动的困难、个体受害者的无力以及有效权益维护手段的欠缺,受害者个体的权益难以得到保护,当环保团体介入到环保冲突之后,其作为环保公益诉讼代表人独立或与环境污染受害者共同提起公益诉讼,既约束了污染企业的行为,也监督了政府的环境治理职责,在结果上,既维护了受害者的个体利益,也维护了环境公益。

（二）以社会监督的方式,督促环境污染冲突的解决

中华环保联合会在环境维权实践中,注意发挥社会团体的监督作用,根据群众的投诉举报,通过实地调研、联合媒体曝光、向有关环境行政主管部门发送建议函等形式,促使污染问题得到有效处理或妥善解决,促进了地方政府部门依法行政,督促污染企业进行整改,消除环境污染,达到了维护公众权益的效果。

1. 报送内参,倒逼问题解决

河北省石家庄市元氏县在该县槐阳镇、宋曹镇建有十几家化工企业,这些化工企业将没有处理过的污染水直接排放到130亩的污水坑。这些污水由于没有采取任何防渗措施,逐渐渗透到附近周围的农田及地下,当地民众苦不堪言。当地民众多次向当地政府反映问题,没有得到有效处理。无奈之下,2011年2月,河北省石家庄市元氏县村民向中华环保联合会反映问题。中华环保联合会在调查后,发现情况属实。之后,中华环保联合会将调查的情况形成调研报告报送李克强副总理,引起高度重视。2011年3月28日,李克强副总理将报告批转河北省委、省政府领导阅处。之后,省政府组织人力对元氏县饮用水问题进行查处,并铺设了饮水管线,彻底解决了水污染问题。

2. 借助媒体,形成舆论场,促进问题的解决

在冲突管理过程中,社会组织往往借助于各种媒体,尤其是以互联网为代表的新媒体形成舆论风暴,引起民众和政府的关注。中华环保联合会就是借助于各种媒体,倒逼政府采取措施解决鄱阳湖的污染问题。

江西省九江市化纤纺织工业基地常年将生产废水未经处理直接排入鄱阳湖,严重影响鄱阳湖水质。为促使问题的解决,2011年4月7日,中华环保联合会联合中央电视台对九江化纤纺织工业基地污染鄱阳湖问题进行调研。2011年4月7日到8日,中央电视台新闻频道连续对此问题进行了报道。之后,鄱阳湖的污染问题也开始在网上发酵,引起当地政

府的重视。当地政府对九江化纤纺织工业基地的企业进行停产整改，最终提出了问题的解决方案，从源头上杜绝了黑色污水外排，鄱阳湖污染治理取得了初步成效。

3. 法律援助，助力维权

在环境冲突中，受害者往往都是一些社会弱势群体，他们在权利受到侵害时，如果通过体制内的渠道无法解决问题，往往会走向极端，以直接对抗甚至暴力的方式维权。中华环保协会利用其专业主义优势，向受害者提供法律援助，从而助力受害者在法律的框架内进行维权，实现了良好的效果。

2011 年，中华环保联合会对 15 起环境污染损害案件中的受害者提供了法律援助，为其垫付了诉讼费、鉴定费，推动了 6 件案件的顺利解决，为受害者挽回直接经济损失 316 万元。在 2011 年的康菲溢油事件中，中华环保联合会也为受害者提供了法律援助。

二、安徽社会组织参与冲突治理的实践

近年来安徽的社会组织发展迅速，无论是在数量、质量上，还是在经济社会发展中所作的贡献，都发生了翻天覆地的变化。"截至 2014 年底，安徽全省依法登记的社会组织已达 24220 个，同比增长 11.6%。据不完全统计，全省社会团体拥有团体会员 82.4 万个，个人会员 520.1 万个，已成为党和政府联系群众的桥梁和纽带；全省各类社会组织拥有资产 330.5 亿元，服务社会总支出 121.7 亿元，已成为扩大公共服

务、促进经济发展不可或缺的力量；全省各类社会组织聘用专职工作人员、从业人员 24.9 万人，已成为扩大就业的重要平台"。① 在众多的社会组织中，一些调解性的社会组织如安徽省商会调解中心为化解民商纠纷，建设美好安徽发挥了重要作用。

安徽省商会调解中心是以全省非公有制企业和非公有制经济人士为主要服务对象的公益性综合性法律服务平台。安徽省商会调解中心成立于 2013 年 3 月 5 日，其主要职责是负责会员企业民商事纠纷调解工作；负责非公有制企业劳动争议纠纷调解工作；负责指导市、县工商联调解工作；负责做好与人民法院诉调和仲裁机构裁调机制衔接工作。目前，安徽省商会调解中心是几块牌子一套人马合署办公的综合性服务机构，包括安徽省商会调解中心、安徽商联劳动争议预防调解中心、淮南仲裁委员会省商会办事处、铜陵仲裁委员会安徽省商会仲裁分会、安徽省仲裁研究会商会联络处。

大商会调解中心以国家法律、法规、政策和社会公德为依据，促使当事人在平等协商基础上自愿达成调解协议，解决民商事纠纷；体现了自愿平等、合理合法、尊重诉权、协调配合的调解原则和传承自律、守法、和谐的商会文化，发挥商会组织平等协商、互谅互让、不伤感情和成本低、效率高的特点和优势，采用充分说理、耐心疏导的调解方式，依法进行的商会调

① 吴旭军. 安徽：推进社会组织事业新起点新发展[J]. 中国社会组织，2015(5).

解工作方针;灵活简便、和谐共赢、保守秘密、防范风险等商会调解特点和优势得到发挥。商会调解中心还可以安排对接的人民法院确认其效力或仲裁委员会制作仲裁裁决书、调解书,赋予调解协议强制执行效力,也可以安排移送公证机构出具有强制执行效力的法律文书。

安徽省商会调解中心通过构建诉调对接机制、劳动纠纷裁调对接机制、与仲裁委员会的裁调衔接机制介入冲突议程,推动了冲突的化解。

(一) 构建诉调对接机制

根据安徽省高级人民法院的安排部署,调解中心与法院系统诉调衔接机制已经按计划稳步推进,努力实现调解的"柔"与司法的"刚"有机结合。

安徽省各级人民法院和工商联系统切实加强协调配合,推进诉讼与非诉讼相衔接的涉及非公有制企业商事纠纷解决机制,积极引导和鼓励当事人依法选择非诉讼方式解决纠纷。推荐当事人先行接受中心的调解,探索民商关系和谐的新思路。

安徽省商会调解中心可以接受办理人民法院委托和移交商事调解案件;中心调解结案的民商事案件也可以由当事人申请人民法院司法确认;中心还可以通过与司法机关沟通渠道,协调法院对中心移送调解案件公正、便捷、高效地办理。

安徽省高级人民法院安徽省工商业联合会专门下发了《关于建立健全涉及非公有制企业商事纠纷诉调衔接机制的

意见》的通知(皖高法[2011]432号),明确规定:对商事案件,当事人双方是非公有制企业或工商联、行业商会会员的,人民法院在收到起诉状或者口头起诉后、正式立案之前,征得当事人同意,可以暂缓立案,委派工商联、行业商会商事调解组织进行调解。

人民法院立案后可以委托工商联、行业商会商事调解组织协助进行调解,也可以邀请工商联、行业商会商事调解组织派员与审判组织共同进行调解。经工商联、行业商会商事调解组织调解达成的具有民事合同性质的调解协议,经商事调解组织和调解员盖章签字后,当事人可以向有管辖权的人民法院申请确认其效力。

人民法院确认调解协议效力的决定书一经送达双方当事人后即发生法律效力,一方当事人拒绝履行或者未全部履行的,另一方当事人可以向作出确认决定的人民法院申请强制执行。

(二) 构建劳动纠纷裁调对接机制

安徽省商会调解中心和全省各地劳动仲裁机构建立良好的对接机制,保持及时有效的工作沟通,共同建立劳动争议预防调解制度。劳动仲裁机构确保对中心移送仲裁案件公正、便捷、高效地办理。

为方便当事人,所有经过安徽省商会调解中心协调的劳动仲裁案件,企业可申请在中心现场办理开庭和送达。劳动仲裁机构将推荐当事人先行接受中心的调解,探索劳资关系和谐的新思路。

安徽省人力资源和社会保障厅多次下发文件，支持调裁对接工作："对未经调解组织调解……仲裁委员会应在征得申请人同意后，发出移交函，将争议移交、委托相关的调解组织进行调解。建立重大劳动人事争议纠纷案件联动处理制度。可以根据案件需要组成联合调处小组，维护社会稳定"。这有助于加强劳动争议预防调解工作，建立健全集体性劳动争议协调处理机制。

（三）构建与仲裁委员会的裁调衔接机制

为了推动调解和仲裁的互动，安徽省商会调解中心也构建了与仲裁委员会的裁调衔接机制。安徽省商会调解中心依托淮南仲裁委员会、铜陵仲裁委员会，尝试承办了十余起仲裁案件，取得了很好的社会效果。淮南仲裁委员会、铜陵仲裁委员会还在换届时吸纳了一大批安徽省商会调解中心推荐的仲裁员，充实仲裁员队伍，进一步裁调对接工作。

在具体做法上，安徽省商会调解中心在以下几个方面开展了探索：调整商会调解的使命方向，变追求解决商事纠纷为通过调解活动谋求将纠纷引入仲裁轨道；调整商会调解的过程：在仲裁过程中嵌入商会调解机制，裁中有调，边裁边调；建立商会调解网络，构成仲裁案源网、仲裁调解网；仲裁强力支撑商会调解，建立调解文书成为仲裁文书的"绿色通道"；仲裁机构向商会调解机构提供推广费用，反哺商会调解。

第四节　社会组织参与邻避治理的可能选择

为了充分发挥社会组织在冲突治理中的积极作用,政府应当努力创造条件,为社会组织参与冲突管理提供必要的支持。同时社会组织也要加强自身的组织建设,实现社会组织的自我完善和自我发展,从而提升自身的动员和行动能力,逐步打开参与社会冲突治理的通道。

一、改善社会组织建设和发展的制度条件

"当前我国在社会组织管理上的基本特点是门槛高、限制多,现行的双重管理体制、分级管理原则和非竞争性原则,共同设置了难以逾越的门槛,在相当程度上限制了社会组织通过登记注册来获得合法地位"。[①] 这一制度安排,在一定程度上导致社会组织自身发展的数量和多样性受限,社会组织的类型和功能领域单一,最终减少了社会组织参与社会冲突化解的可能性。因此,要在制度上拓展社会组织参与冲突治理的空间,改变对于社会组织注重入口管理,忽视过程管理的方式,通过立法保障社会组织的法律地位,为其提供组织建设和

---

① 常健.中国公共冲突化解的机制、策略和方法[M].北京:中国社会科学出版社 2013.227.

发展所需要的制度条件。同时,规范社会组织的工作程序,清晰划定社会组织在冲突化解中的责任。

二、 向社会组织提供所需的资源

社会组织的资源短缺,需要来自社会各方的支持。虽然民间性是社会组织的根本属性,但是,这并不意味着社会组织不可以获得政府的资助。在保证社会组织的独立性与扶持社会组织发展之间寻求平衡的关键点在于政府寻求到对社会组织进行财政支持的恰当方式,政府以向社会组织购买服务的方式对社会组织进行财政支持越来越成为一种受到各方认可的方式。其好处在于:保证社会组织的独立性,当然这种独立性是相对于政府而言的、相互竞争性;保证政府对社会组织的选择性和监督性。一些政府已经开启了购买纠纷解决类社会组织服务的实践,上海全面推广的人民调解工作室制度模式,以政府向调解工作室这样的社会中介组织购买民间纠纷调解服务的方式,从纷繁复杂的民间纠纷中解脱出来。

三、 向社会组织开放机会

目前政府对社会组织所开放的冲突化解功能空间,主要集中于社会矛盾的化解、社会冲突的早期预防,以及在公共危机治理的过程中相关服务的提供,而在直接参与公共决策、预防和化解重大群体性事件和重大公共安全事件方面的参与空间还有待提升。因此,政府应该有序拓展社会组织功能发挥的空间,推动社会组织从单一提供服务到参与治理,为社会组织参与社会冲突治理提供更多的机会,并为社会组织参与纠纷调解营造良好的舆论空间。在国内其他地区,政府向社会组织开发机会,让它们参与冲突管理,从而取得了良好的效果。例如,常州医疗纠纷调处中心就是一家协调医患关系的社会组织。它为医患双方提供"免费咨询、免费受理、免费调解"服务。据调处中心主任李网春介绍,"2009 年中心顺利调处医患纠纷 230 起,2010 年 1—4 月又顺利调处医患纠纷 58 起,纠纷调解成功率和履行率均达到 100％,调解后无一后悔,其中 11 个患方还特意赠送锦旗到调处中心表达感激之情。与此同时,卫生行政部门受理医患纠纷信访同比下降了 70％,法院受理医患纠纷诉讼同比下降 65％。"①政府向社会组织开放机会,提升了社会组织参与社会冲突的动力,最终有助于社会组织利用各种社会资源,推动社会冲突的化解。

四、向社会组织授权

社会组织在冲突化解方面功能的实现和发挥,尤其是社会组织要作为中立第三方对冲突进行调解和仲裁的时候,高度依赖其权威性。一方面,社会组织要做到调解和仲裁的中

---

① 徐祖迎,常健.公共冲突管理中行政权力介入的效果及其限度[J].理论现代化,2012(1).

立性,这有助于其专业权威的确立;另一方面,要确保社会组织所推动或作出的调解协议或仲裁协议能够得到冲突双方的参照执行,对于不执行的行为要使其承担一定的后果,这与社会组织自身的地位密切相关。可见,社会组织权威的确立,不仅仅需要其自身权威的确立,同时还需要政府对社会组织部分的赋权,尤其是在社会组织发展的初期阶段,其专业权威尚未确立起来,更需要政府的支持。济宁市医患维权会之所以在医疗纠纷的调处过程中发挥了重要作用,与相关政府对协会机构设立和工作的大力支持是分不开的。政府的指导和扶持是社会组织作为第三方调处社会冲突的重要保障。

五、促进社会组织自身的能力建设

(一) 加快实施政社分开

政社分开是建立现代社会组织体制的关键,社会组织体制改革的核心就是要处理好政府与社会组织的关系。这就首先需要实现"观念的革命",切实重视社会组织在推进冲突管理乃至社会治理方面的重要作用,而不能时刻防备或者轻视社会组织,把政府管不好、不能管,而适宜社会组织治理的业务坚决剥离出去,实现良好的善治。就政府而言,要从传统的管制型政府转变为服务型政府,其运转理念、权利边界、基本职能、责任义务等变得更为有限、更为规范、更为明确、更为有效。就社会组织而言,要更多地走向社会、走向民间、走向公益。

（二）推进专门性的调解组织的建立和发展

现有的社会组织参与冲突治理主要是一些专门性的调解组织。近年来，随着利益的分化以及民众权利意识的觉醒，各种社会冲突诸如拆迁冲突、征地冲突、劳动关系冲突、由追求环境权利而引发的邻避冲突等此起彼伏。这种冲突呈现出复杂性和特殊性特点，因此应该继续推进专门性的调解组织的建立和发展，以化解社会冲突，推进良好的治理。这种专门性的调解组织可以是灵活多样的，政府可以采取购买服务的方式，推动这些调解组织的发展。诸如"李琴调解工作室"就是采取政府通过购买服务支持的方式，推进这些社会组织的发展。当然这类专门性的调解组织也主要通过服务增强自身的实力，然后提升冲突化解能力，以形成良好的循环。

（三）加强社会组织参与冲突治理的专业能力建设

社会组织的专业性是其相对于政府的比较优势之一，也是社会组织能够较好地参与冲突治理的前提基础。因此，社会组织必须要加强参与冲突治理的专业能力建设。为了做好社会组织的专业能力建设，需要做好以下几个方面的工作：

1. 基层调解组织要注意吸收多元角色

成功的基层调解组织总是希望借助于吸纳律师志愿者、外聘法律专家以及当地比较有威望的人士加入作为非常任的调解员。例如"李琴人民调解工作室"是一个地域性的调解组织，它在化解邻里纠纷和各种突发性重大事件方面发挥了重要作用。"李琴人民调解工作室"就非常注重利用各种社会资源,吸纳法律志愿者和权威人士的参与,从而有效地推动了冲突的化解。

2. 基层调解组织要推进调解员的职业化

近年来,随着社会的发展,出现了利益分化,人们的权利意识也逐步开始觉醒,社会冲突时有发生。特别是征地拆迁、劳动纠纷和医疗纠纷等社会冲突凸显,这就需要基层调解组织迅速地介入,从而防止冲突的扩散和冲突升级,而这就需要一支稳定、高素质的调解员队伍迅速做出反应。因此为了防止冲突的升级和扩散,就需要推进调解员的职业化。推进调解员队伍的职业化可以考虑向社会公开招聘调解员,建立薪酬保障、职业准入、培训考核、名册备案、职称管理等职业化管理机制。

3. 提升社会成员冲突化解技能

冲突管理其实是一个复杂的过程,它需要社会成员熟练掌握冲突管理技能。影响冲突管理过程中策略运用的因素很多,比如冲突的起因、冲突方的依赖程度、潜在的利益矛盾、冲突方实力的对比、问题的复杂性、双方的交往情况等。比如当冲突爆发后是否要介入冲突、何时介入冲突、介入冲突的手段等,都需要社会成员掌握相应的冲突化解技能,否则就会起到事倍功半的效果,甚至会激化矛盾,导致冲突的升级。

对冲突进行管理在不同的场合有不同的策略,每种策略在特定情况下都是有效的,但没有一个在任何场合、任何时候都普遍适用的方法。因此提升社会成员的冲突化解技能,除了要加强对社会组织成员技能的培养之外,更需要其在长期的冲突管理实践中仔细摸索,细心品味。

　　总之,社会组织参与社会冲突治理,可以承担重要的功能和角色,发挥积极作用,对政府冲突管理职能形成有益的补充。因此,政府应当考虑创造适当条件,吸引社会组织参与社会冲突的治理过程,包括改善社会组织建设和发展的制度条件、向社会组织提供所需要的资源、向社会组织开放机会以及向社会组织授权。同时社会组织也要设法提升自身的能力建设,加强社会组织参与冲突治理能力的提升。

第五章　网络动员对邻避冲突的
　　　　　塑造和影响

　　冲突中行动者的目标是在博弈中获得优势地位,并进而在最后的利益分配中取胜,而实力是双方实现这些目标的最有效的手段和工具。新的外部力量卷入,必然将改变冲突双方原有的力量格局和冲突的结果。当前中国社会的冲突以强势群体和弱势群体之间的博弈为主。强势一方倾向于采取私域化的策略,将维持现有的格局;相反,弱势一方则更希望引入新的力量,将冲突扩散化,即实现冲突的社会化。处于弱势的一方为了改变不利处境,往往会将冲突社会化。相对其他的或传统的渠道和资源,网络的特点和优势决定了实现这一目标最有效的途径就是网络动员。一般情况下,网络动员可以迅速地改变冲突双方的博弈格局,它对强势群体和弱势群体双方的影响是不同的①。

---

　　① 徐祖迎.以互联网为媒介的冲突管理——基于网络动员的视角[M].上海:上海三联书店,2016.172.

第一节 网络动员对冲突双方博弈格局的影响

一、强势群体和弱势群体的冲突

处于转型时期的中国社会,利益分化加剧,利益主体之间因利益需求的分歧而不断产生各种摩擦、矛盾和冲突。中国进入利益博弈时代,利益主体之间的相互博弈成为社会常态,各类群体之间的冲突成为社会不和谐的重要表征。

当前我国利益群体的冲突博弈存在三种类型:[1]第一,强强冲突博弈,即发生在各类强势群体之间的利益纷争,这类冲突的主体多为经济利益分配中的既得利益者。例如在房地产行业中,相对那些失房者和失地者,开发商、建筑商、政府等无疑在利益链条中处于强势地位,这些主体围绕土地、房产问题产生一系列冲突。第二,弱弱冲突博弈,即发生在弱势群体之间的利益纠纷。例如,村庄之间因竞争水源、矿产资源或投资而发生的冲突,农民工内部因新老分化、不同行业、不同地区等因素引发的冲突。第三,强弱冲突博弈,即发生在强势群体与弱势群体之间的利益冲突。例如,当前冲突问题集中爆发的劳资、医患、环保等领域,突出表现了资方与工人、医院与患

---

[1] 郑杭生,杨敏.当前我国社会矛盾的新特点及其正确处理[J].中国特色社会主义研究,2006(4).

者、污染企业与当地村民等强势群体与弱势群体之间的冲突。此外,那些容易成为焦点事件的官民、贫富矛盾同样是这种情况。当前我国弱势群体和强势群体之间的冲突集中地表现为民与官的冲突、贫与富的冲突。

虽然强强冲突博弈和弱弱冲突博弈是我国利益群体冲突博弈的重要类型,但是,就我国目前的社会冲突而言,强势群体和弱势群体的冲突无疑对中国社会的影响最大和最为深远,它主要表现在以下两个方面:

第一,强弱冲突的加剧化趋势。它主要是有以下三个因素引起的:

首先,贫富收入差距呈现扩大化趋势。目前我国贫富收入的差距呈现出规模扩大化和加速化趋势,在 30 多年的时间内,我国已经从一个平均主义盛行的国家转变为贫富差距现象严重的国家。据统计,"我国的基尼系数从 2002 年的 0.46 扩大到 2008 年的 0.504。这意味着中国 GDP 每年以 10% 以上的平均速度增长的同时,中国的收入分配差距每年以 1.5% 的平均增长速度恶化,比 90 年代的上涨速度提高了 0.7 个百分点。"[1]我国基尼系数的增长是我国贫富差距扩大化的最直接反映。

其次,我国出现了"阶层固化"现象。在上个世纪末期,由于所有制结构的调整和分配模式的变化,中国阶层迅速分化。目前,社会分层的速度开始减缓,阶层固化现象开始凸

---

① 纪宝成. 单纯"效率导向"导致冲突加剧[J]. 人民论坛,2011(8).

显。用来体现社会分层的主要指标,诸如财富、职业和权利等呈现出一种世袭化倾向,社会不公由最初的分配不公向机会不公转变。现在社会上普遍流行的"穷二代"、"富二代"和"官二代"等称呼,表明了我国确实已经出现了"阶层固化"的趋势。

再次,社会流动机会减少。"阶层固化"导致的直接后果就是社会流动机会的减少,弱势群体的纵向流动通道变得越来越狭窄。社会阶层正常的流动机制遭到了破坏,这进一步地加强了强势群体阶层的封闭性,强势群体在社会流动中表现出日益强烈的"封闭性"和"排他性",弱势群体通过社会流动而成为强势群体一员的难度越来越大。

这三种趋势的出现,也表明了我国的强势群体已经从总体上形成了一种精英联盟,以维护其既得利益。正如孙立平所言:"中国社会中已经出现了强弱分野的阶级对立现象,强势群体之间形成了稳定的联盟关系,而且这种强弱分离的格局基本定型化,弱势群体很难在利益的调整和分配中发出声音。"[①]这样带来的最直接后果就是强势群体和弱势群体在利益博弈格局中的对抗程度增强。

第二,强弱冲突的破坏性后果。一方面,相比较于强强冲突和弱弱冲突而言,强势群体和弱势群体的冲突涉及到社会上的两大对立的阶层和群体,如果任由这种冲突的过度发展,

---

① 孙立平. 中国已出现强弱分野的阶级对立. 中国社会学网:http://www. sociology. cass. cn/shxw/shjgyfc/t20050425_5753. htm.

就会形成对整个社会的撕裂。另一方面，强弱冲突也会使得强势群体成员与弱势群体成员的个体性冲突上升到集体性冲突。在强弱冲突中，特别是贫与富、民与官的冲突中，人们喜欢用一种简单化的思维来看待这种冲突，即将成员之间的简单冲突抽象为弱者与强者、善与恶、对与错的对立，从而将这种个体性的冲突上升到集体性冲突。我国最近发生的群体性事件，虽然爆发的原因各异，但大多都是由于弱势群体成员的弱者身份获得了人们的同情和认同，从而使得冲突的规模和性质都发生了变化。

二、冲突博弈中强弱双方不同的行动逻辑

（一）外部变量介入与冲突扩散的关系

谢茨施耐德（E. E. Schattschneider）在冲突扩散的研究中，将冲突的主体分为直接参与者和被吸引到其中的旁观者两部分。大量旁观者的存在构成了冲突格局不可分割的一部分，他们的卷入决定着冲突的扩散程度和结果。[①] 通常，旁观者对冲突的这种作用往往是因为他们在规模和范围上是冲突直接当事人的数倍或数十、上百倍；旁观者与冲突当事人的关系是不稳定的，他们对于争议的观点和态度从来不是真正意义上的不偏不倚；此外，争议本身和冲突发展所释放的情绪将

---

① 谢茨施耐德. 半主权的人民：一个现实主义者中的美国民主[M]. 任军锋译. 天津：天津人民出版社，2000.2—4.

直接传染和激发旁观者的情感。

　　旁观者所具有的以上特性导致其介入冲突的不确定性,从而促使冲突的力量格局和冲突结果充满了变数。首先也是最重要的一点是,冲突一旦发生扩散,将变得很难控制。冲突扩散的连锁反应,将相关信息传递给大量的旁观者和潜在的参与者,以至于冲突的直接参与者很可能失去对冲突过程和结果的控制。其次,大量主体卷入后,后参与者经常变为冲突的主角,介入最初或许是基于事件本身,但随后争议性议题产生扩散和激变;当然,新的变量介入虽然使得冲突变得更加复杂,但同样会产生解决冲突的很多资源。此外,冲突的扩散带入新的观点、立场和评判标准,打破了起初的力量格局,而且当事双方的实力几乎不可能在相同程度上获得等量的增量。任何一方支持者的增加,即等同于对方支持度降低,因此,双方都想方设法减少对方的支持者。

(二) 冲突的私域化和冲突的公域化

　　在上述观念的基础上,谢氏提出了冲突中强弱双方不同的行动逻辑。① 正因为,冲突的扩散将导致许多新因素的卷入,使得冲突变得更加复杂,充满各种变数,以及面临失去控制的风险,所以,原本处于博弈优势的强者一方倾向于将冲突

---

① 谢茨施耐德. 半主权的人民:一个现实主义者中的美国民主[M]. 任军锋译. 天津:天津人民出版社,2000.6—7.

限制在有限的范围内,极力阻止冲突的公开化,避免公共权威的介入,以维持对冲突过程和结果的控制。谢氏将强势主体的这种努力称之为"冲突的私域化"策略。在没有外部力量的作用下尤其是公共权威时,冲突可能通过双方竞争、私下协商和谈判等方式解决。

与此相对应,外部力量的介入,尽管存在不确定性,但同时也会产生许多解决冲突的新的资源、渠道、手段等,公共权威能够为强弱双方提供平等的制度渠道和平台,同时还会制约强势者的过度索取。而处于弱势的一方乐于看到这种变化,因为在不可能比原来更糟糕的情况下,只要看到冲突扩散有利于自己的希望就是可以欣然接受的。因此,冲突的弱势方倾向于将冲突扩散化,将信息公开化,使冲突变得引人注目,从而争取更多的支持和资源,以增加自身的实力。谢氏将弱势主体的这种努力称之为"冲突的社会化"或者"冲突的公域化"策略。在这种策略引导下,弱者通过各种直接或间接的方式向政府求助的现象司空见惯。

当利益博弈发生在强势群体和弱势群体之间时,弱者的反应可能是忍气吞声,或使用"弱者的武器",但这通常发生在可以忍受的利益损失范围内或代价过于高昂之时。当面临生存性威胁和利益攸关问题时,奋起抗争成为弱者的必然出路。当然,弱者的反抗大多存在一种线性的逻辑。他们的第一选择往往是与对方商量着办,进而求助各种体制内的渠道。一旦上述的这些努力未果,或者缺乏耐心,弱势群体的行动开始转向。一种方向是,通过自残身体的方式进行悲情抗争;另一种方向则是通过各种"问题化"的策略①或"闹大"的技术②,将冲突问题扩散化,借此寻求利益维护或权利救助。此外,弱者的反抗同样存在一种跳跃性的逻辑,即直接从温和的抗争走向极端的抗争,或从体制内的渠道突然转向问题化逻辑。

三、网络动员成为弱势方改变冲突格局的最佳选择

(一) 传统的冲突解决渠道

1. 司法渠道

司法渠道是指冲突中的当事人通过诉讼由法律途径和程序寻求争议解决的方式。尽管在我国,通过诉讼等司法渠道解决的冲突的比例极小,毫无疑问,司法制度在我国冲突的化解中占据重要的核心地位。

对于弱势群体而言,司法渠道最大的优点就是可以保障相对的正义和公平。虽然目前司法的权威不高,特别是由于受到行政干预、地方保护主义等多种因素的影响,司法不公的现象经常发生。但是,相对地说,司法审判需要一些严格的程序,可以在很大程度上保障弱势群体的权益。通过正式的司法渠道解决冲突问题,有着严格、完备的程序支持,确保了程

---

① 韦长伟."问题化"逻辑:弱势群体抗争的一种解释[J]. 理论与改革,2011(5).

② 韩志明. 利益表达、资源动员与议程设置——对于"闹大"现象的描述性分析[J]. 公共管理学报,2012(2).

序上的正义,从而在很大程度上确保了实质正义的最大可能。

对于强势群体而言,司法渠道的优势就是可以"拖垮"弱势群体。因为司法诉讼本身的技术性、专业性要求,使得诉讼不仅需要付出一定的时间和经济成本。相对地说,强势群体比弱势群体更能承担司法的经济成本,也更能坚持将官司打下去。在调解过程中,这也有可能迫使弱势群体作出有利于强势群体的让步和妥协。

司法渠道对于强势群体的这种优势,恰恰是弱势群体的劣势。对于弱势群体而言,司法渠道的最大劣势就是程序繁琐和周期长、成本高昂。借助司法渠道的抗争和维权是以繁琐的程序、较长的时间周期、牺牲效率为代价的。以劳资冲突为例,一般是历经仲裁、起诉、一审以及可能的二审等几个程序,走下了需要至少半年的时间。北京义联 2013 年 1 月最新发布的《劳动维权研究报告(2007—2012)》显示,对涉及法律程序的 4146 起案件的统计发现,同一个劳动者经历了两个以上法律程序的案件的比例高于 60%,最长的耗时可达 18 个月;普通的工伤案件更是要历经 12 道程序,耗时多达 36 个月;如果是职业病案件,所需时间将更长。①

对于弱势群体而言,司法渠道的第二个劣势就是成本高昂。这些成本除了上文中的时间成本,主要还有经济成本和机会成本。司法途径所需的诉讼费用较高,尽管有着法律援

---

① 陈磊.新生代工人抱团跨越维权坎.法制网:http://www.legaldaily.com.cn/News _ Center/content/2013-01/16/content _ 4131082. htm? node = 33902.

助制度的保障,但是相对的受益人却是极为少数的。由于当前弱势群体数量庞大,单纯依靠法律援助进行的诉讼所需的成本花费将异常庞大,因此,依靠司法援助渠道看来不太现实。我国的基层法院主要集中在县域,而只在乡镇一级设立派出所法庭。这种空间和地域上的限制,使得法院无法直接贴近社会大众,来往的交通费用和吃住同样是一笔不小的开支。走法律程序所涉及的当事人具有不可替代性,而周期长附带引发务工损失甚至是失业,以及其他各种可能的机会成本损失。此外,对于普通人尤其是弱势群体而言,司法渠道维权的成本过于奢侈了。

对于弱势群体而言,司法渠道的第三个劣势就是司法的刚性使得弱势群体的所有诉求不能够一揽子得到解决。司法具有刚性的特征,并不是所有的诉求都能够得到法院的支持,它具有一套明确的法律规定。相对来说,司法诉讼是一种具有高度专业化和规则化的冲突解决途径。在司法诉讼中,弱势群体总是希望提出尽可能多的诉讼请求,获得更多的收益,并希望得到法院的支持,而法院对公民的诉讼请求是否支持都有明确的法律规定,因此在现实生活中,弱势群体所有的诉讼请求很难能够一揽子得到解决。

对于弱势群体而言,司法渠道也有其他的劣势。比如相对于强势群体而言,弱势群体运用法律解决问题的能力明显不足。法律渠道需要较高的法律意识,既然要用司法手段解决冲突,需要当事人具有必备的文化素质和法律知识,对方侵犯了哪些权益、追诉周期、举证问题等等。虽说胜负难料,但对弱者而言,失败的风险更高一些。在采取集体式的法律维权之前,通常是分散的个体通过申请仲裁或起诉的方式维权,但结果经常是"折了",单个的法律维权对弱者一方经常以失败结束。

2. 行政渠道

行政渠道是指冲突当事人通过听证、行政复议、行政调解、行政裁决以及其他经由行政机关处理争议的渠道。随着政府管理和服务职能的增强,以及政府的自由裁判权的扩展,行政渠道已经成为解决冲突的重要途径。

对弱势群体而言,行政渠道在解决冲突方面具有以下的好处:首先,行政方式在解决冲突方面承担着积极性角色。随着社会的发展和治理的需要,国家会积极地介入到某些领域,特别是涉及到弱势群体的各个领域。与司法渠道不同的是,行政力量具有主动纠错和追究功能,这样在弱势群体的利益受到损害而无力上诉之时,行政力量的主动介入,这就使得弱势群体无需承担重要的举证责任。例如,在环境争议中,行政力量可以直接行使调查权,减轻公害受害者的举证责任。其次,行政渠道在解决冲突方面具有快速化、简易化等特点,这就降低了弱势群体的经济成本和时间成本。

然而对于弱势群体而言,行政性的冲突解决机制有可能更偏向强者一方。事实上,我国的强势群体之间特别是政治精英群体和经济精英群体之间有着很强的共存性。政府往往为了吸引投资、发展经济,往往需要经济精英的支持与合作。政治精英和经济精英之间的这种共存或者相互依赖的关系,决定着政府有可能走向权力寻租或者更偏袒强者的利益。在以经济建设为中心、以经济发展为主要价值导向的情况下,政府有可能更倾向于维护强势群体的利益。在涉及政府与民众之间的利益冲突时,行政解决机制也更容易偏向政府一方。

3. 信访渠道

对于弱势群体而言,信访渠道的优势就是可以给政府施压,"倒逼"政府对问题的重视。在"稳定压倒一切"的压力下,许多地方政府对信访工作提出了"一票否决制",这就迫使政府重视信访工作以及对信访所反映问题的重视。特别是在"两会"等敏感的政治时期,群众的信访工作会对当地政府形象以及领导人的政绩考核带来极大影响,这就迫使地方政府使出浑身解数解决问题。在问题无法得到迅速解决之时,有的地方政府甚至通过"赎买"方式收买信访人员,这就导致了"信访专业户"的产生,"吃访"的现象也随处可见。①

但是,总体而言,信访是弱势群体的一种无奈选择。对于弱势群体而言,信访的劣势也是显而易见的。

信访渠道的第一个劣势在于信访问题的解决效率差。虽然信访作为当前冲突解决的一个重要渠道,现实中的信访量亦是长时期保持在高位运行状态(除官方统计的数量外,由于信访在政绩考核中的特殊地位促使很多上访没有体现在文本的统计中),但是,从信访问题解决的效率来看,其效果远没有

---

① "吃访"是老百姓对那些以赚钱为目的的"信访专业户"的称呼。他们把信访作为一种生活方式或者"发财致富"的捷径,即通过这种信访,寻求政府的合作以及接受政府的"赎买",从而从中获利的现象。

预期那样好。实际上,由于信访本身在冲突管理中的制度定位更多是一种表达渠道和"接应二传手",本身没有权力做出任何决定,所以,通过信访渠道反应的问题最终得以解决的数量是极为低的。长期关注信访问题的于建嵘教授曾经在实践研究后发现,通过上访得到解决和处理的问题只有千分之二的概率,而个体的信访则更加无效,近九成上访者的目的只是让中央知道情况或向地方政府施压。①

　　信访渠道的第二个劣势在于上访的风险较高。在基层政权的运行中,中央和上级要求将矛盾化解在基层,要求"谁主管、谁负责",而且信访工作是作为四个"一票否决"指标之一,信访指标直接影响基层政府的政绩和评比排序。因此,上访量、尤其是集体上访和越级上访就像一把悬在基层政府和官员头顶的达摩克利斯之剑。为了在评比中排在较高的位次,为了不影响官运仕途,很多基层政府对信访问题"谈虎色变",为了控制上访,他们想尽各种手段和方法摆平上访人。比较平和的方式是在省政府和中央安排固定的截访人,这边上访人刚到,安排的工作人员马上用尽方法将其劝回。近些年来,见诸媒体报道的基层政府对上访人施以截访、关押、劳教、被精神病等强制和压制手段的事件层出不穷,有的地方甚至是借助带有黑社会性质的组织代替政府出面。对于上访人来说,上访面临着实际的风险和人身损害。"上访者经常处于非

---

　　① 赵凌. 中国信访制度实行 50 多年,走到制度变迁关口. 人民网:http://www. people. com. cn/GB/shizheng/1026/2965618. html.

常艰难的生活环境里，无处洗澡，无衣服可更换，病了则只能听天由命，实在忍耐不下去了就只能去'自首'、让'截访'的拉回家去"，①而5人以上的集体上访又在制度文本中构成了非正常上访事件，参与人面临着政府部门采取强制措施的威胁和困境。

因此，虽然存在着"吃访"的极端现象，也有可能通过上访迫使政府重视问题，从而做出政策的调整。但是总体而言，弱势全体对这种利益表达的途径经常是望而却步，不得不转而寻求其他更为奏效的表达方式。

（二）网络渠道

从现实的经验感知和实际遭遇来看，当深陷攸关性的争议和冲突时，相比网络渠道，弱势者选择司法、行政和信访等传统的救助渠道很明显地存在各种劣势和不足，这在很大程度上促使那些原本在博弈中处于弱势的一方选择更为便捷和有效的互联网以寻求更有利的局面。

相对于传统的冲突解决渠道，互联网最大的优势就是成本优势以及信息传播优势。任何议题都可以在互联网上迅速传播，只要这种议题能够引起人们的注意，而传统的渠道，对于解决的事项则有很多规定和限制性条件。

网络动员在一定程度上增强了弱势群体的力量，提升了他们与强势群体博弈的能力。比如，弱势群体的个体力量虽

———————————

① 曾鹏. 社区网络与集体行动［M］. 北京：社会科学文献出版社，2008.16.

然比较弱小,但是这种个体的弱小却可以通过动员和联合形成整体的强大;弱势群体在道德上更容易获得更多人的同情,从而形成对强势群体的道德优势;弱势群体行动的顾忌更少,因而在网络上的动员更容易引起关注,等等。

一项调查显示,当遇到社会不良现象时,75.5%的人选择网络渠道曝光。[1] 研究发现,网络动员中的诉求方存在弱势性,而被诉方即焦点争议所涉及的主体存在强权性特征。[2] 弱势一方的不利体现在其角色、能力、地位、影响力和条件等方方面面。现实中处于不利地位的弱者一方,只要一经网络动员,往往就能获得巨大的能量,促使问题的解决相对更加容易、迅速。弱者选择网络渠道不仅在于传统救助渠道存在的各种不足,更为重要的是具备了现实的基础和网络自身的各种优势。

四、网络动员对冲突双方的总体性影响

(一) 冲突双方支持力量的非均衡性发展

动员就是一个不断瓦解对手和争取支持的过程。一般来说,冲突最直接的目标就是为了获取胜利,而冲突双方的成败往往取决于能否争取到足够的支持者,组成强大的联盟。谢茨施耐德认为:"当冲突的范围扩大两倍或三倍甚至成百上千

---

[1] 李英华.创造条件监督政府:网络先行一步[N].观察日报,2010—10—19.

[2] 喻国明.网络舆情热点事件的特征及统计分析[J].人民论坛,2010(4).

倍时,冲突双方的实力几乎不可能在同等程度上得到强化。"①现实生活中的弱势群体和强势群体的冲突和对抗,在网络动员的作用机制下,关注的程度会迅速提高,相应的支持群体也会出现,但是相对于弱势群体井喷状的支持群体的增长而言,强势群体的支持力量的增长相对缓慢。

首先,这是由我国的网民年龄结构决定的。截止到 2012 年 12 月底,我国网民已经达到 5.64 亿,中国青少年的网民数量超过世界上其他任何国家。与互联网发达国家的网民年龄相比,中国网民更加年轻,30 岁以下占 56.1%。可见青少年是网民的主力军。年轻人口无遮拦,更乐于对社会、文化和经济问题随时发表自己的看法。"我国网民易于用道德化的框架来认识问题,年轻人更是如此。年轻的网民易被简单化思维所主导,在这种思维的主导下,人们并没有去追究真相的愿望,把事物简化为弱者和强者、善与恶、对与错的对立"。② 年轻网民具有同情弱者、追求正义感的心理倾向。当冲突爆发时,冲突往往以"标签化"的方式进行对待,网民特别是年轻网民往往以一种选择性的认识和判断,认为这是强者对弱者权利欺凌。因此,就心理群体而言,大多数的网民都对现实中的弱势群体给予同情和支持,而对强势群体则是更多的质疑和批判。

――――――――

① E·E·谢茨施耐德. 半主权的人民:一个现实主义者眼中的美国民主[M]. 任军锋译. 天津:天津人民出版社,2000.3.

② 参见彭兰. 现阶段中国网民典型特征研究[J]. 上海师范大学学报(哲学社会科学版),2008(6).

其次,就社会心态而言,整个社会从整体上充斥着"仇强"心态。公权力大、公权益强、公众关注度高的"三公部门"和其中的公职人员,极容易成为网络热点新闻,也相应地成为被炒作的焦点。在涉及"三公部门"的负面新闻时,虽然多元性是网络意见表达的突出特征,这里却呈现出对诸如"三公部门"和强势群体一边倒的批判浪潮。"广大网民有一种强烈的伸张正义、保护弱者、仇视不合理现象的精神和意识,希望通过自我的发帖、跟帖、谴责、抗议等言行来保护弱者、惩罚强势力量等"。① 因此,在涉及强者和弱者的冲突中,互联网上往往呈现出质疑和批判强者的片面化现象。这有可能是由于动员的主题勾起了他们"惨痛"的记忆;也有可能是由于大多数的网民虽然暂时还没有类似的经历,但是他们依然分享着一种"想象的共同经验",即现在如果任由事件的发展,而不采取任何行动,将来这种事情同样也有可能发生在自己身上。

在网络动员的条件下,冲突双方支持力量的这种非均衡性发展,极有可能打破双方原有的力量对比和博弈格局。原先处于弱势群体的一方由于支持群体的迅速发展,增强了其与原先处于强势地位的群体的博弈能力。原先处于弱势群体一方的这种讨价还价能力的增强,表现为支持群体能够提供的支持性资源的增加。网络动员是把网民从旁观者转变

---

① 方付建,王国华,徐晓林. 突发事件网络舆情"片面化呈现"的形成机理——基于网民的视角[J]. 情报杂志,2010(4).

成介入者的过程,这种介入本身就意味着资源的增加。因此,一般而言,冲突双方支持力量的非均衡性增长,本身就增加了原先处于弱势群体一方的力量。这种讨价还价能力的增强是通过两种方式实现的,一种是通过直接打击对方来削弱其力量。这表现为针对原先处于优势地位群体的网络暴力的增加。这种暴力既包括行动中的暴力,也包括语言上的暴力。极端情况下,针对原先处于优势地位群体的网络暴力甚至会影响冲突结果的走向,形成一种网络媒体的审判。另一种方式是运用悲情弱势策略,提升自身的力量。它往往通过对自己方"悲惨"遭遇的夸张描绘以及对对立方形象的刻意丑化等方式,为自己方寻求同情和各种道义支持,甚至在某些情况下,这些群体还会以提供物质资源以及离线行动等方式直接参与冲突。

(二) 削弱了强者对冲突结果的控制

冲突的范围影响着冲突的结果,一般来说,就小范围的冲突而言,处于绝对优势的一方往往能够通过手中的资源控制冲突的结果。麦迪逊早就看出了冲突范围和冲突结果之间的关系。他认为:"社会的规模愈小,明显的派系斗争和利益冲突发生的可能性就愈大;而且,形成多数人数愈少,他们所处的范围就愈小,更容易形成合力对其他人进行压制"。①

---

① 汉密尔顿,杰伊,麦迪逊. 联邦党人文集[M]. 程逢如,在汉,舒逊译. 北京:商务印书馆,2009.56.

无独有偶,谢茨施耐德也持有类似的观点。谢茨施耐德认为:"在极小规模的冲突中,冲突各方的实力对比往往是可以事先预知的。在这种情形下,双方在进行实力较量之前,实力强的一方可能将自己的意志强加给较弱的一方,因为他们往往会在确信自己会失败的情况下主动让步。这一点非常重要,因为冲突的范围在开始时最容易得到控制"。① 简单地说,在小规模的冲突中,在冲突过程中处于优势地位的一方能够轻易地把握住冲突的发展态势,因此可以控制冲突的结果。

　　网络动员使得冲突的结果具有不可控制性,这主要是因为网络动员使得冲突双方实力的变化具有不可预测性。这主要取决于以下的两个因素:首先网络动员能否成功发起以及成功动员后支持力量的增长幅度对双方来说都具有不可预测性。如果网络动员失败,冲突仍然局限在一个较小的范围之内,实力较强的一方依然可以把自己的意志强加给实力较弱的一方,冲突较容易得到控制。但是,网络动员如果能够成功地发起,冲突双方支持力量的增长幅度仍然不能够精确地估量。当原来就处于强势地位的一方的支持群体增长的幅度超过原先处于弱势一方的支持群体的增长幅度,双方的实力差距进一步扩大,但是由于冲突范围的扩大,这时冲突的结果就具有部分可控性。相反,原先处于弱势地位一方支持力量的

──────────

① E・E・谢茨施耐德. 半主权的人民:一个现实主义者眼中的美国民主[M]. 任军锋译. 天津:天津人民出版社,2000.3.

增长幅度超过了原先处于强势地位一方支持力量的增长幅度,冲突形势就变得相当复杂,冲突的结果将变得完全不可控制。其次,支持力量参与冲突的方式具有不可预测性。冲突双方根本无法预测动员起来的支持群体是以离线行动还是在线行动的方式参与冲突。一般地说,相对于在线行动而言,离线行动会使得冲突的结果更加难以控制。即使是以在线行动的方式参与冲突,他们也无法预测"舆论场"是否能够最终形成。

第二节　网络动员对冲突双方的影响

网络动员过程包括信息的传播、情绪的感染、评价的趋同和共同行动意志的形成,而冲突的爆发和升级在主观上主要受到冲突各方的认知、情绪、评价和行动意志的影响。因此,网络动员对冲突的爆发和升级有重要的影响,这种影响对冲突中的强弱方具有不同的作用。具体而言,网络动员可以在相关信息的快速传播、情绪的彼此感染、对事件及相关主体的评价的趋同和共同行动意志的形成方面对冲突各方产生显著影响,这种影响对冲突中的强弱方的作用各不相同,[①]如表5.1所示:

①　参见许尧.群体性事件中的冲突升级与政府应对[D].天津:南开大学[博士论文],2011.

表 5.1　网络动员对冲突双方主观因素及其强弱不同群体的影响

主观因素	网络动员对冲突方主观因素的影响	网络动员对强势群体的影响	网络动员对弱势群体的影响
认知	促使认知快速形成 加剧认知偏差 增强认知的选择性	隐瞒 理智	公开 盲信
评价	促使判断偏激化 导致群体极化 对抗边界迅速分化	污化 憎恨	美化 同情
情绪	凝聚同情和愤怒等情绪 释放负面情绪 引爆狂欢热情	隐忍 反思	传染 发泄
意志	增强赋权感 推动意愿走向行动	着急 让步	不急 提价

一、网络信息传播对冲突双方认知的影响

认知通过固化立场、加剧偏见、诱发错误归因促使冲突升级，网络动员通过影响主体的认知作用于冲突的走向。

（一）认知在冲突中的作用

认知是一种主体加工从客观世界获得的信息并形成见解、观念、印象、知觉和判断的过程。在冲突中，对相关信息的认知和理解，是主体形成态度、评价和行为的基础。冲突管理的理念和实践已经充分说明，冲突本身并不是问题，相反是主

体对冲突的认识、理解以及随之所采取的处理方式决定了冲突的负面性和破坏性能量的高低。因此，当行动者的认知偏向负面和恶化时，冲突的负面功能将大于其正面意义，冲突也会走向升级。认知恶化是指当事人对冲突相关信息的认知和理解越来越趋于负面，对分歧的认识加深，偏见和误解越来越多，观点越来越极端，态度越发恶劣。

1. 认知恶化促使诉求固化为立场

冲突最初的和最根本的分歧往往在于当事双方的利益纠纷，而有关利益的纷争是高低多少的问题，利益具有可协商性、可妥协性的特点。当认知出现恶化时，当事人的利益诉求就可能转化为彼此的立场。当冲突发展到双方立场的纠葛时，面子和意气之争这些刚性的、难以调和的东西就会代替可协商的利益。立场的强硬和固化，使得当事人往往形成偏见，使情绪性因素作用的空间加大。

2. 认知恶化加剧了主观偏见

偏见，顾名思义是一种先入为主的看法。偏见的存在意味着，主体在全面地认识和了解事务之前就过早地有了一个决定。因此，偏见通常表现为主体固执地按其行事而非理性地思考；具有否定的态度和观点；带有高度的情绪性因素。偏见的存在，导致主体以先入为主的负面角度去看待冲突，形成消极的观点。认知的恶化，会加剧主体的偏见，使其当前的认知状况与已有的偏见达成相互印证，促使主体以固定的刻板印象去评价和判断事务和信息，偏见反过来继续扭曲认知。

3. 认知恶化诱发不恰当的归因

归因是主体根据客体或事件的外部信息和外在行为、线索等对客体的意愿、需求、动机等推测原因的过程。归因实际上是主体在评价已获得信息的有效性时的一种认知过程。如果一方将已经出现的矛盾和对立归因为对方故意损害自己，那么，人们一般都很难容忍，于是常常采用报复或其他行动以恢复自己所认为的公平；如果归因于对方能力不足，例如不明就里、缺乏知识等，可能就会出现原谅、宽容对方的反应，不去计较；如果归因于对方以外的其他人或者情境因素，可能会出现冲突对象的转移、替代或者自认倒霉。[①] 很多冲突之所以不断趋向于升级，恰恰是由于其中的一方参与者对另一方进行了错误的归因。[②] 而一旦主体的认知趋于恶化，必然会引发主体产生错误的归因，如归因为对方的主观因素而非客观因素，增加愤怒情绪和攻击的欲望[③]；寻找替代性的解释而推卸自己的责任；使用双重标准，将过错和责任全部归咎于对方等。

(二) 网络动员对于认知的作用

1. 网络动员促进受众快速形成认知

现实场域中，冲突相关信息从扩散传播到相关主体形成

---

① 杨宜音，张曙光. 社会心理学[M]. 北京：首都经济贸易大学出版社，2008. 219.

② Louis R. Pondy. Organizational conflict: Concepts and models. *Administrative Science*, 1967(12):303—305.

③ Tamara J. Ferguson, Brendan Gail Rule. Children's evaluations of retaliatory aggression, *Child Development*, 1988(59):961—968.

认知和态度倾向,需要一定的时间,同时也受传播方式和传播距离的限制。与此相比,网络动员则是大大缩短了这种时间距离,网民对传播信息的敏感,特别是与其利益相关事项的刺激,很快会做出反应,迅速地把自己的态度通过网络的各种渠道即时性地表达出来。

网络传播的快捷性、迅捷的传输能力和广阔的覆盖面,能够使网络动员在短时间内向广泛的受众传播,使更多的人群关注。这种信息扩散不受地域空间和时间的限制,不受阶层、身份的制约,当出现争议性焦点时,能够及时快速反映民众的诉求。通过网络渠道进行的信息传播,可以使大量远在冲突现场之外的旁观者和潜在的行动者(即利益相关者或相同遭遇者)快速了解事态,并融入到相关的讨论,实现与冲突现场的短兵相接。以网民为基础的潜在参与者,一旦形成认知,表达出态度倾向,将会形成有关事件的舆论场,从而影响舆论走向和事态的发展及处理。近些年来,网络的力量在很多公共性事件和冲突中展露。在网络动员所形成的舆论压力下,"躲猫猫事件"得以由网民调查团进行二次的调查、寻找真相;"邓玉娇事件"促使当地政府与无良官员果断地切割、事件得以公正处理;"徐宝宝事件"的官方调查结论刚刚公布,经网络传播后引发一片争论和质疑,同样促使了民间人士和政府联合调查的诞生,最终还患儿家人以公道。

2. 网络动员加大了民众的认知偏差

社会心理学家扫罗·斯腾伯格(Saul Sternherg)研究发现,日常生活中的人们在信息加工和认知形成过程中,通常会首选加法模式,即主体会将收集到的客体的相关信息按照正负两种性质进行归类相抵后形成认知。[①] 人们之所以会首选加法模式,是因为它简单、使用方便。因此,在认知形成过程中,肯定的、正面的信息越多,强度越大,印象也就越好,更容易被接受。

当前中国,网络渠道所传播的涉及冲突、抗争、维权等议题的相关信息以负面内容为主。虽然一些信息的可信度存疑,但是很多我们凭经验感知到了与其遭遇和经验的一致性。这时网民的第一反应不是理性、深入地思考,而是出于直觉,从自己的价值观和已有经验出发形成自己的认知和发布相应的观点。如此一来,由不全面和带有明显倾向性的信息形成的认知不可避免地存在偏差。而且随后的大量转载、报道和评论大都沿着原初消息的理路,铺天盖地地对网民形成轰炸,更是加大了这种认知上的偏差。进而,在网络动员中,当焦点议题出现后,网民对相关信息的渴求往往出现非理性的思维,对信息是否被过滤、信息真实与否、视频是否被删减予以忽略,[②]从而形成与真相不符的认知偏差。2010 年的"中华女事件"发生后,最初贵州法制网将过滤后的新闻和剪辑后的视频冠之以"强悍'中华女'当街暴打女记者"为题发布在网络上,成为网络媒体和网民了解事件相关信息的主要来源,被各大

①　Saul Sternherg. The discovery of processing stages: Extensions of Donders' method. *Act Psychologica*,1969(30):276—315.

②　陈强,曾润喜,徐晓林. 网络舆情反沉默螺旋研究[J]. 情报杂志,2010(8).

网站和论坛转载。网民的态度也相应形成了共同的倾向，一致声讨"中华女"。直到事件发展后期，网络媒体的持续跟进，逐渐披露"中华女"为何打了女记者之后，网民的认知偏差才得以纠正，反过来声讨女记者。

3. 网络动员增强认知的选择性效应

网络无疑是现代社会中最为重要和直观的一个信息场，形形色色的、大量驳杂的信息充斥着网络。面对网络中的信息泛滥，存在太多的话题、太多的观点、太多的选择，在实际的信息接收和采取中，受众需要对信息进行加工、过滤、筛选、抽取，所知觉到的往往是那些与其既有的兴趣、偏好、习惯和需求等一致与接近的部分。因此，在信息传播的过程中，不论是动员主体还是被动员者，都存在一种认知的选择性效应，而网络动员则是进一步强化了这种选择性。

首先，那些负面的消息似乎更加吸引人，中国社会的大多数网民体现了一种负面信息偏好。一直以来中国都流传着一个相关的谚语，"好事不出门、坏事传千里"。负面消息似乎天然地就比正面消息传播得更快、更广、受关注程度更高。美国著名调查公司尼尔森 2012 年发布的一项报告显示，中国人易患"坏消息综合症"，高达 62％的中国网民在调查中表示更愿意分享负面的信息。① 无论是普通公众，还是专家、学者，他们都陷入了习惯性质疑的漩涡。负面消息在网络的泛滥一方

---

① 中国人易患"坏消息综合症". 新华网：http://news. xinhuanet. com/health/2012-04/25/c_123028554. htm.

面是传播者追求新闻价值和动员效果，另一方面也迎合与契合了公众的普遍心理。

其次，当前民众对那些与官员、警察、富人、公众性人物等相关的信息表现出了极大的兴趣。当前中国社会普遍蔓延着仇官、仇警、仇富等社会心理，①成为社会矛盾和冲突的爆发点，这种社会心态的直接反映就是民众尤为关注这些相关群体的行为，特别是负面新闻。"三仇"心理不仅制造网络焦点，更是借助网络渠道将"三仇"心理放大②。

最后，认知的选择性体现在只关注事件的某一个方面，或者只是从某一个视角来观察。如"哈尔滨警察打人事件"，网民只是看到了起初的相关报道，将仇警的情绪疯狂发泄出来，"一边倒"地谴责警察。而随后事件的相关报道表明，警方已经保持了相当的克制，反而是死者不依不饶。③"艾滋女事件"同样是网民在不了解全面信息和事实的状况下，想当然地对闫德利进行了激烈的批判和谴责，而后来的事实真相是闫德利男友的报复行为。

（三）认知变化对强弱双方的不同影响

认知的变化对强弱双方的具有不同的作用，尤其表现在

---

① 郑华淦. 仇富、仇官、仇警——"三仇"是一个新的社会病. 人民网：http：//www. people. com. cn/GB/32306/33232/7482638. html.

② 何新田. 网络放大了网民的仇官仇富情绪. 人民网：http：//yuqing. people. com. cn/n/2012/0821/c212785-18796078. html.

③ 哈尔滨警察打人事件专题. 法制网：http：//www. legaldaily. com. cn/zt/node_8030. htm.

以下两个方面:

1. 隐瞒与公开:强弱双方对信息传播的不同取向

如前所述,强弱双方对冲突具有不同的态度,强者由于在资源和环境不变的情况下,本身就占有优势地位,即能够在冲突中获胜,实现自己的诉求。而弱者在既有的博弈格局中不占优势,所以,他们倾向于将冲突扩散,从而为改变自己的弱势提供可能。这种心理决定了他们对网络信息传播的不同心态,强者希望相关信息不要进一步传播,这种有利于将冲突控制在一定的小范围内,从而使自己保持对冲突发展及其结果的控制力。弱者则在网络信息传播中得到了更多的支持者,所以,他们希望相关信息快速传播,让者更多的人关注、参与进来,从而为改变自己在博弈中的弱势地位提供更多可能性。

2. 理智与盲信:强弱双方对相关信息的不同态度

在网络信息传播中,总是普通民众在人数上占据着绝对的优势,而人们在解读、传播相关信息中,总是避免不了将自己的日常积累的主观判断渗入进来,从而将相关信息进行进一步加工,使相关内容更加完整、丰富,具有更强的吸引力。一般而言,强者总是在知识储备、资源占有、合法强制力等方面占有一定的优势,他们一般习惯于通过自己的分析来对事物进行判断,而弱者往往在知识储备、资源占有、社会地位等方面处于相对弱势的地位,他们一般都多多少少具有某些与强势群体互动的经历,这些经历一般会加剧他们对社会不公的感觉,积累对社会秩序的不满。这些经历和倾向决定了,在面对网络信息的传播时,强者更强调自己客观的分析,而弱者则因为相关信息可能更加印证了自己对某类事务的看法,激起了自己相关生活体验的情绪,以及天生的猎奇心理,而容易相信网络信息的真实性。

二、网络判断形成对冲突双方评价标准的影响

对价值的评价会使得冲突升级发生质的转变,而评价在冲突过程中的作用不限于此,它形塑了参与者的行动框架,它还激活了当事双方的对抗边界。网络动员同样会通过影响动员客体的评价影响冲突的走势和冲突的解决。

(一)评价在冲突中的作用

评价是根据某种价值标准作出的价值判断,它是对对象做出优劣和价值的判断,而不是技术性地、客观地描述对象;评价带有做出某种决定的意味,形成一定的结果;评价需要一些标准,不同衡量指标下评价的结果可能不同;评价主体的主观因素影响评价,不同的主体对同一对象给出的判断结果可能存在差异。基于客观标准和事实的评价,有助于争议的化解和当事人关系的修复。

1. 价值判断的改变促进冲突的质的转化

中国当前发生的群体性冲突事件,大都源起于具体的纷争和利益纠纷,即此时的冲突可以称之为利益主导型,参与者主要是直接的利益受损者。当诉求从具体的利益转变为对公正、公平等价值因素的追求和拷问时,冲突趋向激烈的升级甚

至是带有了骚乱的性质,许多无直接利益相关者纷纷加入行动者的行列。① 从现实冲突来看,价值元素的掺杂加剧了冲突升级的烈度和强度,促使冲突的处理显得愈发艰难,从典型的瓮安事件、石首事件中可窥一斑。②

2. 价值评价影响参与者的行动框架

如果说那些事关具体利益的冲突对于非直接利益相关者而言还算是"身外事"的话,那么当冲突的焦点转向伸张公平和正义的时候,他们就有了足够的勇气和充分的理由加入到同仇敌忾的行动群体中。"如果这种价值判断与人们所信奉的价值信仰尖锐对立",就会形成一种负面的价值评价,"事件所涉及的人物很容易形成'形象逆转',会成为人们采取暴力对抗行为的理由和借口,成为公共冲突暴力升级的重要助燃剂"。③ 也就是说,价值评价实现了参与者意义框架的构建,为行动提供了正当性。它为更多参与者加入冲突提供了一种一般性的解释,用一种比争取利益更为高尚的口号将大量潜在的行动者动员起来,讨公道、要说法、要求道歉等价值口号就成为冲突发展的新剧目。因为,对于任何一个社会成员来讲,公平和公正都是一个健康社会最底线的价值追求,每一个人在遭遇权利侵犯和利益损失时,都希望得到一个公正的对待和处理。

---

① 张荆红. 价值主导型群体事件中参与主体的行动逻辑[J]. 社会,2011(2).

② 张荆红. 价值要素:转型中国群体事件研究的重要维度[J]. 湖北行政学院学报,2011(4).

③ 常健,金瑞. 论公共冲突过程中谣言的作用、传播与防控[J]. 天津社会科学,2010(6).

3. 价值判断的改变激活了对抗边界

如果冲突发展到价值因素占据主导地位时,通常意味着当事双方身份的分野和双方所属两种群体的对抗边界被激活。价值判断改变后,会使得网民对双方的重新认识,从而形成了好的、善良的一方与坏的、邪恶的一方的形象分化;对公正和公平的拷问促使冲突的具体当事人马上被冠之以官员与民众、富人与穷人的对立身份,并将这种分割标签化。两种身份边界的激活,导致冲突上升为两种群体的对抗性,而这样的对抗往往是很难实现妥协的。万州事件从一个很小的行路摩擦发展到愈演愈烈,正是由于作为"棒棒"的民工与作为"公务员"的官员两种身份对立的形成,激起了普通围观民众天然地同情分属自己一方的普通人或弱势群体阵营。

(二) 网络动员对于评价的作用

1. 促使判断更加偏激

网络动员是一种有意识地传递信息、观点、态度的过程。在网络动员的初始阶段就选择性地发布带有倾向性的、于己有利的信息是一种普遍的做法。其结果就是受众对某事件相关信息的获得存在不完整性和单一性,加之不断有网友现身说法、提供材料佐证以及受众加工信息时的主观化判断与标签化、符号化、简单化处理。这种处理只是基于简单的对与错、善与恶这样的二分法和价值框架进行归类[①],往往会淹没

---

① 彭兰. 现阶段中国网民典型特征研究[J]. 上海师范大学学报(哲社版),2008(6).

了一些实质性的存在,丧失了对关键信息和事实的追问,受众对原本存在片面性的信息做出的判断和评价的公正性也就存在问题。

由于互联网的技术特征以及"沉默的螺旋"效应的存在,这种对公共事件的价值评价也会迅速地传递给受者,极易形成一种单向度的价值判断。一旦形成了这种单向度的负面价值评价,网民就有可能以"正义"的名义对当事人进行有目的的追讨和打击,并促进暴力的产生。这种暴力的使用即使他们的不满情绪得以发泄,也满足了他们"伸张正义"的幻想,并且由于认为当事人是令人讨厌的、邪恶的代表,而他们自己实施的乃是一种正义的行为,所以这就大大地降低了他们实施暴力行为的心理负担。在 2007 年的"后母虐童"事件中,网民把"后妈"刻画成一个恶毒、冷血的女人,愤怒的网友纷纷指责"这样的后妈禽兽不如",这种网络暴力甚至蔓延到网下的现实世界。在此意义上,我们可以看出,互联网形成的单向度的负面价值评价往往成为冲突恶化或者升级的心理支撑。

此外,网络是极端主义滋生的温床。在很多事件中,网民的看法和观点经常是被那些持有偏激和偏执立场的人所误导,而那些理性的网民却相对很少对此发表评论,或是因舆论势头而退缩,使得舆论的导向相对偏激和非理性。① 网络转载和评论的相对同质性,更是进一步强化了这种偏激的判断。

---

① 王国华,曾润喜,方付建.解码网络舆情[M].武汉:华中科技大学出版社,2011.33.

例如钓鱼岛事件引发了一致性的反日论调,更多体现的是一种情绪化的发泄。在网络轰炸泛滥之下,偏激的爱国热情在现实生活中引发了多地打砸日系轿车甚至车主的情况。

2. 容易引发群体极化现象

群体极化是指"团体的成员在开始时既有某种倾向,经讨论商谈后,人们朝偏向的方向持续移动,并在最后形成极端的观点"①。桑坦斯的研究发现,网络空间中的群体极化现象比现实空间更为突出,网上发生群体极化倾向的比例是现实社会的两倍多。②

在网络空间中出现这种现象主要是由三种原因促成的。首先是信息传播的首因效应的作用。首因效应,是指先入为主或第一印象在信息接收过程中的重要作用,即最开始时传出的信息对受众的认知和解释产生巨大的影响,越早出现的信息对主体的影响越大。③ 其次是信息传播的不对称及形成的沉默螺旋。纵观当前的网络动员,初始动员主体的信息往往经网民传播、放大后,形成洪水泛滥式覆盖。反观被诉者,往往是在这一过程中处于被动,他们的失语、后语与动员主体形成了鲜明的对比,而这种信息传播中的严重不对称导致了沉默螺旋的出现。最后,网络空间中存在着类聚效应,为那些

① 凯斯·桑斯坦. 网络共和国——网络社会中的民主问题[M]. 黄维明译. 上海:上海人民出版社,2003.50.

② 凯斯·桑斯坦. 网络共和国——网络社会中的民主问题[M]. 黄维明译. 上海:上海人民出版社,2003.51.

③ 王敏,覃军. 网络社会政府危机信息传播管理的困境与对策[J]. 当代世界与社会主义,2012(1).

志同道合的群体提供了更为便利的沟通,使得偏好接近、价值取向一致的个体更容易形成准群体。这些网络共同体的存在,容易出现从众心理,强化信息的同质性,强化既有的判断①。

3.迅速分化对抗边界

在网络动员的过程中,冲突所涉及双方和其他后续参与者的身份能够被迅速地分割开来。现实中出现的冲突事件在网络中迅速分化为明显的边界性对抗的例子比比皆是:"邓玉娇事件"一经网上曝光后迅速引起关注,该事件也从一个简单的案件演变为网民展示强大力量的重要标志,事件被关注主要是基于试图施暴反被刺死的"官员"身份和烈女勇敢反抗的"女服务员"身份;"杭州飙车事件"发生后的当天就在网上出现了相关帖子,撞人者的"富二代"身份和死者"平凡人家上进青年"的身份被迅速分割开来。"华南虎照事件"中,自虎照公布之日起,就在网络中形成了真伪之争,随后出现了明显的"挺虎派"和"打虎派"。"挺虎派"的领军人物主要是那些塑造和维护政绩的官员,"打虎派"中也有部分官员,但关键人物则是民间人士、专家学者。虽然"打虎派"最初处于舆论劣势和面临强势媒体的压力,随着双方各自举证和造势,渐渐形成了两派相抗衡的格局,事件也在真假之辩中推向高潮。②

---

① 凯斯·桑斯坦.网络共和国——网络社会中的民主问题[M].黄维明译.上海:上海人民出版社,2003.17.

② 刘俊.各方反应:打虎派高兴,挺虎派硬挺[N].西安晚报,2008—6—30.

（三）网络动员对冲突强弱方评价形成的不同影响

网络动员对冲突强弱方的评价形成具有不同的影响,尤其表现在以下两个方面:

1. 污化与美化:强弱双方在网络信息传播中的不同结果

网络对于每个人而言,都是公平的,谁都可以发表言论,谁都可以补充信息,发泄情绪,也是在这个意义上讲,当代社会中的每个人面前都有一个麦克风,他的声音能够非常便捷地向全社会发布。然而,在目前的中国,社会贫富分化严重,社会不满情绪蔓延的状态下,强弱双方的冲突通过网络的传播,双方将收获不同的结果:强者的无理与蛮横将得到进一步夸大,弱者的可怜与无助也将得到进一步夸大,从而会出现两种相反的趋势,强者的形象被不断地污化,最终成为一个十恶不赦的人,弱者的形象会被不断地美化,最终成为社会弱者的代言者,无论强弱,都将成为社会阶层的符号和代表,而这种冲突,在一定意义上,也超越了本身的是非曲直,而是事关社会正义。

2. 憎恨与同情:价值评价最终促成社会舆论一边倒

网络信息的传播和网络动员的进一步发展,将会导致对强弱双方价值判断的最终形成,那就是强者凌辱弱者,这为每一位参与讨论、行动的旁观者提供了十足的道义依据:"路见不平,拔刀相助"。在这种情况下,即使是客观的分析也将被打上"敌对者"的烙印,人们只接受和自己的判断相互吻合的信息,从心里反对和自己的判断不吻合的信息,甚至对那些试图给出客观信息的网民进行人身的攻击。一种明显的社会舆论场将最终形成,强弱博弈地位的不平衡局势将被彻底扭转。甚至,本身定位于客观中立的权威第三方也将不得不考虑民意,而做出某些并不中立的判断。

三、网络情绪感染对冲突双方情绪的影响

情绪因素的聚集和升温是冲突升级的重要表现和影响因素,网络动员相应也会在情绪维度对主体产生影响。

(一) 情绪在冲突中的作用

集体行动的参与需要情绪的激发。情绪是人类心理生活的重要组成部分。日常生活总是充满着愉快、悲伤、喜悦和痛苦等各种情绪,它与个体的身心健康和社会发展密切相关。由于冲突是主体间由于利益、目标和信念等不相容而产生的对立,因此冲突的过程往往伴随着情绪的介入,正如鲍德克尔和詹姆逊所言:"处于冲突之中就是处于情绪的冲动之中……冲突使人感到不舒服的部分原因就在于它伴随着情绪。"[①]一切冲突的升级似乎表明这样一种观点,负面情绪的升温对冲突的作用相对更加明确。

1. 非理性因素膨胀

"在传统上,情绪是与理性相对立的,这一观点在日常生活

---

① A. M. Bodtker, J. K. Jameson. Emotion in conflict Formation and its Transformation: Application to Organizational Conflict Management, *International journal of Management*, 2001(6).

中具有很大的影响力，即便是作为科学的心理学中依旧具有一定的影响。"①情绪的持续升温，意味着非理性因素的膨胀。传统的社会运动者都把集体行动视为一种非理性的行为，因为在他们看来，这时候的情绪或情感在集体行动中占据主导地位。勒庞早就看到了情绪激发和情绪感染的过程中，往往伴随着偏见和谣言等各种非理性现象。斯梅尔塞甚至认为，集体行动是一种"不耐心者的冲动"。路易斯·庞蒂的冲突五阶段理论认为，在冲突发展的过程中，由感知到的冲突到感受到的冲突对冲突的发展至为重要。② 当冲突发展到这一阶段后，往往伴随着大量的情绪化因素，这种情绪化有可能会使人的头脑暂时失去理智，使人处于一种癫狂的状态，由对"事"的关注转移到对"人"的怀疑与否定，导致了各种负面的冲突。格拉索在冲突升级的九个阶段的研究中提出，当冲突过程中情绪的介入导致分歧强化时，就会导致冲突的升级。在这个冲突升级模型中，冲突是从分歧开始的，伴随着情绪的介入，人们开始进行激烈的争辩，之后双方开始情绪高涨，并最终走向同归于尽。

2. 形成沟通屏障

在情绪的刺激下，人们往往伴随着愤怒、失望和厌恶等不愉快情绪。这种不愉快的情绪会增加冲突双方的误解和偏见，并阻碍他们的有效沟通。诸如愤怒、仇恨、嫉妒和痛苦等

---

① 斯托曼. 情绪心理学——从日常生活到理论[M]. 王力译. 北京：中国轻工业出版社，2006. 106.

② 参见 Louis R. Pondy. Organizational Conflict and Models, *Administrative Science Quarterly*, 1967(12).

负面情绪"会使冲突各方面由准理性状态进入非理性的情绪化状态，表现为各方激烈地争辩，但根本听不进去对方的意见，严重时还会产生情绪化的举动和过激行为，公共冲突的情绪化升级"。① 这种负面情绪强化了双方的立场，对立的双方固执己见，无法进行理智的思考和判断，导致双方进一步防护各自的立场，使得沟通无法畅通。

3. 引发攻击欲望

当主体处于情绪亢奋亦或是失控状态，他基本上无法清晰地思考和理性地做出决策时，就会导致攻击性的欲望和行为，可能是消极的攻击行为，也可能是敌意攻击行为。根据科塞的观点，冲突中成员的情绪卷入越多，冲突越激烈。过多的情绪卷入会使得冲突双方对现实问题的关注转移到对人的攻击。情绪的卷入往往会使现实性的冲突转化为一种非现实性冲突，这无疑增加了冲突化解的难度。正如他所说的那样："由一个或更多进行互动的人释放进攻性紧张状态的需要所引起的非现实性冲突要比现实性冲突更不'稳定'"。② 很多研究发现，挫折、愤怒、悲观等负面情绪与攻击或暴力有着密不可分的关系。早期的学者认为攻击和暴力行为的实施来源于现实生活中受到的挫折。③

---

① 常健，金瑞. 论公共冲突过程中谣言的作用、传播与防控[J]. 天津社会科学，2010(6).

② L. 科塞. 社会冲突的功能[M]. 孙立平译. 北京：华夏出版社，1989.5.

③ 挫折-攻击理论是最早对暴力行为进行解释的心理学之一，其基本观点就是挫折总会导致某种形式的攻击行为和暴力行为。该理论认为，攻击或暴力总是挫折的结果。挫折总会导致某种形式的攻击，挫折与攻击或暴力行为之间存在着普遍的因果关系。

后来有学者对这一论点进行了修正，认为挫折导致攻击（暴力）行为是因为消极情感与攻击（暴力）行为之间有一定的关系。挫折是令人讨厌的、不愉快的情感体验，由这种挫折产生的消极情感，确实能够引起最初的攻击（暴力）倾向和准备性。[①] 也就是说，由挫折引发的负面情绪储备了攻击欲望和意愿。愤怒在研究中是常常与攻击、暴力联系在一起的。愤怒中的行动者处于一种生理亢奋的状态，掺杂着力量感，需要及时的发泄，从而引发攻击的欲望和冲动性。

（二）网络动员对于情绪的作用

在互联网的虚拟空间，由于我国的网络环境极度不宽容并伴随着各种负面评价，互联网已经成为网民进行不良情绪的发泄场。美国心理学家沙赫特和辛格认为，"情绪受环境影响、生理唤醒和认知过程三种因素的制约，其中环境对情绪的产生起关键作用，它们三者之间相互作用引起了情绪。"[②]互联网同样也是情绪产生的环境因素，在互联网虚拟空间，一个公共冲突事件从它的发生、发展、扩散、被围观到群体聚集，期间都伴随着情绪的激发和相互感染。互联网在激发人们参与冲突的过程中伴随着非理性因素的增加，并且干扰了人们化

---

①　L. Berkowitz. Some Determinants of Impulsive Aggression: Role of Mediates Association with Reinforcement for Aggression, *Psychological Review*, 1974(81).

②　S. Schachter & J. Singer. Cognitive, Social and Physiological Determinants of Emotional State, *Psychological Review*, 1962(9).

解冲突的进程。

1. 迅速集聚同情力量

网络动员改变了原有的获得支持的形式和渠道，催生了一种"关注就是力量，围观改变中国"的公共舆论空间。网络作为公共舆论的新生场域，通过个体意义上的赋权和动员，形成了大量网民的同情和支持，汇集了巨量的民间和草根力量。各种群体和力量在这一空间中形成的力量合力，已经不是单一的力量或仅凭行政力量压抑就能改变的。亿万人形成的围观和聚焦，改变了弱者的不利处境，形成舆论上的强大支持，同时也将哪怕一丝不透明和不公正放在此前绝无仅有的探照灯下。"邓玉娇事件"经网络渠道传播后，"三名官员逼迫女服务员提供特殊服务，拿钱炫耀并掌掴邓玉娇，多次将其按倒……"等关键情节的披露，很容易激发起人们对当地官员的愤慨和对邓玉娇的强烈同情。网上舆论几乎一边倒地支持邓玉娇，对烈女极大的同情与支持与对涉案官员的压倒性谴责形成鲜明的对比，而现实生活的支持显然无法发出如此强大的声音。

2. 负面情绪得以迅速释放

在互联网的虚拟空间，主体不再是"人"，而是出现在另一个人电脑屏幕上的信息。互联网的这种匿名性和开放性促使人们更可以自由地表达和宣泄自己的情绪。一般地，情绪的感染是在无压力的条件下产生的，是一种无意识的和不由自主的屈从，由于解除了内心的各种约束，情绪也更易传染给具有共同经验和共同认知的网民。网民在刺激者的情绪感染之下,往往会发出与刺激者相同的情绪,并参与到公共冲突的过程。因此,在互联网的虚拟空间,人们的情绪得到最大程度的表达和释放,人们的思想观点在互联网上同样会出现极化现象,抱怨、藐视和不信任等消极的冲突表达方式,通常会干扰冲突双方谈判的进程并导致冲突的恶化和升级。

在互联网虚拟空间往往伴随着更多的非理性因素。非理性、容易激动等特征在网民群体中更加突出。态度偏激、言辞激烈、针锋相对、口诛笔伐,很多网民语不惊人死不休,网上话语权的争夺相对现实世界更为惨烈。而负面情绪的特点是越聚越多。愤怒招致更多的愤怒,而网络空间则成为网民怒火积聚和怒瘾生成的温床。恶意回帖、互相谩骂、人身攻击等越轨行为导致网络场域中的情绪化暴涨和讨论的混乱化。情绪的释放和发泄过程往往伴随着偏见、幻想、猜疑等非理性行为,并最终形成一种标签化和模式化的解释话语,即自己代表的是正义的一方,对方则是非理性和非正义的。"在互联网上,没有人知道你是一只狗",网民在虚拟空间中的道德约束力削弱,人们可以尽情地发泄自己的不满。在2011年的"伦敦骚乱事件"开始之初,就不断有人利用微博网站推特发布信息,抱怨警方的失职之处,号召民众加入街头抗议行动,这种不满情绪开始在参与者之间迅速蔓延。骚乱爆发后,有人不断在推特发布即时动态,动员民众到现场助力,这对骚乱的蔓延起到了推波助澜的作用。

3. 瞬间引爆狂欢热情

网络空间的特点为网民提供了狂欢的舞台和工具。① 大量的草根网民可以方便用手指尖的小鼠标，自由地穿梭在各种论坛、博客、微博、网聊房间等网络空间中，他们可以毫不避讳地横眉冷对、义正词严；可以任意地自我"秀一把"；可以将自己的智慧和创造让更多的人欣赏和分享；也可以率性地嬉笑怒骂、插科打诨；更可以肆意地针砭时弊、揭露社会丑恶现象，大有一番"人人都是警察，处处都有耳目"的景象。在网络时代中，只要有一台电脑、一根网线，大量的民众可以在发泄感与成就感、偷窥与窃喜、狂欢等各种复杂情绪杂糅在网络中，与现实生活的平淡无奇形成鲜明对比。

在各色的网络狂欢中，汇聚了形形色色的看客、侠客、哄客，人肉搜索无疑是最为引人注目的。② 人肉搜索塑造了一个个无名英雄、见义勇为者，现实中无法实现"侠客"行为的人们的心理需求得以无限满足，尤其是它在反腐和问政方面的正面性得到了最大的彰显，也催生了一种中国式的反腐新模式。2008 年"周久耕事件"中，因对房地产发布不当言论，被网民称之为"最牛房产局长"的周久耕先后被网民人肉搜索出"天价烟"、"戴名表"和"开名车"等。2009 年"中国最年轻市长"事件中，29 岁的周森峰因为网民狂热的人肉搜索而卷入舆论的漩涡。这类现象背后折射的是当前中国民众一贯的思

---

① 安德鲁·基恩.网民的狂欢：关于互联网弊端的反思[M].丁德良译.海口：南海出版公司,2010.45.

② 张跣.想象的狂欢："人肉搜索"的文化分析[J].文艺研究,2008(12).

维认识,即如此年轻的干部背后肯定有人、有坚强的后盾。于是乎,从周的家世开始,打伞门、抄袭门、香烟门等对周的人肉搜索一波波袭来,大有不找到猫腻誓不罢休的态势。①

(三) 网络情绪感染对强弱双方的不同作用

网络情绪的感染对强弱双方具有不同的作用,尤其表现在以下两个方面:

1. 隐忍与传染:网民高情绪状态对强弱双方的影响

面对网络上极端化的言辞,不客观的评论,强者在博弈中的地位被彻底扭转。公开化了的冲突将大大降低强者本身可以利用的取胜工具,比如,原来用一些不光明的强制、威胁手段或许还可以控制冲突,但在完全公开化了冲突中,这种手段将变得毫无用处,弱者若遭受人身伤害或威胁,无论是否是强者所为,都将被民众毫不犹豫地算在强者的头上。在民意沸腾的状态下,强者所能采取的态度只能是隐忍和道歉,甚至强者一方的更权威的机关或人士也不得不出面来表达歉意。而网络上情绪的蔓延也会导致冲突中弱者一方的情绪相互传染,原本存在的不满被放大,民众的情绪会使自己的道义感增强,使自己更加充满力量。

2. 反思与发泄:网民情绪对强弱双方的不同作用

强者在强大的网络民意前也不得不让步,原来高调甚至

---

① 曹玉兵.如果周森峰因舆论压力辞去市长职务[N].齐鲁晚报,2009—6—26.

蛮横的行为方式将在民众的质疑、批评、责骂之下得到一定程度的反思。冲突一旦公共化,成为大家聚焦的话题,则强者不合理的行为、片面的证据等都会在网民的相互取证、人肉搜索下失去藏身之地,这种一边倒的情势,即使强者自己感到不服,但不得不屈服于民意,彻底反思自己的行为,并至少在态度上做出一定让步。最近,网络上曝光的"李天一"事件就是一个典型的案例。

与此相对,网民情绪对弱者的作用可能是双重的,一方面,可能会相互传染、积累不满和怨恨,另一方面,也会因为自己得到公众的关注和同情,而将自己之前不满的情绪疏解。收到关注和同情本身就会对弱者的情绪具有疗伤的作用。每一个人在得到别人关注的时候,都倾向于表现自己更大度、更礼让、更人性的一面,这种倾向可能会使原本僵化的认识和要求得到一定程度的缓解。而且在这种情势下,强者的行为不可能再向原来那么放纵,考虑到民意,其赔偿或是其他化解方案都不可能非常不利于弱者一方。

四、网络的行动口号对冲突双方意志的影响

意志是决定行动者将对抗意愿转化为实际行动的重要变量。在冲突形成和发展的实际过程中,意志的作用既可能是促成这种转化,也可以是抑制这种转化,同时主体抗争意愿的强弱同样会影响其行动方式和冲突的对抗程度。网络动员对主体行动意志的作用也是从积极和抑制两种视角来分析的。

（一）意志在冲突中的作用

意志是主体自觉地确定目的,并支配行动,实现目标的心理过程。人们在认知客观现象的过程中,不仅会形成认知、情绪和判断,而且会采取某些行动,意志则是决定主体是否做出行为反应的重要变量。它体现了主体的意识、行为的能动性,因此也会受主体的立场、观点和信念的制约。

1. 意志促进从想法到行动的转变

人的行为受意志的支配和调节,推动主体采取与实现某种目的相应的行为。因此,意志不仅可以推动主体采取某些行动,同样会影响主体克制一些行为。冲突的最核心是不相容性、分歧,而这种特性在当前中国社会利益急剧分化的过程中尤为突出。冲突既可以呈现为实际的对抗行为,也可以是感觉到的和知觉到的状态或过程。当主体意识到彼此间的利益分歧时,他可能采取积极的争取自身利益的行动,也可能是采取忍让、回避的策略,而决定其是否行动的就是意志。

2. 意志的强弱决定了主体的行动方式和对抗程度

冲突的成本和风险对于行动者来说有时是难以承受的,特别是在冲突升级中。这时,参与者意志的作用就会体现出来,有的上访者可以倾家荡产、日复一日地向各级政府和部门讨个说法,而有些上访人在经历了上访的高成本和身心压力之后最终息事宁人、选择放弃。如果抗争者不惜与对方斗争到底也要捍卫自己的权利和利益,为此可以忍受各种成本和风险,其结果是不断地通过各种渠道进行诉求和抗争,甚至是采取一些"踩线"的行动和集体行动,那么冲突升级也就无可避免了。

(二) 网络动员对于意志的作用

网络动员的效果以动员客体行动维度的分析,可以从网上行为和网下行为两方面考察。从现实大量冲突性议题的动员结果来看,采取网上行动的基本是大量的无直接利益相关人,而采取网下行动的多数是冲突议题的利益相关者。

对于那些与议题的无直接利益关系的行动者而言,受到物理上的地域限制,对于非切身利益的问题,他们的行动往往只是限于网上行动,例如表达观点、提供各种支持信息和资源、转帖、讨论、出主意等等。而且网络空间的匿名性、信息发布的低门槛和自由性,提升了他们的安全感和无所顾忌。这些网上行动所展示的持续关注,能够形成一种强大的网上舆论压力,从而促使事件所涉及的主体不得不给予正面的重视和及时的回应,否则将在舆论和道德上处于非常不利的境地。

无须讳言,网络已经成为当前中国社会背景下冲突从意识到行动的基本工具和重要的推动力。[①] 从议题的利益相关者来看,一些事件表明,网络动员增加了对抗行动的可能性,加速了现实行动的爆发和行动升级。首先,网络动员为利益受损者提供了更多的资源和支持。信息通过网络传播后,同

---

① 孙正,赵颖.网络背景下社会冲突与控制的几点思考[J].国家行政学院学报,2005(6).

情者的鼓舞、出谋划策、专家观点和意见、律师的法律援助等等资源渠道和帮助大为增加。其次,网络动员促使直接的利益相关者表达出行动的意愿,并借助 QQ 群、论坛、聊天室等各种网络工具将这些人组织起来,实现了分散个体的力量整合,形成人多势众和法不责众的心理感应,并讨论实际行动的口号、时间、地点等更为具体的事宜。最后,实现网上与网下的同步互动,提供了持续行动的动力。事件一经网上发布后,必然引起很多人对行动过程和结果的持续关注和讨论,持续的关注既让行动者感到力量倍增,同时也是一种压力,一定要有个满意的结果推动他们不得不将行动维续下去。

（三）网络动员对强弱双方意志的不同影响

网络动员对强弱双方具有不同的影响,具体而言,主要包括以下两个方面:

1. 着急与不急:强弱双方对冲突解决时间的不同取向

在形成了网络舆论一边倒的情势下,一般强者一方会倾向于迅速的处置,不让这种不利于自己的态势继续发展下去。此时,强者的目标让位于迅速处置,而对具体的利益的得失不再如先前重视。在很多公共冲突中,这种网民的加入不仅会对冲突中强势一方形成巨大的社会舆论压力,而且也可能会导致强势一方的背后的机构或人员引火上身,被网民也拉下水。比如,在钱云会案件中,人们关注的对立面其实是在不断地扩宽,有直接对立的一方,逐渐扩散,导致相关政府机构也不断被置于网民的对立面;在李天一案件中,人民不但会关注李天一本身的缺陷，其父亲李双江的教育方法等一系列相关问题都会被牵扯出来。所以，在这种冲突扩散的局势下，迅速的化解冲突是冲突强势一方最好的办法。

与此相对，弱者此时不着急达成协议。显然，时间的流逝对他们而言是更多的收益，而不是损失。当然，这并不意味着可以无限制地拖下去，而是在网民高度关注的情况下，再延长一些处置的时间，对弱者而言，几乎毫无损失。而且，一般意义上讲，时间拖得再长些，反而会对其利益获得有帮助。

2. 让步与提价：强弱双方对诉求内容的不同取向

在形成公共冲突事件之后，由于网民的高度关注，强者一方会倾向于在自己能够掌握资源的范围内作出让步，以表现自己的诚意，并谋求冲突的迅速处置。从一定意义上讲，这也是一种以"金钱"换"时间"的做法，即通过在利益上满足对方，从而使冲突能够"控制"在一定范围内，避免民意的再次感染，或者避免相关利益相关方"被"卷入冲突中来。但对于弱者一方而言，他们的诉求因为得到网民的支持，而更加显得理直气壮，不会轻易做出让步，甚至有时，对方会主动地提高诉求标的，希望弱者快速达成共识。

第六章　我国邻避冲突治理的困境

第一节　我国邻避治理存在的问题

一、控制本地媒体,封锁消息

长期以来形成的"官本位"思想,使一些官员具有严重的官僚主义思想,垄断政策信息。很多地方官员就是"一言堂",政府制定的决策其实就是政府自己的意见,并没有纳入民众的意见,民众被排除政策制定之外,民众只能被动的接受和服从政府制定的决策。也就是说,此项目是在没有充分尊重利益相关者意愿的情况下匆促作出决策的,越是有危害性的邻避设施越是把民众排除在外,政府在制定实施邻避设施的政策往往是封闭式的进行的,等到手续齐全,规划完成才对外公布。同时,一旦政策公布,更易激起公众的反对,公民意识到自身不被尊重而且环境也受到威胁时,往往反对更加激烈,而此时的政府一般都会采取强势的态度,却没有正确疏导民意,以致最终引爆社会冲突。

厦门 PX 事件的初期,市政府对 PX 项目一直讳莫如深,公众对此也一无所知。并且市政府始终坚称手续完备、程序合法,对公众的反对声呈漠视的态度,极力淡化项目的危险性,从而丧失了公众对政府的信任,造成民众对政府极大的反感。当今是网络传媒盛行的时代,无论政府怎样的封锁消息,真正的民意是不可能完全被封杀的。在 PX 事件中,首先政府采用技术手段屏蔽了与 PX 项目相关的手机短信,5 月份封杀了《凤凰周刊》,这是在大陆允许下,合法出版的香港杂志,因为它在报道 PX 事件时出现了对政府不利的言论,被厦门市政府查封并罚收,集中讨论 PX 项目的小鱼论坛也被勒令关闭。对号召"六一散步"的信息,市政府采取了一系列强硬措施,随时关闭网站、拘留相关的责任人、收缴媒体、发布通告和禁止"六一"放假,并且也不允许请假外出等,并声称要保证 PX 项目的顺利建设。从而导致了"六一大散步"的爆发,令市政府措手不及。所幸的是厦门市政府能够审视夺度,及时挽回即将爆发局面,使 PX 事件最终得以和平的解决。

二、排斥环保组织的参与

环保组织属于非政府组织,在我国由于公民社会的不发达,我国的环保组织在邻避抗争中存在着能力和意愿的双重不足,也是由自身的困境导致了能力与意愿的双重不足的。

我国现阶段的国情决定了环保组织还处于"婴儿期"其生存和发展收到了诸多影响。如资金困境、社会公信度不足、独立性不强、缺少法律的保护等，当然也存在自身结构不合理的因素。所以，我国的环保组织在一开始，就没有作为第三方独立的地位，如此尴尬的处境大大降低了它的行动组织能力，也不能帮助民众进行合理的利益表达，功能形同虚设。在 PX 事件中，环保组织本应作为民众的利益代表出现在一线，但从整个事件发展的过程来看，环保组织几乎处于缺失的状态。

　　2007 年 12 月以前，环保组织没有加入到抗争的队伍当中去，大多数的民众都是以个人为行动的主体加入到抗争的队伍中的，来保护自身的利益不受侵害，但作为厦门最大的环境 NGO 组织绿十字并没有充分加入到环保抗争的队伍中来，"厦门绿十字"的态度是"不支持、不反对、不组织"其负责人马天南对记者说："没有知情权，谈何发言权和监督权？我一直希望民间环保组织同政府合作，这样才能了解真相，因此我对上街游行的做法采取了'三不'的政策，就是不支持不反对，不组织"。① 在 PX 事件的初期，"厦门绿十字"的态度的确令人很失望，但当 PX 项目有广大的公众参与进来的时候，厦门"绿十字"也开始了积极行动，主动承担了整合民众利益诉求的功能。但作为环保组织做的这些还远远不够，由于它们自身的缺陷也决定了它们无法做出更有价值的贡献，它们只

---

　　① 　马天南.厦门 PX 事件:公众参与对环境保护的积极作用[J].通讯,2007(5).

有真正的独立时才能实现其应有的功能。

三、GDP 至上的政绩观

目前我国经济快速的发展,一切都让位于经济,经济发展的快慢也成了衡量政府工作好坏的一个标准。在邻避运动中,一般在邻避项目选址应该是科学的选址,尽量远离人群,把环境污染降到最低,以减少对距离较近的居民的不利影响,这是一种比较科学的方法,最少的投入获得最大的回报,但有时政府在考虑项目选址的时候,更多的往往是对经济上的考虑,把对项目选址所需要的花费放在最重要的位置上,经济是他们优先考虑的而不是周边居民的利益。李永展说:"大都仅考虑设施设置后是否符合经济(服务范围最大)及效率(履行时间或成本最小)两大标准",为了政府的私利不惜牺牲民众的利益,而政府在制定决策的过程中,考虑更多的是项目本身带来的巨大效益,为自己的政绩贴上了多大的标签。

"在以经济增长为主要任期考核指标的压力型行政体制下,GDP 和税收财源的增长成为地方官员的优先选择,从而导致他们容易采取重增长、轻环保的污染保护主义行为,并与追求利润的企业家结成利益同盟。"①因此,作为理性的"经济人",政府有追求经济增长的冲动和动力,并且积极地为邻避

---

① 张玉林.政经一体化开放机制与中国农村的环境冲突[J].探索与争鸣,2006(5).

项目的通过而保驾护航。"现在一些地方接到大项目后都是一把手挂帅,成立工作组,环保、国土、水利,各司其职去中央拿批文,谁拿不到找谁负责。在这个体制下,环保部门做的工作不是如何与公众一起保护环境,而是千方百计帮助项目主体拿到批文,其实已经站在了环保的对立面"①。

在厦门 PX 事件中,正因为此项目每年能为地方经济带来 800 多亿元的人民币,因而得到厦门市政府的大力支持,厦门市政府一直坚持声称项目手续完备并且程序合法,对这些公共声音持漠视的态度,极力淡化项目所带来的风险问题,当出现不利的言论时,政府还采取了强硬的措施,如查封《凤凰周刊》,关闭小鱼论坛,拘留相关责任人等,归根到底最主要的还是为了他们的政绩。

四、利益表达渠道的缺失

为什么邻避事件常常会升级为邻避冲突?政府给出的解释是民众对邻避项目的不理解。在地方政府看来,只要邻避项目通过了环境影响评估,就可以建设。在邻避冲突的治理中,实体要件和形式要件缺一不可。邻避冲突的实体要件需要进行环境影响评估,而形式要件则要求政府和企业与公民的沟通和对话,公民需要参与到诸如环评和决策的各个环节。厦门 PX 事件一开始民众对此一无所知,这恰恰反映利益表

① 谭翊飞,贺涛.求解环境群体性事件[J].财经,2012—8—27.

达渠道的缺失,即公民缺少参与的机会。

利益表达渠道的缺失也表现为中立第三方的缺失。民众与政府和厂商之间的信任鸿沟是造成邻避冲突的重要原因,因此引入一些具有较强的专业性、较高的公信力以及与冲突双方利害关系的独立第三方的介入,是修补民众与政府和厂商之间信任关系的重要途径。邻避问题上中立第三方的缺失不仅仅存在于邻避项目的规划和环评等阶段,也存在了邻避冲突发生之后的化解阶段。如在环评环节,多数的环评报告多为内部环评,或者是与厂商有利益关系的人进行的环评。在 2007 年厦门 PX 事件的环评过程中,就存在着政府官员、环保部门,厂商之间的利益联盟,虽然"PX 是高致癌物,对胎儿有极高的致畸率",PX 项目依然得到了国家环保总局的环境评估审查以及国家发改委核准,并且顺利通过了当地政府的审批并获得了合法手续,在相当长的时间里当地民众对此一无所知,而且还是"手续完备、程序合法"的"十一五"重点项目,这种非中立的环评自然难以得到民众的认同。

利益表达渠道的缺失还表现在邻避冲突中民众的诉求常常受到忽视。由于我国政治体制的影响,政府因拥有大量的公共权力和公共资源,能够应付来自各方面的压力和挑战,以致使政府在决策中一直占据着主导地位;而邻避附近的民众由于缺乏对资源的占有,再加上自身社会参与能力相对较低,在与政府的抗衡中始终处于劣势一方,他们缺乏利益表达的基本权利和有效的表达手段,在保护自己的利益上,处于无能为力的状态。政府在制定决策的过程中往往只注重专家的意见,忽视了民众的利益,缺乏与民众的沟通,民众的意愿与诉求没有得到重视。邻避政策在执行过程中也存在着一定的暗箱操作,民众的利益常常被忽视,往往更易激起他们的反抗情绪。另外某些大型的公共设施可能是政府的政绩工程,也有可能是开发商追逐利益的工程,在这期间政府和开发商可能会为了各自的利益他们互相勾结,结成了一种比较稳定的利益结盟,政府在制定决策的过程中,考虑更多的是项目本身带来的巨大效益,为自己的政绩贴上了多大的标签,忽视了对附近居民产生的负面影响。在厦门PX事件中,正是由于政府和厂商为了各自的利益、私心等忽视了广大民众的利益,以致引发后来的"六一大散步"。

五、"强制"手段激化了矛盾

在事件的初期,处于萌芽状态的时候,相关部门对事件表现出反应比较迟钝,信息失真,处理不当,暴露了政府应急能力的相对薄弱,地方政府体制在应对突发事件时力不从心。在邻避冲突的初期,政府为了防止冲突的升级,往往寄希望于"断网"和"删帖"甚至"抓人"和"拘禁"等"堵"和"捂"的方式来应对冲突,使事态不断恶化,丧失了将矛盾化解在萌芽阶段的最佳时机。

政府在兴建邻避项目时,起初往往会选择漠视民意。但是当松散的、甚至是个体性的抗争出现之后,政府又总是寄希望于通过强制手段来迫使个体的退出。当邻避设施对周边居民会产生很大的危害性时,地方政府往往都是消极地进行应对,对民众的要求往往置之不理,甚至会采取各种强制手段来封锁信息,把民众排除于政策过程之外,使广大民众不能及时有效的了解事件的真实情况。

邻避项目的选址和建设,不仅需要民众的参与,更需要政府能够及时地公布信息。而现实生活中,政府往往采取封闭和孤立的决策,把民众排斥于决策之外,这种不透明和不公正的决策程序使得原本不对称的利益分配更加扩大化。某些时候政府为了自身的利益等方面的原因,对公开的信息进行所谓的技术处理,降低邻避设施的负面影响,使相关的民众对邻避设施的建设的潜在风险没有一个完全的了解,从而导致民众的冲动的、不理性的反对政府决策的局面。在 PX 事件中,PX 虽然是高致癌物质,但依然得到了国家环保总局的环境评估审查以及国家发改委核准,并且顺利通过了当地政府的审批并获得了合法手续,在相当长的时间里当地民众对此一无所知,一般邻避项目选址应该是科学的选址,尽量远离人群,把环境污染降到最低,以减少对距离较近的居民的不利影响,这是一种比较科学的方法,能够以最少的投入获得最大的回报。但有时政府在考虑项目选址的时候,更多的往往是对经济上的考虑,把对项目选址所需要的花费放在最重要的位置上,经济是他们优先考虑的而不是周边居民的利益。李永展说:"大都仅考虑设施设置后是否符合经济(服务范围最大)及效率(履行时间或成本最小)两大标准",为了政府的私利不惜牺牲民众的利益。民众为了保护自身居住环境不受损害,经济不受损失,往往会自发地结成利益联盟,抗议和阻碍工程实施,致使工程拖延甚至暂停,甚至搬迁。

作为政府,在处理邻避冲突的问题上时,更多考虑的应该是民众的利益,尽量把事件消灭在萌芽的状态,抓住处理矛盾的最佳时机,把损失降到最小。地方政府在处理应急事件时应慎用"断网"和"删帖"以及暴力等强制手段,并表现出对民意的足够尊重和敬畏。

第二节　我国邻避冲突的治理危机

邻避冲突虽然是由邻避项目而引起的一种客观存在,但是如果不能对其进行有效的管理,就有可能引发各种环境群体性事件,成为社会动荡的主要形式。目前我国的邻避冲突治理存在着各种危机,这种危机主要表现为信任危机、参与危机和发展危机。

一、信任危机

在邻避设施的选址和兴建过程中,一个普遍的现象是民众对地方政府的信任低落,民众、地方政府以及工厂等利益相关方之间存在着信任鸿沟。"在民主政治常轨下,自力救济的发生与处理,民众应该信任并且服从公权力的行使,不过,实际情形是:民众对地方环保机关普遍持着不信任的态度,一般民众也往往无法接受政府官员对公害原因所鉴定出来的不利结果，因此，政府与人民之间产生了信任差距"。[7]在转型期的中国，这种信任差距有继续扩大之势。

首先，这种信任差距表现为政府和厂商对民众的不信任。政府部门常常抱怨邻避主义是一种非理性的情绪行为。一方面政府认为民众的邻避抗争是一种自私自利的行为。在地方政府的眼里，邻避设施的兴建是基于公共利益的需要，而民众的邻避抗争行为无疑体现了一种狭隘的个人利益观念。在某种程度上，政府存在的一个观念误区就是个人利益应该服从和让位于公共利益，因此民众应该积极地支持邻避设施的兴建，即使他们的利益受到了损害也应如此。另一方面政府常常认为民众的邻避抗争主要是一种无赖的行径。有的政府官员片面地认为，民众的邻避抗争属于无理取闹的行为，他们的主要目的就是争取金钱回馈，甚至有相当多的打着环保主义的幌子，实质是以勒索环保回馈的"环保流氓"。

其次，这种信任差距主要表现为民众对厂商尤其是地方政府政府的不信任。在邻避问题上，政府正在深陷"塔西佗陷阱"，即政府公信力的削弱使得政府的无论说的是真话还是假话，民众都倾向于认为政府在撒谎。一方面，由于政府长期以来对邻避设施造成的污染问题的漠视，民众对于政府和厂商控制污染的承诺和热情始终无法相信。政府总是力图使民众相信，邻避设施所造成的污染在技术的可控范围之内，不会侵害民众的健康。但是"看到的是恶心、闻着的是恶臭、听到的是吵闹"的现实经验与政府描绘的图景是一个巨大的反差,这种反差进一步撕裂了民众和政府的亲密关系,扩大了它们之间的信任差距。另一方面,在邻避项目上,政府失信于民的行为时有发生。例如为了使邻避项目获得群众的支持,政府主导的环评造假并不鲜见。比如,在对建设项目环境影响评价中,卫生防护距离是一个重要的指标,但是近年来发生的血铅超标事件中屡屡出现卫生防护距离造假。在浙江德清血铅超标事件中,为浙江海久电池有限公司编制的环评报告"遗漏"了 500 米范围内的 113 户居民;广东河源紫金血铅超标事件中,环评报告居然显示,厂区周边500 米的卫生防护距离内,常住居民 400 多人的村庄为空地,129 户村民人间"蒸发"。

在我国的多起邻避事件早期阶段中,不少地方政府在邻避项目建设上存在"鸵鸟思维"。也就是说,明明知道这个邻避设施的建设有很大的争议,会对当地居民的生活环境或是身体健康产生不利的影响,但是一方面,城市规划过分集中于少数公务人员之手,地方居民的合法权益主张却无法为规划者所及时知晓[①];另一方面,为了创 GDP,为了提高当地的经济发展水平,忽视民众的参与,自己单向做决定,决策非透明化,政务不公开,回避分歧点,并尝试在邻避设施建设完成后迫使民众接受这个事实,但这种举动往往会使民众更加反感这一项目,导致政府的公信力也在下降。

---

① 约翰·克莱顿·托马斯:公共决策中的公民参与[M].孙柏瑛等译,北京,中国人民大学出版社,2010(1).

二、参与危机

为什么邻避冲突常常会升级为环境群体性事件？政府给出的解释是民众对邻避项目的不理解。在地方政府看来，只要邻避项目通过了环境影响评估，就可以建设。其实，邻避冲突的化解不仅需要诸如环境影响评估等实体要件，还需要形式上的要件，即公民的积极参与。目前各种邻避冲突频繁演化为环境群体性事件，这恰恰反映了公民参与的危机。

这种参与危机表现为民众在邻避项目的环境论证和决策等各个阶段的缺失。公众参与必须体现全程参与的原则，即不仅要参与从环境影响评价、安全评价等环境论证阶段，还要参与邻避设施的选址和补偿等决策阶段，不仅要在邻避冲突爆发之后的进行参与，还要在邻避项目的规划期间进行参与。环境影响评估是邻避冲突化解的实质要件，只有在公众相信邻避项目不会造成较大的污染或这种污染在技术的可控范围之内时，才会真心地接受邻避项目。这就要求在环境评估中要求公众真正地参与，但是现实中大多数邻避项目的环境评估要么抵制公众的参与，要么就是一种虚假评估即在评估过程中并不没有真正地听取百姓的意见。如在四川什邡的钼铜项目开工前，附近村民收到了村委会发放的"环境影响评价意见表"，意见表中列出了项目基本情况、项目对当地的好处，却没有列出可能发生的环境风险。

另外，邻避设施的选址和回馈等决策方面也存在着公民参与的缺失。"目前我国的邻避设施在选址的过程中大多仍然遵循'决定—宣布—辩护'（Decide-Announce-Defend）的模式，在这种模式之下，初期的决策依靠专家封闭决策，很少与公民进行互动。当宣布这种决策时，特别强调民众要具有公共精神，做一个'友好邻居'。如果这种决策受到居民的质疑，政府则会聚焦于决策的论证和辩护"。在我国现阶段，这种由精英和专家进行评估，然后再告知或说服民众，甚至以公权力强迫其接受的决策模式已经运转失灵。对于一些民众来说，邻避冲突更多的是一种情绪性反映，它们不能接受的仅仅是在决定自己命运和前途的决策上的失语和无力状态。

这种参与危机也表现为中立第三方的缺失。如前所述，民众与政府和厂商之间的信任鸿沟是造成邻避冲突的重要原因，因此引入一些具有较强的专业性、较高的公信力以及与冲突双方利害关系的独立第三方的介入，是修补民众与政府和厂商之间信任关系的重要途径。邻避问题上中立第三方的缺失不仅仅存在于邻避项目的规划和环评等阶段，也存在了邻避冲突发生之后的化解阶段。如在环评环节，多数的环评报告多为内部环评，或者是与厂商有利益关系的人进行的环评。在2009年广东番禺垃圾焚烧厂的环评过程中，就存在着政府官员、专家和垃圾焚烧厂商的利益联盟，这些人都和垃圾焚烧厂存在切不断的利益关系，这种非中立的环评自然难以得到民众的认同。另外在邻避冲突发生之后，也往往存在着中立的第三方干预的缺失。当民众和厂商的冲突爆发之后，政府能否作为一个中立的第三方进行裁判和调解值得怀疑。特别是当地方政府成为冲突的一方时，往往缺失一个中立的第三方居间进行调解，并为其提供一个缓和冲突的对话渠道。

邻避设施周围的民众常常会有这样的疑问，即为什么要建在我家附近，其他地方不可以吗？这就牵涉到了当局选址存在的现状。政府单方面的片面选址也是造成我国邻避冲突的成因之一。像垃圾焚烧厂、核电站、变电站、发电站等等这种的邻避建筑，他们的选址是存在科学依据的。需要专家结合当地的地理环境、位置等多方面角度斟酌分析是否可以建设。所以，我国政府也往往会用专家的言语来向民众证实选址的可靠性和安全性。可是这个过程当中，当局往往会轻忽对危害的评估。这不仅包括邻避设施会给邻避设施周遭住户带来的风险，也包括了邻避建筑周遭住户反抗的风险。因为政府的片面选址，民众对政府选址的整个过程参与度低，所以他们并不相信专家的解释，反而相信小道消息，会产生一定的逆反心理，这样更不利于邻避设施的建设。

在建设邻避建筑的过程中，地方当局并没有与周遭居民进行有效沟通，社会公众参与机制弱化。一方面，是地方当局希望提高本地经济发展水平，另一方面也反应了当局对公众的不信任。"地方当局在对待邻避设施的问题上，习惯性采取突袭式的建设方式，从决定项目到颁布实行及至最后迎接各方辩护几乎成为惯例的程序，整个过程忽略了民众的监督，更谈不上民众的参与"。不少地方政府认为，民众文化水平不一，而且更加注重自身的利益，不会从全局考虑，他们的参与只会影响邻避设施建设的时间,而且众说纷纭,根本达不到统一的标准。所以为了提高效率,政府往往弱化民众参与机制,并不会与民众进行有效的沟通。

三、发展危机

邻避冲突的管理危机还表现为一种发展危机。这种危机主要是指经济增长和环境保护之间的危机。我国在过去的发展过程中,始终以经济发展挂帅的方式去处理各种社会问题,这就导致了各地对经济增长和公众高涨的环保意识之间产生了激烈的碰撞。在我国经济增长的模式没有得到根本转变之前,这种由邻避项目开发而引起的邻避冲突就会频繁发生。如我国环保局副局长潘岳就说过:"近年来出台了一些环保相关法律,为什么暴露出来的环境问题还是那么触目惊心,关键的问题是经济的增长方式没有得到改变。无论出台什么政策,到下面都会被'太极拳'个挡回来,无论多大的曝光,公众多大的抗议,只要是有地方扛着就行"。

我国这种经济增长模式背后隐藏着地方政府的政绩冲动。"在以经济增长为主要任期考核指标的压力型行政体制下,GDP 和税收财源的增长成为地方官员的优先选择,从而导致他们容易采取重增长、轻环保的污染保护主义行为,并与追求利润的企业家结成利益同盟。"因此,作为理性的"经济人",政府有追求经济增长的冲动和动力,并且积极地为邻避项目的通过而保驾护航。"现在一些地方接到大项目后都是一把手挂帅,成立工作组,环保、国土、水利,各司其职去中央拿批文,谁拿不到找谁负责。在这个体制下,环保部门做的工作不是如何与公众一起保护环境,而是千方百计帮助项目主体拿到批文,其实已经站在了环保的对立面"[11]。同时大多数的邻避项目又是经济社会发展所必须的,如何在经济发展和环境保护之间取得一个平衡点,这是对转型期中国地方政府智慧的严峻考验。

第三节 邻避冲突的治理原则

2007 年的厦门 PX 事件成为我国邻避运动的重要里程碑,这不仅表现为民众通过"散步"这种理性维权的方式来倒逼政府,也表现为政府最终能够回应民意,通过和民众的互动来解决问题。其中厦门市地方政府的态度的变化发生了根本作用。在事件初期,厦门市政府通过操纵媒体来封锁消息,反而刺激了民众抗争动力,而"散步"之后,厦门市政府主动顺应民意,通过座谈会和听证会等方式开放信息并吸纳民众的参与,这反而促使事情得到了完美解决。因此,厦门 PX 事件给我们的启示就是在邻避冲突的治理中,要始终坚持参与和公开等原则。

一、以疏代堵原则

当邻避冲突呈现为个体性的或者小规模、松散性的邻避抗争时,地方政府往往更倾向于对抗争的个人或者组织者采取打压、拘禁等强制手段,以迫使其退出邻避抗争,这是一种"堵"的方法。从短期来看,这种策略有时候暂时能够取得一定的效果,参与邻避抗争的个体有可能会进行风险评估,从而退出邻避抗争。但是,个体的暂时隐忍并不能导致冲突的解决,反而会导致冲突能力的暗中聚集,一旦遇到合适的时机,这种能量的集中释放反而会导致冲突的升级以及局势的失控。同时,如前文所述,邻避冲突的产生在很大程度上是由于民众的心理原因,因此,做好民众的心理工作,对其进行心理疏导,就成为化解邻避冲突的一种可能的现实选择。由此观之,邻避冲突的管理要立足于疏导,坚持"以疏代堵"的原则,而不能一味地采取"堵"的办法,这才有助于从根本上解决邻避冲突。

在网络时代,由于互联网的开放性和便捷性等特点,政府希望用"堵"的方法来封锁消息也变得不再可行。例如在厦门PX事件中,厦门市当地论坛"小鱼论坛"成为当地市民对PX项目进行最初讨论和交流的主要平台,但是为了封锁信息,厦门市当地政府对"小鱼论坛"进行了删帖和关闭,这反而激发了市民的质疑和斗志,他们开始转战到天涯论坛、西祠胡同等全国性的论坛,政府不仅没有"堵"住信息的扩散,反而使得厦门市民的邻避抗争获得了更多的同情和道义上的支持。相反,厦门市政府后期采取"疏"的策略,和市民进行沟通和对话,反而为冲突的解决创造了有利条件。

因此,在邻避冲突治理的过程中,为了避免冲突的扩散和升级,从根本上解决邻避冲突,就必须慎用"堵"的强制性策略,坚持"以疏代堵"。

二、民众参与原则

邻避冲突治理必须要坚持让民众参与其中。在邻避冲突的治理中,实体要件和形式要件缺一不可。邻避冲突的实体要件需要进行环境影响评估,而形式要件则要求政府和企业与公民的沟通和对话,公民需要参与到诸如环评和决策的各个环节。正如马克思所说,"人们所奋斗的一切,都同他们的利益有关"。① 民众的参与不仅可以有力地维护其自身利益,也会提升民众的心理满意度。

邻避冲突的频繁发生虽然也有诸如生活质量、物质补偿等现实原因的考量,在很大程度上,公民参与受阻带来的主观上的心理伤害也经常成为诱发邻避冲突的重要原因。"有时候邻避设施附近居民诉求的焦点不在于未得到合理的补偿,而在于政府在邻避设施的决策中,忽视了居民的主体地位,不尊重居民的参与权利,缺乏完善的政策参与、利益协调以及监督反馈过程,居民很难在政策规划阶段就表达自己的立场和利益,民众对决策的合法性产生质疑,从而对政府失去了信任,这就形成了邻避冲突的心理基础。"② 在我国现阶段,"决

---

① 《马克思恩格斯选集》(第 1 卷).北京:人民出版社,1972.82.
② 沙元森.PX 项目上也得明白下也得明白[N].齐鲁晚报,2012—10—29.

定—宣布—辩护"这种不尊重公民参与的决策模式已经运转失灵。对于一些民众来说,邻避冲突更多的是一些情绪性的反应,他们不能接受的仅仅是在决定自己命运和前途的决策上的失语和无力状态。

在邻避冲突治理中坚持让民众参与至少有以下好处:第一,公民参与有利于重塑民众和政府的信任关系,提升政府公信力;第二,增强民众对邻避项目的承诺和接受度。民众如果亲身参与了邻避设施和邻避项目风险评估的各个环节,就会增强对被认可的邻避项目的承诺和支持,至上很少会出现激烈的反对。第三,民众参与可以保障邻避项目的补偿回馈反映民众的真实需要。在补偿回馈上,民众之间的需求是各不相同的,有的希望能够等到工作、有的希望能够得到现金补偿、有的希望能够增加图书馆和公园等公共设施。只有通过公民的参与,政府才有可能把握民众的真正需求,从而有针对性地调整自己的策略和工作重心。第四,提升公民的心理满意度。参与是民众的一种心理需求,公民能够真正地参与到邻避项目的论证、决策等各个环节,会增加民众的赋权感和满意度。第五,避免资源或资金的浪费。很多邻避项目都是在缺乏民众参与的情况下就擅自上马,在得到民众的集体反对时,被迫中止项目,先期的投入无法收回,这就造成了资源和资金的浪费。例如在厦门和大连的 PX 事件中,都存在这种情况。民众的参与可以提升民众对被认可的项目的承诺和支持度,从而最大程度地避免这种情况的发生。

三、信息公开原则

信息公开是对现代民主政府的基本要求,政府要坚持"以公开为原则,以不公开为例外",及时地公布邻避项目的相关信息,这样才能保障公民"知的权利"。我国传统的邻避冲突治理大多采用一种"信息封锁的黑箱式治理方式,缺少信息公开和交流,邻避冲突治理和邻避设施风险的相关信息都在政府或企业的严格控制之下,但有效的信息交流可以增加多元利益主体之间的信任和合作,有利于减少因负外部性影响技术风险模糊性而造成的恐慌和抵触情绪,有利于营造关注居民财产价值和生活品质的社会氛围,能提高公民对设施的心理接受度。"①

在我国近年发生的邻避冲突冲突中,我们可以看到大多的冲突都是按照这样的模式发展的:政府和企业隐瞒信息—建设邻避项目—民众获得信息—民众抵制—事件升级—政府妥协—项目下马。这样邻避冲突治理就陷入了这样一种怪圈,政府越是惧怕民众的反对,越有隐瞒信息的需要,民众在获悉信息后越有抵制和反对的冲动。

通过大量的邻避冲突案例我们可以看到,对于公民来说,最不能接受的是政府对于公民意愿的漠视。② 几乎所有的项

---

① 陈宝胜.公共政策过程中的邻避冲突及其治理.学海,2012(5).

② 马奔,王昕程,卢慧梅.我国邻避(NIMBY)冲突的典型案例分析:原因、困境与治理策略[A].北京:公共领域中的冲突解决:理论与实践,2012—11—17.

目,都是到开发建设,公众才通过媒体、网络等渠道获知,人们的知情权和参与权不能保证,导致政府与社会之间的信任丧失。遗憾的是,有些地方政府并没有吸取其他地方的教训,信息不透明、公民的意愿被代表的现象并没有实质改变,甚至为了避免工作"聚集闹事",更进一步地封锁信息。但是,在网络时代,绝对的信息封锁是不可能成功的,政府的这种做法只会适得其反,更加激化了矛盾。

随着 PX 事件发展,事件冲突不断的升级,政府意识到必须要得到民众的支持和理解,没有民众的支持和理解所做的一切都是徒劳。审视夺度,政府改变了管理的策略,由公众的对立面转向与民意靠拢,厦门市政府采取了一系列的措施,决定广开言路,如举行大规模的公众座谈会,举行听证会等来吸纳民意。为了使市民广泛的参与到事件中来,政府为市民搭建了多个参与的渠道,了解民意,广泛收集社会各界相关意见,并在政府网站上予以公布。"公众座谈会"是处理 PX 事件较为关键的一步,它多少代表了民众的意见,表现了政府对民意的尊重和倾听,为政府和民众的对话和协商提供了一个交流的平台,"公众座谈会"虽然是公众自发的参与政治,但它却给政府施加了巨大的压力,最终使 PX 事件朝着良性发展。

在处理 PX 事件的过程中,政府还举行了听证会。我国行政法规定,在涉及民众重大利益的决策之前,政府都应该召开听证会,听取民众的意见。听证制度可以保障公民的参与,保障公民知的权利,因此是政府治理的一大制度安排。在六月一号的"散步"之后,厦门市政府积极地回应民意,积极召开各种听证会。

公民通过摇号和随机抽号的方式来参加听证会的，参会的过程中奉行了公开透明，法律许可的原则。听证制度民众政府回应民意的一大制度安排，他在保障公民的知情权和参与权的同时，也提升了公民对政府的认同感和满意度。厦门市政府最终作出了比较理性的选择，最终选择了疏而不是堵，选择顺从民意而不是对抗民意，最终使 PX 事件得以圆满的解决，从而达到了政府和民众的双赢。因此，政府在邻避冲突的管理中必须要坚持信息要公开，保障公民的知情权，并且能够使得公民"知的权利"予以制度化，这样才能形成政府、企业和民众的三赢局面。

第七章　由邻避情结走向迎臂效应

　　一般情况下，人们倾向于用提升技术和环保补偿或者回馈来应对邻避冲突。但是，在更多的情况下，邻避冲突主要来源于居民的一种心理恐惧，居民对风险的认知大多是一种主观评价，技术缓解虽然能够增强降低邻避项目的风险，但很难从根本上打消公民的忧虑，因此公民参与以及政府与公民的风险沟通设计就成为冲突治理的一种现实而有效的选择。邻避情结更多地是一种情绪性反应，公众不一定在技术方面、经济方面和行政管理方面具有充分的理性认识，只是从心理层面作出反对和支持的意向。因此如何化解邻避冲突，获取邻避设施所在地居民的支持和拥护，由邻避情结走向迎臂效应①就成为我国邻避冲突治理的必然选择。

---

　　① 迎臂效应（YIMBY 的读音，即 Yes in my backyard）是和邻避冲突（NIMBY 的读音，即 Not in my backyard）相对应的概念，意指人们支持在其附近修建某些项目。

第一节　加强机制建设

邻避冲突的治理困境主要表现为信任危机、参与危机和发展危机,破解这些困境之道就在于加强参与机制、健全回馈机制以及完善风险沟通机制建设。

一、加强参与机制建设

(一)健全民意表达机制,保障公民参与

邻避冲突的参与机制建设,首先就要健全民意表达机制,保障公民的参与。"如果邻避设施的选址过程是暗箱操作,一旦居民知道自己的居住范围就是邻避设施兴建的地址时,在毫无心理准备的情况下,他们会在愤怒和惊诧情绪的支配下誓言抗争到底"。①

一些国家的经验证明,由下而上的参与决策过程和加强对话将有助于邻避冲突的化解。随着协商民主的兴起,很多国家在邻避性设施或议题的政策规划上采取协商对话式公民参与模式,其中公民会议也称共识会议是可以采用的一种模式。从决策过程看,这种协商对话式公民参与模式最重要的

---

① 靳薇.地方应摆脱"邻避无意识状态".中财网:http://www.cfi.net.cn/p20121225000509.html.

活动就是沟通和对话,在双向式的沟通下,对话的意义除了要用"说"来表达自己的意见和需求,更重要的是也要去"听"对方的意见与想法,以获得对问题的共识。邻避冲突管理在很大程度上就是要使参与的双方达成共识,如果没有一套在邻避设施政策规划时促进公民参与协商沟通与政策分享的渠道,冲突的化解将是非常困难的,可以说,公民参与模式为冲突的化解提供了一种可能。

我国地方政府在邻避设施的规划中,要积极借鉴和采用这种公民决策的模式,具体来看,在决策立项之初,就建立民意表达机制,可以采用信息公开、问卷调查、民意访谈以及召开听证会等方式来加强社会公众、相关学者和政府官员之间的信息沟通和交流,把邻避设施的负外部性有多大、环评结果、专家观点、带来的福利等信息及时告知民众,由公众判断设施该不该建设,"凡公民能自决,政府均退出"①,这样,既表达了民意,又避免了可能发生的群体事件,防止了矛盾激化,从而从根本上解决邻避冲突。

(二) 尊重科学,专家在参与过程中应坚守独立性和中立性

公众参与不仅意味着与邻避项目有利益关系的民众应该全程参与,专家也应该本着科学态度和专业主义精神参与其

—————————————

① 国务院全面推进改革:凡公民能自决,政府均退出. 搜狐网:http://business. sohu. com/20121011/n354628012. shtml.

中。首先，专家参与意味着专家要承担专业咨询者和科普推广者的角色。在现实生活中，民众的邻避抗争和邻避冲突主要源于民众对邻避项目的恐惧心理。近年来，民众抵制 PX 项目的邻避抗争风起云涌且取得了一定的成功。谈到 PX 项目，人们是为之色变，唯恐避之不及。但是，对于 PX 的风险和危害，人们却知之甚少。据新京报"京报调查"的结果，"对于 PX 项目，表示'不了解'的受访者占 33.7％，仅有 12.2％的受访者'很了解'，值得注意的是，超过半数(54.1％)的受众对 PX 项目的认知'略知道一些，听别人说有环境风险'"。①这时，专家应该主动地站出来，承担专业咨询者和科普推广者的角色。专家不仅仅要客观地对邻避项目进行介绍和描述，还要评估邻避项目的风险程度。只有如此，民众才会理性地决定是否参与邻避抗争。

其次，专家参与要求专家的独立性和中立性。专家本来因其专业主义精神受到人们的尊重，但是目前我国专家的独立性和中立性正在受到各种挑战。在邻避设施的选址和兴建过程中，相当规模的民众认为政府和厂商已经形成了一种利益联盟，共同欺骗民众。如邻避设施在兴建之前必须有一个环评环节，但是民众往往对于政府的环评结果很难认同。邻避设施的环评需要相当精深的专业知识，而普通民众由于知识和信息的不对称，在环评过程中缺乏相应的话语权，这就为

---

① 高明勇.调查称过半受众仅听说 PX 有风险,不知情导致恐慌[EB/OL].腾讯网:http://news.qq.com/a/20121103/000067.htm.

政府的幕后操纵提供了充足的空间。在 2009 年广东番禺垃圾焚烧厂的环评过程中,就存在着政府官员、专家和垃圾焚烧厂商的利益联盟,这些人都和垃圾焚烧厂存在切不断的利益关系,这种环评自然难以得到民众的认同。"如今专家的独立性受到了挑战,而非专业人士乘虚而入,在媒体上充当专家的情况时有发生。这样造成的结果就是民众对于邻避项目的风险认识模糊,甚至片面地夸大了邻避项目的风险。本来科学具有辨明真伪和进行仲裁的功能,但是当各种伪科学和伪专家充斥社会时,各种环境争议就缺少了客观、公正和权威的仲裁,由环境引起的冲突也容易演变为环境群体性事件。因此,专家应该坚守其独立性和中立性,这样既能够为政府的环境决策提供专业咨询,又为公民争取合理权益提供科学依据,使环境争议回归科学和理性。"①

目前互联网上存在着各种盲目跟风的情绪,在很多情况下,这种情绪反映了民众的科学素养不高,缺乏独立的判断精神,从而会出现各种"跟风"现象。从 2003 年的"非典"抢醋、日本核辐射危机的"抢盐"风波到 2012 年的"世界末日"风波抢购蜡烛,民众的焦虑和恐慌情绪通过互联网的传播而迅速蔓延。

针对这种由缺乏科学常识和科学素养而引起的网络负面情绪,就要利用专家的知识优势,通过他们的"专业主义"来澄

---

① Xufeng Zhu,"Rebuilding Government Credibility in Chinese Environment Resident Activism",*Environment Science & Technology*,2012(46).

清事实、疏导情绪。专家参与疏导情绪,就意味着专家要承担专业咨询者和科普推广者的角色。如果专家不能及时地进行介入和疏导,一些个人就有可能趁虚而入,他们在媒体上充当专家的情况就会时有发生。这样造成的后果就是公众普遍分不清专家言论和非专家言论的界限,面对互联网上的各种不同言论,民众都倾向于"宁可信其有"的复杂心态,从而弱化了专家的理性说服和科学澄清的效果。特别是专家的缺失,使得各种网络谣言无法得到澄清,民众的焦虑和恐慌情绪会进一步增强。例如在 2011 年由日本核辐射危机引发的"抢盐风波"中,在事件发生的前期,当互联网上呈现"食盐可防辐射"的声音时,专家并没有对其进行解释和澄清,导致了民众恐慌情绪的增加,最终"抢盐风波"开始向全国蔓延。相反,之后,一些科学家通过微博和论坛等方式对"食盐并不会有助于防止辐射"进行了专业的论证,从而在相当程度上缓解了民众的紧张情绪。

专家通过提供专业咨询和科普推广等方式来缓解民众的紧张和恐慌情绪,这要注意到两个问题:第一,专家的介入要及时。如果专家不能及时地介入,一些非专家就可以借助专家的名义来误导民众,而在"首因效应"的作用之下,这些非专家的错误观点就有可能被民众视为"真理",从而增加了专家情绪疏导的难度。其次,专家要积极地利用网络平台进行介入。专家介入要坚持"从网上来,到网上去"的原则,公民的很多紧张和恐慌情绪都来源于互联网的片面宣传,因此专家也要以互联网为阵地,对负面情绪加以疏导。例如在 2011 年的

"抢盐风波"中,一些专家学者起初通过传统媒体对此进行了质疑,并没有起到良好的效果。事情的转折点是一大批的专家开通微博,并通过微博进行宣传和说明,传统媒体和网络媒体的互动和支持缓解了民众的紧张情绪。

二、健全回馈机制建设

目前,我国大规模的邻避抗争呈现出这样一种模式:"政府宣布项目的启动——民众抗议——冲突升级——政府妥协——项目停建",这种邻避抗争方式在某种程度上对于民众和厂商来说都是一种"双输"的结局。邻避项目由于成本和收益的高度非对称性,自然会受到项目所在地区民众的反对,最终能够平息民众的愤怒的措施除了邻避项目的停建之外,一个切实可行的办法就是邻避项目厂商的环保回馈,即让令人讨厌的邻避项目看起来不那么令人讨厌。

补偿或者回馈的关键是在具体操作上要有完善的机制,如在补偿的效率与公平的问题上,经济学家已经设计了一套竞标机制,设计的原则是其他条件不变的情况下,设施的建设与运作成本最低,附近居民各方面的损失要最小。在补偿方面,政府或者厂商可以考虑各种各样的补偿方式,既可以是现金补偿,也可以是提供好的工作机会,还有的通过建造公共图书馆、体育场和公共广场等方式进行补偿和回馈。

邻避项目的补偿回馈需要民众的参与,这主要基于以下几个理由:第一,民众参与可以保障这种补偿回馈反映民众的真实需求;第二,民众参与可以增加邻避项目的被接受度;第三,民众参与构建了民众和厂商沟通和对话的平台,增强了民众和厂商的信任关系;第四,民众参与减轻了政府的负担。政府作为中立的第三方居间进行调解,避免因补偿回馈的不透明而成为抗议的对象。

为了使得环保补偿或者环保回馈取得良好的效果,我们可以加强民众和厂商的谈判和协商,这点我们可以借鉴台湾的环保协议书制度。台湾的环保协议书是在民众和厂商之间通过签订环保协议,规定了补偿或者回馈的内容、兑现方式以及回馈的年限等。这种制度"希望透过社会各界的监督力量,由政府机关当公证人,由工厂居民签订'不污染后院'的君子协议书",① 目前这种制度已经在台湾宜兰与台南市有取得相当成功的案例。但是,这种制度也存在着内在的缺陷:第一,民众和厂商互不信任。厂商把环保协议书看作是"环保勒索书",而民众则认为是厂商和政府的"官商勾结书";第二,当厂商不遵守协议时,民众如何进行公力救济?虽然我国大陆目前实施环保协议制度尚存在一定的障碍,但是台湾地区注重民众参与邻避项目补偿回馈的精神值得肯定和学习。

同时,补偿或回馈应注重"事前"补偿,防止"事后"的被动回馈演变为一种"环保流氓"的过度索取。"目前的环保回馈措

① 丘昌泰.从邻避情节到迎臂效应:台湾环保抗争的问题与出路[J].政治科学论丛,2003(12).

施几乎都是事后的被动措施,绝大部分的情形大都是大闹赔大钱,小闹赔小钱"①,这也就是我们通常所说的"问题化"策略,这种情况容易造成民众和企业和政府关系的恶化。正确的补偿或者回馈策略应该是"事前"协商与约定,这种"事情"协商不仅凸显了政府和企业在应付问题方面的主动性、树立了其诚信形象,容易获得了民众的认同。同时这种"事前"协商是在和公民谈判的基础上取得的,这种补偿或者回馈方案容易获得民众的认同和支持,从而最大程度地避免了民众漫天要价的情况。

但是,补偿也并不总是解决邻避冲突的最佳手段,甚至还受到质疑。有的学者研究认为,虽然采用补偿策略可以减少邻避冲突,但针对具备高风险的邻避设施,如高放射性核废料处置等,采取补偿措施通常是无效的。此外,在公民社会,具有强烈责任感的居民通常会抵制补偿或回馈,他们会把补偿或回馈视为一种不道德的贿赂行为,接受补偿或回馈意味着接受贿赂,这样有时候增加补偿的诱因并不一定会增加居民对于邻避设施的接受程度,在某些问题上,探讨如何减少风险有时比探讨如何补偿可能更为有效。因此,解决邻避冲突还需要其他的策略相配合。

三、完善风险沟通机制

(一) 有效的风险沟通设计

在科技主宰的氛围下,政府在邻避设施的规划过程中,更

---

① 丘昌泰. 从邻避情节到迎臂效应:台湾环保抗争的问题与出路[J]. 政治科学论丛,2003(12).

多的是把专家所提供的科学知识与技术方案作为决策的重要
参考依据和正当性基础,专家的权威不可置疑。但问题在于
大众不是单纯的容器,不会被动和无知地接受风险的解释,如
果缺乏完善的风险沟通机制,就会造成一般民众、专家与政治
精英对于"风险"内涵不同的诠释和理解。① 这会大大强化民
众对邻避设施的猜疑心态,增加了邻避冲突的概率。"例如在
上海磁悬浮事件中,即使上海环保局表示:大众不要凭感觉认
知风险,需要科学的认识,经过大量的科学检测和论证,并且
通过对已经建成的磁悬浮进行检测,在 3—5 米以外磁悬浮辐
射的影响是非常小的。但是附近小区居民就是从感觉上不相
信政府说法和科学的检测"。②

实际上,对风险的认知并不是价值中立的,它不但受文化
决定,也在具体的社会和政治情境中被建构出来,风险沟通是
一个复杂的过程,是所有参与者信息、意见和价值互动的过
程,并需要相互的尊重和信任。因此,我们需要构建有中国特
色的有效风险沟通机制,这将是缓解邻避冲突的一项重要策
略。比如,建立邻避性公共数据库,收集各地的类似项目的典
型案例,分析其时间维度、安全维度、环保维度以及效益维度,
来减轻公众心理上的恐惧和反抗,提高其接受的意愿;另外,
明确风险补偿标准及安全、环保标准,尽量使得收益—成本公
平分配,从原因上解决由利益矛盾产生的公平正义问题。

---

① 马奔,王昕程,卢慧梅.我国邻避(NIMBY)冲突的典型案例分析:原因、
困境与治理策略[A].北京:公共领域中的冲突解决:理论与实践,2012—11—17.
② 杨传敏.上海磁悬浮扩建引发争议[N].南方都市报,2008—1—13.

（二）政府要进行积极的政策营销和政策对话

邻避冲突往往是由于民众对邻避设施的不了解或者是对风险过高的评估而引起的。如果想化解邻避冲突、降低民众对邻避项目的担忧和恐惧,政府就应该对民众进行政策营销（Policy Marketing）和政策对话,通过这种对话和沟通,降低民众的主观风险心理。

政策营销就是把有关邻避项目的各种信息,包括邻避项目的成本和收益以及存在的各种潜在风险等告知民众,从而获得民众的认同。有的学者指出:"只有运用社会营销观点来推行公共政策,才能让大众与政府共同重视环保政策。因此,我们要发展基于利益相关者的政策过程"。① 这种策略只有根据风险团体的结构特征进行营销,才能实现政策营销和政策对话的可能。在邻避项目上,政府总是依据"最小阻力"原则选择那些最无力抵抗、所需赔偿也可能最低的地区,因此邻避冲突的受害者往往是一些偏离市区、受教育程度较低的社会弱势群体。这一特性意味着,政策营销要走进基层,以基层群众喜闻乐见的方式出现,而不应该太过于依赖官方的书面资料。过去多起邻避冲突的爆发都源于政府政策营销的失败,政府往往把邻避项目的立项和环评等环节仅仅通过政府网站或者其他民众不是十分关注的方式进行公告,民众可能

---

① John A. Altman, Jr. petkus, "Toward a Stakeholder-based Policy Process: An Application of the Social Marketing Perspective to Environmental Policy Development", *Policy Science*, 1994(2).

对邻避项目依然一无所知。因此,政府为了增强政策营销的能力,应该采取多种方式和途径发布信息,如不仅要通过电视、报纸、广播和互联网等媒介进行信息公开,还要充分利用社区的公告栏等社区公共空间进行公示,甚至政府还应该利用各种社区资源组织民众进行面对面的沟通。现在面临的问题是政府是否有足够的意愿进行政策营销和政策对话? 如今的邻避抗争和邻避运动有愈演愈烈之势,政府为了最大限度地减少民众的反对,更倾向于隐瞒邻避项目的各种潜在危害,这又会进一步地刺激民众的邻避抗争,在现实中已经形成了一种恶性循环,解决之道关键是看政府是否有真正的政策营销与对话的意愿和魄力。

第二节　重塑政府公信力

民主政治社会,政治统治的合法性依赖于政府因其良好的信用状况,得到公众的支持和拥护。当公众撤回对政府的信任、拥护和支持时,政府公信力也就相应地降到了冰点。因此,政府公信力是政府信用和公众信任的统一体,它事实上涵盖了两者的全部内容。政府公信力就是政府因其良好的信用状况,在履行职责的过程中,获得公民信任、拥护和支持的能力。其中"政府公信力"的基础是政府自身的信用状况,它的核心是公众的信任和信赖。政府虽然是公信力的直接受益者,但公民和社会才是政府公信力的最终受益者。然而,目前从世界范围看,政府公信力的式微已经成为一种普遍性的现象,正如第七届全球政府创新论坛在其通过的《提高政府公信力维也纳宣言》的序言中所指出的:"今天,提高政府公信力已成为一个全球关注的问题"。在构建政府公信力的过程中,必须坚持一定的价值维度,那就是有限、法治、透明和回应的价值取向①。

一、政府公信力的价值之维

(一) 有限性

现代民主政府必须是一个权力有限的政府。一方面,有限政府意味着政府的权力不仅要受到宪法、法律的制约和限制;另一方面,有限政府更意味着,政府的权力只能在"公域"范围内发挥作用,还有一些领域是公权所不能达到的地方,这就是所谓的"私域"。"私域"是公民自治的空间,是公共权力应该止步的领域。权力具有自我扩张的特性,如果不对政府权力进行必要的分割和限制,它便会对社会进行无孔不入的渗透,将整个社会囚禁在政治权力的管辖之下。公民的自由和权利也将因此而无法得到保障,他们和政府的信任关系便会随之瓦解,甚至会影响到政治统治的合法性。

有限政府是和全能政府相对应的。全能政府就是政府权力无所不在、无所不及,整个社会都将湮没于政治国家的威权

---

① 朱玉芹,徐祖迎.政府公信力的价值之维[J].党政论坛,2010(5).

之下。在全能政府下,政府的权力可以不受限制地渗透和控制到社会的每一社会成员。全能政府是和现代民主政治的要求格格不入的,它虽然也可以带来某种效率和福利,但却造成了公民在政治面前的普遍侏儒形象。因此,随着社会的发展,从全能政府走向有限政府的进程是当今我国政府创新的主要趋势。

　　有限政府的思想是洛克首先提出来的,虽然他并没有提出有限政府这一概念。有限政府的首要含义就是要对政府的权力进行限制,使它受到宪法和法律的制约。"权力导致腐败,绝对的权力导致政府的腐败",这是政治学中一条万古不易的真理。要防止和限制政府的腐败,就要实行宪政,服从法律的统治。洛克认为要通过法治原则来规范政府权力运作与权力范围。他指出"使用绝对的专断权力,或不以确定的,经常有效的法律来进行统治,两者都是与社会和政府的目的不相符合的";"统治者要以正式公布的和被接受的法律而不是临时的命令和决议来进行统治①"。在有限政府下,必须要在政府和社会之间划分一条合理的边界和范围,这是政府权力应该止步的地方。公民和政府各有自己的活动领域,它们的范围由法律加以规定,双方都不能越过这一边限,否则就是侵权。政府被严格要求在宪法和法律规定的边限内行动,而不能越过这一界限,这就是有限政府的基本意义。通过宪法和法律来控制国家或政府权力是宪政一词的较为原初的含义,

---

　　①　洛克.政府论(下篇)[M].叶启芳,瞿菊农译.商务印书馆,1964.85—86.

也是宪政的一种价值追求。通过宪政这种制度政府的权力就被严格地限制在政治行政领域。

另一方面,建设有限型政府还必须分解政府权力,并使之相互制约和平衡。这就是要对政府的权力进行肢解,使政府或部门的决策权、执行权和监督权分开并达到相互制约和平衡。对我国现实的权力运行过程进行分析后,就会发现,在权力运行过程中,一个很大的弊端就是行政权力运行缺少制约和监督机制。权力制约就是权力运行的协调监督控制活动。当权力运行过程中出现倾斜、梗阻、滥用等低效现象,制约机制即迅速做出反应,或予以警告或予以纠正。加强对权力的制约和监督是社会主义民主政治建设的重大任务。权力有着自我膨胀的倾向,当政府权力集中在一个人或一个部门手中的时候,自由便无法得到保障。对此,美国政治思想家汉密尔顿指出:"任何权力都有侵犯性,为了防止权力之间的相互攻击和侵犯,有两点是不可缺少的:其一,以权力制衡权力,以法迫使任何一权都无法摆脱来自另一权的牵制;其二,以权力制止权力,以确定的政治体制确保每一权都有抵制和防御另一权侵权的法定权能,而且防御规定必须与攻击的危险相称。①"可见,权力制约和监督可以有效地防止政府权力走向某种专横和绝对,是对公民权利的一种保护。

另外,"以社会制约权力"可以通过各种非政府组织和个人的积极参与,对政府权力形成制约,保障公众的合法权利。

---

① 汉密尔顿.联邦党人文集[M].程逢如译.商务印书馆,1982.264.

公民社会的崛起是制约政府权力的有效手段。公民社会既是民主政治发展的必然结果,也是保障民主政治健康发展的有力保障。公民社会依托各种非政府组织,将分散的公民个体组织起来,实现公民有效而又有序的政治参与。它可以进一步地激发公众政治参与的意识和培养他们的政治参与能力,实现对政府权力的约束和对自身权利的保护。这样就在政治和社会之间划分了一条明确的界限,其中政府和公民社会在各自的领域内都将发挥主导作用,即"上帝的归上帝,凯撒的归凯撒"。

(二) 法治性

现代民主政府必须是一个依法行政的政府。在任何行为中,政府都应当根据宪法、法律、法规以及法律精神来为人民服务,照法律的原则来公正地处理和裁决案件。摆脱人治,建设法治政府,是现代民主政府的基本要求。法治的直接目标是规范公民的行为,管理社会事物,维持正常的社会生活秩序;但其最终的目的则是保护公民的权利和自由。如果一个社会的法律制度遭到了肆意的破坏,整个社会便会要么进入到政府权力无所不及的极权社会,要么退化到霍布斯所描绘的"人与人之间混战的丛林状态"。而这两者都不是我们所希望看到的。因此,"法治政府"不仅要规范公民的行为,更主要的是制约政府的权力。从这个意义上说,一个国家依法行政的程度决定了政府公信力的高低。法治的最初意义就是法律的统治。

在古希腊,强调法治的思想由来已久。亚里士多德认为:"法治优于一人之治","要想使事物合乎正义,必须有毫无偏私的权衡,法律恰恰正是这样一种合乎中道的权衡。"他还明确地阐释了法治的意思:"法治应包括两重重要意义:已成立的法律获得普遍遵从,而大家所服从的法律应该本身是制定良好的法律。①"之后的法治实践都是在亚氏所指引的道路上曲折前进的。特别是经过启蒙运动的洗礼,启蒙主义者在民主、科学、博爱旗帜的引领下吹响了反封建的集结号,法治思想逐步开始深入人心。正如启蒙主义者所宣称的那样:"在专制政府中,国王便是法律,同样地,在自由国家中法律便应成为国王。②"启蒙主义者基本上都是在捍卫个人自由、保护私有财产的基础上来论述法律积极作用的。孟德斯鸠指出:"自然法就是人的理性,它起源于人们生命的本质。在自然法基础上还存在着由人的理性所决定的人定法。封建专制制度既不符合自然法也违背人定法,从根本上是违反人类理性的。国家不是源自上帝而是一切个人力量或意志的联合,因此,法的精神是不强迫任何人去做法律所不强制他做的事,也不禁止任何人去做法律所许可的事。只有这样才是合乎自然法即合乎人的理性的。③"这样,启蒙主义者就在社会上广泛地洒下了法治的种子,这种种子一遇到春风的洗礼就会破土发芽。

①　亚里士多德.政治学[M].颜一,秦典华译.中国人民大学出版社,2003.40—44.
②　潘恩.潘恩选集[M].马清槐等译.商务印书馆,1982.35—36.
③　孟德斯鸠.论法的精神[M].张雁深译.商务印书馆,1987.154.

在我国，由于受传统政治文化的影响，人治思想根深蒂固。我国的法制建设之路也相应地极为坎坷不平。邓小平曾经说过："旧中国留给我们的，封建专制传统比较多，民主法制传统很少。解放以后，法制很不完备，也很不受重视"。亲身经历过"文化大革命"的邓小平对法制被任意地践踏的现象有着切肤之痛。"文革"结束后，邓小平多次强调："要讲法制，真正使人人懂得法律，使越来越多的人不仅不犯，而且能积极维护法律。①"他还说："我们要在全国坚决实行这样一些原则：有法可依、有法必依、执法必严、违法必究，在法律面前人人平等。"江泽民在党的十五大报告阐述了"依法治国"的思想，第一次正式地把依法治国思想写进了党的文献。他指出，依法治国，就是广大人民群众在党的领导下，依照宪法和法律规定，通过各种途径和形式管理国家事务管理经济文化事业，管理社会事务，保证国家各项工作都依法行，逐步实现社会主义民主的制度化、法律化，使这种制度和法律不因导人的改变而改变，不因领导人看法和注意力的改变而改变。此后，我国的法制建设取得了长足的发展。党的十七大再次提出了全面落实依法治国基本方略，加快建设社会主义法治国家的思想。胡锦涛在党的十七大报告中指出，依法治国是社会主义民主政治的基本要求。要坚持科学立法、民主立法、完善中国特色社会主义法律体系。加强宪法和法律的实施，坚持公民在法律面前一律平等，维护社会公平正义，维护社会主义法制的统

---

① 邓小平. 邓小平文选(第 2 卷)[M]. 人民出版社,1994.254—332.

一、尊严、权威。习近平在党的十九大报告中明确提出，全面依法治国是中国特色社会主义的本质要求和重要保障。必须把党的领导贯彻落实到依法治国全过程和各方面，坚定不移走中国特色社会主义法治道路，完善以宪法为核心的中国特色社会主义法律体系，建设中国特色社会主义法治体系，建设社会主义法治国家，发展中国特色社会主义法治理论，坚持依法治国、依法执政、依法行政共同推进，坚持法治国家、法治政府、法治社会一体建设，坚持依法治国和以德治国相结合，依法治国和依规治党有机统一，深化司法体制改革，提高全民族法治素养和道德素质。

（三）透明性

现代民主政府必须是一个阳光政府。"阳光之下无细菌，阳光是最好的防腐剂"，这是政治学的一个永恒公理。一个健康的政治肌体也同样必须经常经受阳光的暴晒。人民对政府有知情权，政府有向人民公开政务信息的义务。因此，政府必须经常、及时地公布政府信息，保障公民的知情权。政府公信力的核心就是公民对政府的信任和信赖，而信任的基础则在于信息的公开。可见，透明性是提升政府公信力的必然要求。是否尊重公民的知情权、保证政府信息的及时性、公开性和透明性是衡量政府公信力的一个重要标准。人民作为国家的主人不仅有"知的需要"更有"知的权利"，相应地，作为人民代理人的政府就必须要尽告知的义务。现阶段，公众的"知的需要"逐渐被"知的权利"所代替，政府必须要为公众对它的怀疑和要求做出解释而不能有所隐瞒。

经济学家斯蒂格利茨认为："公众为政府官员收集的信息负担成本，故信息理应属于公众所有；这和政府的桌椅及建筑设施以及其他固定资产为公众所有是类似的。①"既然政府信息为公众所有，政府就必须采取措施来保障公众的知情权。知情权是指公众对与他利益相关的信息有了解、查询并要求政府予以公布和回答的权利。在现代民主条件下，保障公民的知情权已经成为所有民主国家的共识。美国宪法之父詹姆斯·麦迪逊曾经说过："一个信息不普及的，或者无法去普及信息的，所谓的人民的政府，只能是一场闹剧的开头或者是一出悲剧的序幕，或者两者兼而有之。知识永远统领着愚昧。一个国家的人民要想成为自己的主人，就必须用知识赋予他们的力量来武装自己。②"然而在历史上，政府官员出于某种神秘感和官僚利益从来就无意开放信息，但随着民主政治的发展，政府官员们发现试图继续统治对政府信息的垄断权变得越来越困难了，公众迫切希望政府制定相应的政策和法律来保障他们的知情权。

2007年4月《中华人民共和国政府信息公开条例》（以下简称《条例》）的通过对我国公共行政的发展有着深远的意义，这是我国历史上第一部政府信息公开的条例，也是我国

---

① 斯蒂格利茨.宏观经济学[M].黄险峰，张帆译.中国人民大学出版社，2002.104.

② 马国泉.行政伦理：美国的理论与实践[M].复旦大学出版社，2006.172—173.

立法史上第一步保障公民知情权，建设透明行政的专门法规。从此以后，公众就可以按照条例的规定，向政府申请获取相关的公共信息，而政府则不得拒绝。自《条例》实施以来，政府的所有活动就必须经常暴露在阳光之下，除非有某种特定的事务，如军事秘密、贸易秘密、个人隐私等，政府的所有信息都必须向公众公开，接受公众的质询和监督。《条例》的施行有利于减少政府的暗箱操作行为，主动接受公众的监督。

正如国际反腐组织"透明国际"的一项报告中所引用的一句话："公开性被推荐为治疗社会病和工业病的良方，阳光则被认为是最好的消毒剂，灯光为效率最高的警官。"《条例》的颁布和实施无疑是我国走向政务公开、保障公民知情权的重要里程碑，同时，它也是向阳光型政府迈进的至关重要的一步。

（四）回应性

现代民主政府必须是一个强回应性政府。政府对公民要求的敏感性和回应性，是服务型政府的核心内容。回应性是指"公共管理机构和人员必须对公民以及其他社会组织的要求作出及时的和负责的反应，包括定期地、主动地向公民征询意见、解释政策和回答问题，不得无故拖延和没有下文"①。政府要满足群众日益增长的公共产品的需要，必须要在充分

① 马运瑞. 中国政府治理模式研究［M］. 郑州大学出版社，2007. 16.

了解群众偏好的基础上对其做出迅速回应。"一个有效的政府对于提供物品和服务——以及规则和机构——是必不可少的,这些物品和服务可以使市场繁荣,使人民过上更健康、更快乐的生活。①"

事实上,世界上大多数政府也都努力回应公民的需求,并采取措施来实现公众的诉求。现阶段,要增强政府的回应性,构建服务型政府就成为时代的要求。服务型政府在根本性质上与传统的统治型政府和管制型政府的性质相反,它将彻底抛弃旧的治民观念或"为民作主"的观念,而确立为民服务和"人民作主"的理念。相应地,作为规范政府权力、维护人民和社会自由权利的法律,也在制度上切实保障服务理念贯穿于公共权力运作的全过程,严防政府凌驾于社会之上,成为驱使社会公众的力量。"服务"理念是服务型政府的核心。这种新型的政府理念与传统的政府理念是截然不同的,它强调以公民为本位、以服务为宗旨,特别重视服务在政治统治和社会管理中的核心地位。在服务型政府下,提供公共产品和公共服务将成为政府的主要使命,政府将主要通过服务而不是管制来维护自己的执政地位。目前,建设服务型政府已经成为各级地方政府改革的重要目标,从这个意义上说,是否能够了解公民的需求并对其做出回应也是衡量政府公信力的一个重要标准。

---

① 世界银行.1997年世界发展报告:变革世界中的政府[M].中国财政经济出版社,1997.1.

二、加强网络监督

随着互联网技术的迅猛发展以及网民数量的激增,网络与现实社会的互动日益深入,互联网已成为群众进行"意见表达"的重要"舆论场",也是公民实行民主监督的重要通道。网络舆论正以其强大的精神力量,在对国家权力和公共事物的监督方面发挥着重要的作用。重塑政府公信力,就要加强我国的行政问责方式的力度,我国的行政问责方式经历了一个从网下到网上的伟大嬗变,网络监督是我国监督体系的重要一环。网络监督主要是基于我国已经进入了网络社会的客观事实。在网络社会,信息占有不对等的状况得到根本改变,草根阶层也因此获得了信息创造和信息传播的权力。社会的治理模式也实现了由"全景监狱"到"共景监狱"的根本性改变。与此相适应,行政问责方式也相应地适应了这种转变,实现了从网下问责到网上问责的伟大嬗变。如果说,网下问责体现的是一种国家主义和精英主义倾向的话,网上问责则体现的是一种市民主义的倾向。

(一)网络监督及其特征

纵观人类的政治文明发展史,行政问责方式历经了多次嬗变。特别是资本主义民主政治体制的建立极大地丰富了人们行政问责的实践,在这种问责系谱上,人们可以根据需要选择多种"工具"来进行民主监督和责任追究。然而,无论是行政系统内部的上级行政机关问责还是行政系统外部的政党问责和一般的社会问责，从本质上说都是一种"精英问责"模式。由于资讯的不发达，公民个体对政府的监督往往由于各种各样的原因而往往难以落到实处，少数精英由于拥有和控制大量的资讯及其传播方式，往往充当公民民主监督和责任追究的中介。毋宁说，原子化的公民个体正是通过少数精英而实现对官僚机器的控制，而精英群体总有一种想摆脱公民的控制和束缚的天然冲动。在这种控制与反控制的多重博弈过程中，少数精英总能够找到机会重新设置议程，过滤公民的议题并决定了问责的方式和效果。因此，这种问责方式深深地打上了精英政治的烙印。然而，在网络媒体语境下，这种"精英问责"方式遭到了根本挑战。可以说，传统的舆论监督体现了国家主义和精英主义的意旨，而网络监督的话语权则是市民主义的，话语权力经历了由集中逐步走向泛化和分散。正如美国未来学家约翰·奈斯比特在所预测的那样："在立即可分享信息的时代，代议民主制已经过时，参与式民主变得更加重要①。"在网络时代，网络舆论监督兼具"显微镜"和"放大镜"的双重功能。"网络显微镜"使得政府官员"猫腻"行为很难逃过网民的"火眼金睛"；"网络放大镜"也使得政府官员的不称职行为被即刻聚焦并被无限放大。可以说，网络舆论监督极大地提升了网民的话语权。

---

① 约翰·奈斯比特.大预测：改变我们生活的十个新趋向[M].孙道章等译.北京：新华出版社，1984.28.

　　所谓的网络监督,就是民众以互联网为平台,通过网络技术,对国家政治、经济、法律、文化、教育、行政等活动进行褒贬与评价,对社会管理者行使管理权力的行为进行监督的过程①。可见,网络舆论监督的兴起是网络技术的进步以及民主政治发展的结果。网络媒体的开放性、交互性、隐匿性以及双向传播性特点使得普通个人能够轻松获取在传统的媒体无法得到的海量信息,打破了社会精英对信息的封锁和控制,彻底逆转其信息占有上不对等情况。在网络时代,社会治理模式经历了从"全景监狱"到"共景监狱"的根本性转变②。普通公民在创造资讯的同时,也在复制、传播着这些资讯,并积极地参与到公共事务的讨论。纵观最近几年的网上公共冲突性事件,网络舆论在群众的"意见表达"和民主监督方面都发挥了重要作用。2008 年的"周老虎"事件、"三鹿奶粉"事件、"天价香烟"事件……;2009 年的"云南躲猫猫"事件、"习水嫖宿幼女案"、"邓玉娇案"……;以及广西"日记门"事件、重庆"风水门"事件……,类似事件的出现和解决都和网络的介入密不

---

　　① 周可达. 网络舆论监督及其规范[J]. 学术论坛,2009(7).

　　② "全景监狱"是福柯对人类社会控制方式的一个比喻。福柯认为,在传统社会,社会管理者主要是通过信息不对称而实现社会管理的。这种管理结构与古罗马人的金字塔式的监狱十分相似:犯人被监禁在不同的牢房中,而狱卒则站在牢房顶端的观测室,这样,狱卒就可以轻松地检测到犯人的一言一行,犯人则看不到狱卒,即使是狱卒在偶尔缺席的情况下,犯人也一无所知,并且遵守着同样的规则。它用来比喻在网络社会之前,公民和政府由于信息占有的不平衡,而很难有效地发挥监督作用。与此相对应,"共景监狱"则是一种围观结构,它是对信息资源垄断的"全景监狱"的一种反动。在这种结构之下,管理者和公民之间的信息占有和分配实现了相对的平衡,政府时时刻刻处于网民监督的"天网"之中。

可分。这些事件均是网友通过发帖、灌水、置顶等方式来吸引更多群众的讨论和声讨,从而形成了强大的网络舆论,随后这些事件开始以几何级的速度在网上传播,引起了社会的广泛关注,形成了政府和社会舆论的"对峙",并最终得到了政府的回应。可以说,网络舆论监督是社会主义民主监督的一种重要形式,它在一定程度上丰富了民主监督的内涵,与一般的舆论监督相比,有以下显著特点:

1. 监督主体的广泛

行政问责首先要面对的就是谁来问责的问题。"中华人民共和国的一切权力属于人民",这就从法律层面上肯定了我国全体公民的问责主体地位。然而,由于前述的资讯不对称等问题,原子化的公民在实际的政治生活中监督往往出现监督缺位的现象。我国的网民人数众多,并且分布于社会的不同地域、阶层、行业和年龄的等。这些数目巨大的网民是我国的网络舆论监督效果能够有效发挥的重要保障。在传统的舆论监督生态环境下,群众可能会由于信息的封闭而不能监督;或者是由于高昂的监督成本而不愿监督;或者是害怕遭到被监督人的打击报复而不敢监督。而在网络时代,所有的这些问题都可游刃而解。

首先,网络技术的发展将使得信息的获取更加方便和快捷,没有任何的个人及组织再能够控制和垄断信息的生产和传播,这将打破社会精英对信息的封锁和控制现象。只要网民愿意,他随时都可以到互联网上搜索到他感兴趣的话题和信息。

其次,网络舆论监督降低了传统舆论监督的成本。在网络时代,大部分的网民足不出户就可以轻松获取到所需的信息,这就在很大程度上打破了传统舆论监督的疆域限制,网民只要在电脑上轻点鼠标就可以对失职官员进行拷问和追究,这将极大地降低了监督的成本。

再次,互联网的匿名性、虚拟性、隐蔽性和自由性等特点使网民有了一个"背后说话"的机会,在意见表达和民主监督时可以畅所欲言,而无需担心遭到报复和打击。可以说,网络培育了一批"市民记者",网民可以通过键盘轻松地举报腐败官员,并且追查真相,一种原子式的舆论监督方式正在不断地改善原有的政治生态。在网络时代,正如尼葛洛庞蒂指出的那样,每一个拥有互联网的人都有可能成为一个没有执照的电台,任何政府官员若想仍然采取以往那种集权式的控制方式与群众"隔绝",几乎已无可能。

2. 监督通道的兼容

网络技术的发展以及网络的普及,为网民的上网以及民主监督提供了便利的条件。在现阶段,网民主要是通过以下通道来进行意见表达和民主监督:

(1) 论　坛

论坛是一个开放的"时代广场",各种不同的观点和意见都能够在这里交流和碰撞,特别是一旦遭遇到公共事件,它能立刻吸引庞大的人群参与讨论,引起网民的广泛注意,并且很快上升为网络热点问题。可以说,论坛已经成为网民进行意见表达和民主监督的主要推手。如在"躲猫猫"事件中,天涯社区的"天涯杂谈"就迅速成为舆论监督的主战场。事件发生不久,网友"COCO研"在天涯社区发表了《今天你躲猫猫了么? 云南看守所身亡,民警称其"躲猫猫撞到墙"》的帖子,引起了人们对"躲猫猫"的热议。据笔者统计,截止到2009年6月5日22时30分,该帖子的点击率已经达到了46820,回帖数也达到了1042。有网友就表示,如果相关部门面对舆论监督老是"躲猫猫",公众的知情权如何得到满足? 最终,在网民强大的舆论压力之下,事实真相终于水落石出,晋宁县公安局和看守所的相关领导人和值班民警也受到了相应的惩罚。

（2）博　客

互联网的兴起培育了一批"市民记者",许多网民通过个性化的写作模式在网络上开博,并就相关的问题进行讨论。许多社会名流也开始在网上开博,他们以其强大的个人魅力和社会感召力往往对网民具有极大的吸引力和煽动性,直接地推动了网络事件的发展。在今年许多网络热点事件中都能看到博客所发挥的独特作用。例如在"邓玉娇案"、"杭州飙车案"、"死角角事件"、"日记门"事件以及"风水门"事件中,许多"意见领袖"都及时在网上开博,并对涉案官员进行了道德拷问,直接把涉案官员推进网民所精心编织的"监督之网"。

（3）MSN 和 QQ（群）

论坛和博客是一个民意聚集的"时代大广场",在这个"大广场"中,人人都可以就某一感兴趣的问题的展开讨论和激辩,而不论其是否相识。MSN 和 QQ 群不同,它们则是一个"温情的咖啡馆"。在这个"咖啡馆"里,它是熟人之间进行信息交流和情感慰藉的舞台。因此,它比广场要相对保守。但是,许多信息和内幕却能够通过一个 MSN 和 QQ 群传播复制到其他的 MSN 和 QQ 群,无数个 QQ 群就像许多全球连锁的咖啡馆,迅速地把信息和新闻传播到世界各地。从一定程度上说,QQ、MSN 改变了中国人的交往方式,形塑着新型的社会关系。MSN 与 QQ 群也能通过信息的传播和复制在较短的时间内形成强大的舆论压力,并会进一步地刺激这些 MSN 和 QQ 群用户到相应的论坛和博客寻找感兴趣的话题。如 2009 年唐福珍"自焚"事件中,网名叫做"公民报道者"的网民在该事件发展为社会热点方面发挥了重要作用。在"公民报道者"介入该事件以前,社会上其他网民对于该事件的了解极为有限,在了解情况后,他立刻在自己的博客里发帖,并且在上百个记者"QQ 群"里推荐这条新闻线索,从而使这一事件在网络里"引爆"①。

(4) 微　信

微信已经成为公众进行情感互动和信息交流的重要平台,它凭借其强大的功能以及低廉的成本和较大的方便性获得了各个阶层的青睐。很多邻避冲突在微信群里得到广泛的讨论,极易形成人们的情感共鸣。因为同一微信群的成员往往有相似的生活经验、共同的学识背景或者较为一致的兴趣爱好等,因此微信作为一个网络监督平台对于政府官员的监督具有重要作用。许多地方政府也认识到微信公众号对于监

---

① 陈阳波. 谁是"网络风暴"幕后推手[J]. 人民论坛,2010(4).

督的重要意义,纷纷建立微信平台公众号,公开群众关注多、疑问多的重大决策,并征求群众的意见,接受群众的监督。

2. 监督成果的高效

如今,网络舆论监督的效果已经逐步地显现出来。《人民论坛》杂志社曾经于 2010 年 4 月联合人民论坛网、人民网和腾讯网等多家媒体做了关于"当代中国官员的'网络恐惧'"调查。调查结果显示,70％的调查者认为,当代中国关于患有"网络恐惧"症,60％的受调查者表示"担心工作疏漏等不良现象被曝光,影响前途"①。这项调查充分地说明了网络舆论的监督正以一种势不可挡的力量来发挥其威力,给许多政府官员带来很大的压力和心理威慑。网络具有"显微镜"和"放大器"的双重功能,政府官员的任何违法违纪行为都有可能处在镁光灯之下,并被迅速聚焦和无限放大。网络舆论监督正在改善着我国的政治生态环境,成为了国家政治生活函数当中的重要变量。

随着网络技术的发展,互联网的使用成本不断降低,越来越多的社会底层开始加入到网民的大军中来。在网络时代,网络舆论监督无所不在,俨然是一种群众监督的"天网"。网络舆论充当了社会预警的监测灯、社会矛盾的调节器和社会舆论的添加剂,它可以让真相重见天日,它也可以让腐败分子无地藏身。从 2008 年起,"网络问责"事件开始排浪式地出

---

① 人民论坛问卷调查中心.多少官员患有"网络恐惧"症[J].人民论坛,2010(5).

现,它作为一种"新生事物"已经得到了社会的广泛认同。被"问责"者受到查处的速度越来越快,力度越来越大。从"天价烟"、"死角角"、"日记门"、"风水门"等网络名词可以看出,网络的监督效果十分明显。

如南京市江宁区房管局局长的周久耕就曾经因为其不当言论,引起网友的愤慨。随后,网友经过人肉搜索发现周久耕抽天价烟、戴名表、开名车的事实,引起社会舆论的极大关注,网友送其"最牛房产局长"、"天价烟局长"等多个极富讽刺意义的称谓。网友"华阁"在天涯社区发表了《赞一下那个要处罚低价售房的局长,看人家抽的烟》的帖子,第一次指出周久耕抽"九五之尊"天价烟。当天,网友的点击率就超过 7 万,回复近 2000 条。强大的舆论压力迫使南京市中级人民法院对周久耕作出判处 11 年有期徒刑的判决。在庭审时,"网络太厉害了"一语道破了周久耕们的心声。"天价烟"事件把 2008年的网络问责推向了高潮,周久耕也可以称得上是网络反腐快速落马的第一人。

（二）正确地处理好几组关系

事实上,网络媒体的监督是一把双刃剑,它有推动人类的民主政治建设的一面,同时也常常伴随着谣言和非理性,甚至是对公民个人权利的侵害。网络媒体监督是我国社会主义民主政治建设的重要组成部分,但如果处理不当,它也会梗阻我国的民主政治建设过程。因此,在强调网络监督价值的同时,也要学会正确地处理好网络监督与网络暴力、网络监督与媒体审判以及网络监督与传统媒体监督的关系。

1. 网络监督和网络暴力

近年来，在许多网络热点事件中往往都能发现网络暴民的身影。虽然并不是所有的人都认同这种说法，有人认为"网络暴民是个伪命题，如果我们把注意力过分集中在这个词汇本身，不但偏离解决问题的方向，而且我们自己也容易陷入以暴易暴的尴尬境地。"①但是，网络事件中往往充斥着暴力现象却是不争的事实。

网络暴力主要表现为一种群体暴力，是群体非理性的表现。根据社会心理学研究，在言论广场上存在着"人云亦云"现象，个人的理性往往让位于群体的非理性。法国社会心理学家勒庞第一次对群体心理进行了系统的研究。勒庞认为，人作为行动群体中的一员，他们的群体心里和个体心里有着本质的区别。在独处时，他们往往是独立、个性、有理性的。一旦加入群体，他们就会变成一群"乌合之众"。勒庞指出："群体是冲突、易变和急躁的；群体易受暗示、轻信；群体既可能表现出极低的道德水平，也可以表现出根本达不到的崇高②"。无独有偶，与他同时代的涂尔干（E·Durkheim）提出的"集体表象"概念，以及荣格（C·G·Junk）的"集体无意识"概念，都和勒庞的群体心理研究大致相同。在网络时代，许多网民因网络的匿名性、开放性及相互交互性等特点，而可以在

---

① 李方. 直斥网络暴民相当于以暴易暴[N]. 南方都市报,2006—6—16.

② 古斯塔夫·勒庞.乌合之众——大众心理研究[M]. 冯克利译. 北京:中央编译局出版社,2005.12—41.

网络虚拟世界中尽情狂欢,网民也可以把他们在现实社会生活中的种种失意和不满带到网络中去,加上一些社会不公现象刺激着网民的正义神经,这样的一种环境更容易使网民聚合为一群"乌合之众",群体心理的影响也就格外突出。因此,理性从来不是网络社会的通行证,不少网民往往会在从众心理的驱动下,做出平时个人独处时所不能做出的极端行为。

网络暴力往往也是网络群体极化现象的一种表现。美国芝加哥大学教授凯斯·桑斯坦在《网络共和国——网络社会中的民主问题》一书中首次提出了群体极化概念。桑斯坦指出:"群体极化的定义极其简单:团体成员一开始即有某些倾向,在商议后,人们朝偏向的方向继续移动,最后形成极端的观点"。[①] 这也就是说,本来就有某种倾向的个体在参加群体讨论后会固化自己的最初倾向并逐步走向极端。在网络社会,网民更容易找到自己有归属感以及有共同爱好和话题的群体,因此,群体极化现象更加凸显。通过对 60 个政治网站的随机研究,凯斯·桑斯坦指出,群体极化倾向在网上发生的比率是现实生活中面对面时的两倍多。[②] 群体认同是网络群体极化倾向的重要因素。在网络中,网民往往总能发现某些网站和群体和自己的观点接近,并在多次群体对话中形成了自我肯定。这样导致的结果就是网民容易固执己见,听不进

[①]　凯斯·桑斯坦.网络共和国——网络社会中的民主问题[M].北京:上海出版集团,2003.47.

[②]　凯斯·桑斯坦.网络共和国——网络社会中的民主问题[M].北京:上海出版集团,2003.51.

不同的观点和建议。这样，一些言语虽然超出了人们的理性分析和正常判断，但却往往能得到其他网民的认同，一旦遇到挑唆和鼓动，就有可能行使网络暴力行为。也许在他的眼里并没有什么不对，因为他的行为得到了与他有同样观点的网民的认同和支持。

网络在发挥舆论监督的同时，也要努力地抵制甚至消除网络暴力现象。网络暴力的实质是对公民个人权利的极大侵害。政府官员虽然作为公共利益的代表，要时时刻刻接受群众的监督，但他们也拥有有限的隐私权，他们的个人权利同样不可侵犯。在网络中我们经常可以看到，一旦政府官员没有坚守住道德底线，其行为挑战了群众了脆弱的神经并引发为社会热点问题时，就会遭到网民的唾骂和羞辱。网民的这种言语暴力其实也是对涉案官员个人尊严权的挑战。并且网民还会采取相应的行动，把涉案官员其他家庭成员的生活细节等个人隐私公布于众，甚至是网上的这种语言暴力也会转化为现实生活中的行为暴力，严重地侵犯了当事人的合法权益。

抵制网络暴力现象并不是要限制网络监督的功能，网络监督和网络暴力不是一对天生的孪生儿，相反，网络暴力的消除还要借助于网民在对政府监督过程中的锤炼，在这种锤炼的过程中，公民的民主意识和法律意识能够逐步提高。抵制网络暴力也不等于否定网络的积极意义，更不意味着限制网民的意见表达。相反，只有赋予网民更多的意见表达权以及提供更多的意见表达通道，伴随着网民的成熟，才能最终抵制网络暴力现象的泛滥。

2. 网络监督和媒体审判

在法治社会,舆论监督和司法独立一直都是两项重要的理念。一般来说,传媒机构和司法机构通常能够各司其职,相互独立又相互配合与支持,共同地推进行政问责制的发展。然而在网络社会,网络媒体和司法机构的这种张力被打破,经常会出现网络舆论干预司法审判的现象,最终形成了媒体的审判。

"媒体审判"一词是个舶来品,它指的是"新闻报道干预、影响审判独立和公正的现象","其最主要的特征是:超越司法程序抢先对案情做出判断,对涉案人员做出定性、定罪、量刑以及胜诉或败诉等结论。"①最近几年,媒体审判呈现愈演愈烈之势。"湘潭黄静案"、"沈阳刘涌案"、"杭州飙车案"、"湖南罗彩霞案"以及"湖北邓玉娇案"等在吸引网民眼球的同时,也引发了人们对网络监督和媒体审判关系的重新思考。

媒体审判有违法治精神,它违背了无罪推定原则,危害了司法的独立。在 2003 年的"黄静案"的上,人们争议的焦点,是黄静的男朋友——湘潭市国税局副科长姜俊武是否会利用公职身份隐瞒案情,逃避惩罚。当湘潭市平政路派出所裁定姜俊武无罪时,遭到人们的广泛质疑和反对。许多媒体和网站借此进行炒作,声称相关机关对姜俊武进行包庇,并要求对相关机关领导人进行责任追究。舆论的压力迫使湘潭市法院

---

①　魏永征.新闻传播法教程[M].北京:中国人民大学出版社.2002.113—114.

作出姜俊武虽然无罪但要担负巨额赔偿的判决。在此之前，姜俊武已经被司法羁押九个月，精神受到了很大打击①。

事实上，媒体审判并不是媒体民主监督的一部分，而是媒体舆论监督权的一种滥用。在我国，网络媒体的监督是一种特殊的民主监督形式，它在促进社会的公平正义方面发挥的作用毋庸置疑，然而，媒体的监督并不等于媒体可以干扰司法审判。司法独立是国际通行的准则。英国法律就规定，媒体审判如果严重影响到司法独立和司法工作，将被处以"藐视法庭罪"②。我国宪法也规定，法院独立行使审判权，不受任何行政机关、社会团体和个人的干扰。因此，在发挥网络媒体监督的同时，要防止媒体的审判，实现司法的独立。

也有人认为目前司法独立的干扰力量不是来自民间，而是来自行政力量③。特别是在我国这种政治上位的行政体制下，司法确实经常受到行政力量的干扰。但是我们在看到行政力量对司法独立影响的同时，也要努力避免媒体的审判，切不可忽视网络等大众传媒对司法独立的影响。

----

① 事实上，在"黄静案"中，姜俊武可以称得上是媒体审判的牺牲品。据最高人民法院司法鉴定中心出具的死亡鉴定意见以及其他证据，姜俊武确实应该是无罪的。因为黄静的死亡虽然和与姜俊武发生性行为有一定的关系，但姜俊武不具备实施杀人的主客观条件。这个本来应该是十分简单的案件，却由于大量网民的介入，以及他们的质疑和激愤，严重影响了司法判决的速度和效果，姜俊武被司法羁押达九个月，可见媒体审判之偏执。

② 鲁珀特·克罗斯，菲利普·A·琼斯. 英国刑法导论[M]. 赵秉志等译，北京：中国人民大学出版社，1991.296—298.

③ 盛大林. 舆论不会"影响"反而"凸显"司法独立. http://www. cat898. com/Infolook. asp？bclass＝90&id＝2989.

同时,防止媒体审判并不是要限制公民的表达权。在网络社会,不仅不能限制公民的意见表达权,还要充分地保障公民的意见表达权。网络民意对于推进行政以及司法透明化、公正化方面起到了重要作用。在很多重要案件中,网络民意都成为网民进行行政问责的重要推手。因此,在强调网络监督功能的同时,充分保障公民的表达权,才是一种理性的回归。

3. 网络监督和传统媒体的监督

毋庸置疑,目前,网络舆论监督已经成为社会主义民主政治建设的重要内容。网络监督的蓬勃发展之势大有取代传统媒体监督的趋势,然而事实果真如此吗?虽然近年来我国的传统媒体出现了"监督缺失症",这给网络媒体监督的异军突起提供了可乘之机,但传统媒体的监督仍然是我国舆论监督的主体,网络监督和传统媒体的合力作用共同推动了舆论监督的大发展。

现阶段,传统媒体仍然是网络议程设置的主体。"议程设置"是大众传媒所具有的一种为公众设置"议事日程"的功能。大众传媒通过新闻报道和信息传达活动制造各种"议题",影响着受众的认识及价值判断。由于网络没有独立采访权,许多新闻报道大都来源于传统的媒体。有学者对 2009 年全国网络热点问题的首发媒体进行了统计,发现虽然网络媒体已经成长为中国社会议程设置的重要主体,其议程设置的比例占到了总体的 1/3,大众媒体依然是网民议程设置的主体性的议程设置者,它占到了全部议程设置的 2/3,全年网络舆论热点事件的首发主体即传统大众与网民的比例是 2:1①。

　　传统媒体是网络媒体的引导者。网络监督过程中往往会出现人肉搜索和网络暴力等非理性行为，传统媒体可以引导网络媒体走向理性。传统媒体有个重要的功能即"把关人"功能，其"把关"行为是根据一定的原则、立场和原则对信息进行选择加工的过程。而网络媒体的"把关"功能在一定程度上受到了肢解和分散，这里充满着喧嚣和非理性。因此，传统媒体能够恪守着专业主义精神，坚守职业道德底线，对报道的内容和形式有一定的选择和过滤，因此能够在一定程度上降低媒体的偏见。

　　传统媒体推进了网络媒体监督的深度。在网络社会，网民的匿名性以及非理性等特点，使其"把关人"功能大大削弱。在对涉案官员进行责任追究的同时，也会掺杂着各种谣言和暴力，因此大大地降低了网络的可信度。传统媒体则具有较高的权威性和客观性，它在很大程度上左右着议题的演化、强化和分化。同时，传统媒体的不断采访又为网络媒体提供了新的信息资源，造成螺旋式网络舆论的产生。

　　在网络社会，任何鼓吹传统媒体监督功能的神话都是不公正的，同样，将网络舆论监督的功能无限放大也是不理智的，只有进行资源整合，发挥两者监督的合力，才能推动我国舆论监督的大发展。只有资源共享，发挥网络问责与传统媒体问责的合力，才能真正地推动舆论问责的发展，才是更为理

---

① 喻国明.网络舆情热点事件的特征及统计分析[J].人民论坛,2010(4).

性的方向。

第三节　推进网络合作治理

自从 1989 年世界银行首次使用"治理危机"一词以来,一词便被广泛应用于社会科学界,而且不再仅仅局限于政治领域,而是被拓展到经济、社会、文化等诸多领域。网络治理则是当代治理发展的最新制度形态,它实质上是对合作网络的管理,是一种强调治理主体间相互合作、共享权力、共同管理的治理新形式。网络治理是一种新型的、有效的治理新方式,它强调政府部门与非政府部门的平等合作。可以说,政府部门与非政府部门的合作关系是保证优质、高效公共服务的有效途径,这有利于提高政府公信力。在全球化的世界里,随着管理主体多元化的出现,正确地处理政府部门和非政府部门的关系已经成为公共管理的中心问题。在一个日益复杂和动态的环境中,政府单独治理的科层协调已经非常困难;由于市场失灵,解决管制也变得非常有限;治理便只有在网络中才显得比较可行①。网络治理模式的出现是对多元、异质的管理主体间如何和谐相处并构建政府与公民的新型关系所做出的新的探索。

---

① 孙柏瑛,李卓青. 政策网络治理:公共治理的新途径[J]. 中国行政管理,2008(5).

在网络治理下，为了实现与增进公共利益，政府部门和非政府部门等众多公共行动主体彼此合作，在相互依存的环境中分享公共权力，共同管理公共事物。对政府部门而言，网络治理就是从统治到掌舵的变化；对非政府部门而言，网络治理就是从被动排斥到主动参与的变化。网络治理下的公共行动者通过制度化的合作机制，可以相互调适目标，共同解决冲突，增进彼此的利益①。网络治理是对市场模式和科层制模式的超越，它既以一定的共同价值为中介，又是自我组织的，而信任机制则是网络治理模式的核心。网络治理是对一个全知全能政府的批判，在此模式下，治理主体间的地位是平等的他们相互合作，有着共同的价值诉求，追求共同的目标。网络治理打破了以往政府作为唯一权力中心的单一格局，形成了一个由多个权力中心组成的治理网络。网络治理也是对传统的政府—市场二分法的超越。当市场失败时，人们倾向于从外部寻找力量来克服市场的弊端。同样地，政府也会失败，我们可以逻辑地推出，政府也必须从其外部寻求力量、借助外部主体作用的有效发挥来克服自身的弊端，而公民社会的发育和成熟则是政府部门从外部汲取力量，增强自身能力的重要途径。

一、政府和公民的互动博弈

20 世纪 70 年代以来，博弈论在经济学、政治学等学科

① 陈振明. 公共管理学[M]. 中国人民大学出版社，2005. 82.

中得到了广泛的应用,为人类带来了一种全新的方法论和思维方式。它是研究人们如何进行决策以及决策如何达到均衡的科学。在网络治理框架下,公民和政府在决定采取何种行动时,不但要根据自身的利益和目的行事,还必须考虑对方的策略和选择。这就是说,公民和政府在网络中也要时时刻刻进行利益的博弈。我们假设公民和政府利益博弈,都以追求自身利益的最大化为目的,这样在一次性的博弈格局中,公民和政府就会陷入"囚徒困境"的危险,如图8.1所示:

获 益		公民的选择	
		合 作	背 叛
政府的选择	合 作	R=3,R=3	S=0,T=5
	背 叛	T=5,S=0	P=1,P=1

图 8.1 政府和公民的博弈模型
R:对双方合作的奖励 T:对背叛的诱惑
S:给笨蛋的报酬 P:对双方背叛的惩罚

在上图的博弈矩阵中,有公民和政府两个对策者,他们面临着两者可能的选择:合作或背叛。公民和政府的策略往往有三种组合:第一,都采取合作的方式,双方都能得到较好的结果R,即"对双方合作的奖励"(R=3);第二,都采取背叛的方式,双方从不合作。公民和政府都得到1分,即"对双方背叛的惩罚"(P=1);第三,一方合作,另一方背叛。这样,合作者得到"给笨蛋的报酬"(S=0),而背叛者则得到"对背叛的诱惑"(T=5)。

如果政府认为公民会采取合作的行为,这时政府有合作

或背叛两种选择。如果政府也选择合作,它将得到"对合作的
奖励"即 3 分,如果它选择背叛,将得到"对背叛的诱惑"即 5
分。毫无疑问,作为追求自身效用最大化的政府会选择背叛
策略;如果政府认为公民会采取背叛行为,政府同样面临着合
作和背叛两种选择。政府若采取合作的方式,将得到"给笨蛋
的报酬"即 0 分,政府若采取背叛的方式,则得到"对双方背叛
的惩罚"即 1 分。在这种情况下,选择背叛策略同样是政府的
最佳选择。同样地,相同的逻辑对公民同样适用。无论政府
做出何种选择,理性的公民也都倾向于采取背叛策略。这样,
我们就会得出一种悲观的结论:在一次性的利益博弈中,利己
主义动机决定了公民和政府不会采取自愿的合作,而是相互
的背叛。这是一种囚犯两难困境式的结局。

但是,在网络治理框架下,公民和政府的作为治理的主体
需要进行无限次的重复博弈。在每一次的博弈过程中,公民
和政府都会受到背叛的短期诱惑,但是,双方的相互合作则可
以使双方长期、最大程度地受益。人们总是倾向于重视眼前
的受益。因为在他们看来,未来的价值总是会随着时间的推
移而逐渐减少。我们通过一定的划算,可以把未来的收益值
看作是当前收益的一部分,它表示的是未来受益的权重或折
扣程度 W(0<W<1)。在公民和政府进行大量重复多次的博
弈中,如果双方继续采取背叛策略,他们就会永远得到"对双方
背叛的惩罚"的总收益即 $B=P+PW+PW2+PW3+\cdots\cdots=$
$P/(1-W)=1/(1-W)$。如果后一步的收益值只有前一步的
90%即 W=0.9 时,公民和政府都背叛的收益值就是 10;当一

方首先合作而另一方总是采取背叛时,背叛者在第一步的对局中首先得到"对背叛的诱惑"的收益 T,在以后的对局中都将得到 P,这样"总是背叛者"的总收益 B＝T＋PW＋PW2＋PW3＋……＝T＋PW/(1－W)＝T＋W/(1－W)＝5＋0.9/(1－0.9)＝14;如果公民和政府自始至终都采取合作的策略,双方合作的收益值B＝R＋RW＋RW2＋RW3＋……＝R/(1－W)＝3/(1－0.9)＝30。

　　由此可以看出,在多次重复博弈的过程中,对未来的重视并坚持长期、持续的交往,是避免短期冲突、走向合作的重要机制。可以说,合作策略是最佳的利己战略。因此,网络治理框架下的公民和政府要想获得持续的良性互动、实现双赢的结果,就有加强合作的内在需要和动力。正如前文所言,公民和政府在网络中加强合作并采取互惠合作的行动策略,必将有利于缓解网络的压力,实现共赢,从而提高政府的威信。

二、培育发达的公民社会

　　自 20 世纪 80 年代以来,随着民主化进程的加快和市场经济的发展,公民社会理论日益成为国内学者研究的热点问题。公民社会是国家或政府之外的所有民间组织和民间关系的总和,是民间的公共领域。其组成要素是各种非国家或非政府所属的公民组织,包括非政府组织、公民的志愿性社团、协会、社区组织、利益团体和公民自发组织起来的运动等,它们又被称为介于政府与企业之间的"第三部门"①。在信息化和全球化时代，我们生活在一个相互依赖的环境中，任何组织都很难再独自垄断所有的资源和信息，很多全球性或公共性的问题也不是哪一个组织可以独自解决的。公民更加珍惜和重视自己的权利，也更加清楚如何使用这些权利。可以说，公民社会既是公民进行维权的重要手段和保障，也是公民进行政治参与的重要依托。公民社会使得公民的多元利益要求得到充分的表达，从而消除了国家与社会的张力。它通过各种分散的民间团体，将公民组织和动员起来，实现公民的有序政治参与。通过这种参与，公民更加了解政府的政策取向和价值偏好，而政府由于受到民间组织的监督和制约，必然积极地回应公民的要求。这样就在公民和政府之间形成了一种良性互动。通过政府和公民间的这种良性互动关系，政府的威望必将空前提高。政府公信力的基础就是信任，而信任正是公民社会得以形成、发挥作用的关键因素。在公民社会下，各治理主体间相互依赖，为实现共同的目标而通力合作。同时，发达的公民社会也是实现善治的必然要求，善治就是公众和政府对公共生活的合作管理，它依赖于公民的自愿合作和对权威的自动服从，从而有利于改善政府的形象。

然而在历史上，我国长期只有政治国家而没有公民社会。随着民主化进程的加快和市场经济的发展，我国已经逐步迈进公民社会的门槛，一个以民间组织为主体的公民社会已经

---

① 俞可平. 民主与陀螺[M]. 中国人民大学出版社，2006. 81.

悄然形成,并在实际生活中发挥重要作用。然而,由于目前我国仍处于公民社会的初级阶段,我国的公民社会具有力量比较弱小、发展不平衡和明显的过渡性等特征。因此,要调动公民政治参与的积极性、发挥公民社会的积极作用,就要为公民社会的发展培养宽松的环境。

(一) 在培育公民社会的过程中,政府要发挥主导作用

中国作为发展中国家,在发展经济的过程中要想赶超发达国家必须要发挥后发优势,突出政府的权威。我国的公民社会也同样具有"中国特色",即政府在构建公民社会的过程中,要发挥积极的作用,而不是消极退守。我国的公民社会先天发育不足,需要国家的推动,为公民社会的发展创造多元化的制度框架。我国公民社会最主要的特征就是"政府引导的公民社会"。如果按照西方国家公民社会的标准,严格地说,我国尚不存在真正意义上的公民社会。作为公民社会主体的民间组织在登记、审批、管理方面等都离不开我国政府的监督和指导。因此,与西方发达的国家的公民社会相比,我国的公民社会要实现彻底的独立性既是不可能也是不现实的,它必须在政府的监督和指导下才能健康成长。

(二) 为公民社会的发展塑造良好的制度环境

中国的民间组织在审批、登记、资助、管理等方面都存在着各种各样的困难,但公民社会发展的最大障碍则是中国制度环境的不完善。我国已经迈进公民社会的门槛,这是一个不争的事实。但令人遗憾的是，我国目前尚无一部正式的《社团法》。俞可平先生认为，在我国"制度剩余"和"制度匮乏"现象同时存在。

一方面，在我国，关于民间组织的许多规定大量重复、交叉和繁琐。例如，对许多民间组织的管理，不仅有国务院颁布的《社会团体登记管理条例》和民政部颁行的实施细则，而且还有民政部与其他部委联合颁布的管理规定，或者由各部委单独制订的管理规定；一些地方政府也纷纷制定本地管理民间组织的实施办法，不仅省级政府或省级政府主管部门有各种"细则"和"规定"，而且地市级政府，甚至区县级政府也有各种"办法"和"意见"；不仅政府民政管理部门和业务主管部门制订了众多的法规、条例和规章，而且各级党委和政府也根据情况的需要不时发布一些重要的规范性文件和政策措施。类似的规章制度过多，造成了公民社会管理过程中的"制度剩余"。

另一方面，在制度剩余的同时，民间组织的管理又存在着许多"真空"地带，主要体现在三个方面。其一是缺乏管理民间组织的一般性法律。目前管理民间组织所依据的主要是国务院的几个《条例》，它们是法规而不是正式的国家法律。仅有的几个涉及到民间组织管理的正式法律，如《工会法》等也多半是专门法，中国至今没有一部管理民间组织的"母法"。其二是缺乏针对性和操作性的法规。例如，缺乏针对行业协会、专业性社团、学术性社团和联合性社团以及志愿者工作的分门别类的管理法规。其三是现行的一些管理条例在实际生活中已经较难适用①。因此,要完善中国公民社会的制度环境,就必须解决"制度剩余"和"制度匮乏"问题,为民间组织的发展提供统一、有序的法律依据。

三、形成合作互惠的行动策略

美国著名学者罗伯特·阿克塞尔罗德教授认为,合作是社会生活中的普遍现象,是社会成员追求自身利益的结果。他在"重复囚徒困境"的计算机游戏竞赛的设计中得出结论,"一报还一报"是最优的行动策略,即开始选择合作,然后就按对方上一步的选择去做。它从不首先背叛,它在作一次反击后就原谅一个孤立的背叛。这种策略不易被其他策略侵入,具有某种集体稳定性。罗伯特·阿克塞尔罗德认为:"具有预见能力的参与者了解合作理论的真谛后,可以加快合作的进化"②。最新的研究也表明,在许多重复出现的博弈中,合作策略是最有利的利己策略;经过多次博弈,行动者之间倾向于建立面向长远的互动关系。用博弈论的话说,当博弈各方协调一致去寻找有利于共同盈利的战略时,就会出现协同性的均衡状态了③。正如罗伯特·阿克塞尔罗德所认为的,以相

---

① 张琳. 公民社会发展与政治民主建设——访中央编译局副局长俞可平[J]. 理论视野,2008(6).

② 罗伯特·阿克塞尔罗德. 合作的进化[M]. 吴坚忠译. 上海人民出版社, 2007.82.

③ 陈振明. 公共管理学[M]. 中国人民大学出版社,2005.82.

互回报合作为宗旨的小群体之间，一旦有交往的可能，合作便会出现①。这种基于回报的合作一旦建立起来，就能阻止其他不太合作的策略的侵入。这也就是说，这种策略是集体稳定的，社会向合作进化的棘轮是不可逆转的，群体的合作性会越来越大。合作是网络治理的本质和核心。

在网络治理框架下，网络治理的主体具有多元化，政府将不再是唯一的治理主体和治理中心，政府部门、私营部门、第三部门或公民个人等同样也是治理的主体，也承担着公共管理的责任。不同的主体具有不同的资源、分享不同的信息，具有不同的行动能力和话语权。网络治理主体间的地位是平等的，它们相互依赖、共同合作，相互交换资源并进行协商利益的持续互动。在此框架下，任何治理主体都不具有足够的资源和能力独自解决网络所面临的共同问题。它们必须要相互合作、互换资源、共享信息。另外，由于网络治理组织结构的非正式性，各治理主体必须要采取有效的合作机制来调整行动主体间的关系，运用合作网络的力量来处理公共事务，并通过相互合作来开发新的有效管理工具，如战略性会谈、公共论坛、合同管理等，来提升网络治理的能力。公民和政府在集体行动的过程中，也会存在着不同的目标和利益，如果不能正确地处理这些矛盾和冲突，合作网络就有可能面临着分裂的危险。而合作机制的存在则有利于缓解冲突，实现网络的共同

---

① 罗伯特·阿克塞尔罗德. 合作的进化[M]. 吴坚忠译. 上海人民出版社，2007. 89.

愿景,避免网络的分裂。公民和政府在重视共同利益的基础上相互合作,学会在对话中相互理解,在互动中彼此尊重,以实现正和博弈和双赢的结果。公民和政府通过这种合作互惠的行动策略,使得他们对公共事务有了更深入的理解,并达成 $1+1>2$ 的协同效应。这种协同效应是一种对现有资源的优化配置,是一种合作效应大于个体总和的效应。如果公民和政府在网络中要真正地采取合作行为,就必须有信任关系的介入。

信任是合作关系的粘合剂。信任作为一种社会资本可以简化社会复杂性,降低交易成本。在网络治理的框架下,公民和政府之间相互信任、相互合作,可以有效地解决集体行动的困境,实现公共利益。而信任恰恰又是政府公信力的基础,它是提高政府威信的现实因素。公民和政府在网络中相互信任并采取合作互惠的行动策略,可以有效地在公民和政府之间展开平等的对话,并共同解决网络所遇到的难题,出现一个正和博弈的结果。

第四节　构建行政伦理自主性

在邻避冲突治理过程中,公民对政府的不信任既有可能是由于"塔西佗陷阱",也有可能是行政官员的寻租行为。行政腐败问题是一个世界性课题,人们通常倾向于通过法律制度的完善治理腐败。其实保持行政人员的伦理自主性可以从根源上防治行政腐败,化解冲突,它将成为我国行政人员承担道德责任,有效抵制行政腐败的内在动力①。

美国公共行政伦理专家库柏认为:"组织及其管理者有时候从为公众服务中偏离出来转而为自己服务,当这样的事发生的时候,行政人员个人就有必要界分自己对组织的责任范围以保证终极性的对公民的责任"②。伦理自主性是指当组织的目标和公共利益发生矛盾时,行政人员作为公共行政的主体有责任和义务在行政行为中引入价值因素,对所面临的问题进行伦理思考和道德选择,从而保证对公民的终极性责任。伦理自主性是建立在社会契约论和人民主权说基础之上的。社会契约论是近代西方思想家在继承和发展古代思想的基础上提出的一种比较系统的关于国家起源的理论。根据社会契约论,人们认为在国家产生之前,人类生活在一种原始的自然状态中。在自然状态下,每个人都有平等的自然权利。由于自然状态有诸多的不便,人们便相约订立契约,把自己的一部分或全部权利交给国家。契约论提出了一个非常重要的观点,即国家是人类自觉创立的,统治者的权力来源于人民的主权。

近代西方人民主权学说是卢梭第一次完整提出来的。卢梭指出,国家是民众的结合体,具有一个公共的人格。民主国家是在社会契约的基础上产生的,每个缔约者都毫无例外地

---

① 徐祖迎.行政伦理自主性及其建构研究[J].宁夏党校学报,2008(6).
② 特里·L·库珀.行政伦理学:实现行政责任的途径[M].张秀琴译.中国人民大学出版社,2002.183.

交出了自己的全部权利。因此，每个公民都是国家权力的主人。人民主权理论强调，权力来源于公民的授权，政府的作用在本质上是工具性的，即为所有公民提供生存发展的经济福利和社会福利①。

根据社会契约论和人民主权说，人民应该始终是国家权力的所有者，国家应当始终对人民负责。作为国家代表的政府又根据社会发展的需要，通过二次授权的方式，把人民授予的权力交给行政人员去行使。因此，行政人员既要对上级和组织负责，同时，他更要对人民负责，而对人民负责是最根本的和第一位的。因此，当组织利益与人民利益发生冲突时，行政人员要在组织中坚持人民利益的价值倾向，以维护和促进公共利益。基于这些认识，我们就不难理解阿道夫·艾克曼在法庭上的辩护是多么的苍白无力。艾克曼是希特勒"彻底解决犹太人问题"这项纳粹计划的总设计师。当他在以色列接受讯问和正式审判时对自己的犯罪行为供认不讳。但却一直重复，自己只是执行上级的命令，作为纳粹组织的一员，他有责任听从纳粹的最高指示。他认为自己并没有犯罪，因为他只是努力完成上级交代的任务。

我国公务员法第五十四条规定："公务员执行公务时，认为上级的决定或者命令有错误的，可以向上级提出改正或者撤销该决定或者命令的意见；上级不改变该决定或者命令，或

---

① 詹姆斯·W·菲勒斯，唐纳德·F·凯特尔. 行政过程的政治：公共行政学新论[M]. 陈振明，朱芳芳等译. 中国人民大学出版社，2002. 440.

者要求立即执行的,公务员应当执行该决定或者命令,执行的
后果由上级负责,公务员不承担责任"但是,公务员执行明显
违法的决定或者命令的,应当依法承担相应的责任。这就充
分说明了行政人员在行政行为中要时刻坚持伦理自主性,只
有这样才能时刻保证行政行为的正当性和合法性。

伦理自主性要求行政人员面对不道德的上级或组织命令
时,应该对所面临的问题进行伦理思考和道德选择,不惜对抗
上级和组织的不合理决定,从而保证对人民的终极性责任。
行政实践中当上级的意志与公共利益发生矛盾时,行政人员
必须引入价值判断,树立主观责任意识,以保障公共利益不受
损失。价值判断与主观责任意识是行政人员实现伦理自主性
的关键所在。而无论是价值判断还是主观责任意识的培养都
要求行政人员要有制度化的规范约束、深厚的文化素养以及
良好的道德品质。因此,我们认为行政伦理制度化建设、组织
文化建设和行政人员道德品质的培养是实现伦理自主性的有
效途径。

一、行政伦理制度化建设

伦理制度化是指人们把一定社会的伦理原则和道德要求
提升、规定为制度,并强调伦理的制度化、规范化、法律化①。
将重要的伦理道德规范纳入法律制度建设的范畴,有助于从

① 何颖.论制度伦理的功能与局限[J].中国行政管理,2007(8).

制度上保障行政人员坚守伦理自主性而作出符合公共利益的行政行为。这就要求行政人员在行使公共权力时要遵守一定的行政道德标准,避免出现不道德的行为。伦理制度化是当代社会的必然选择,它突出强调了制度的刚性约束作用,这种约束机制要求行政人员必须作出符合伦理规范的道德选择。行政伦理制度化的主要途径是行政伦理法律化,因而行政伦理立法是实现行政伦理制度化的核心内容。

(一) 制定具体的、可操作性的行政职业道德规

行政职业道德规范是对行政人员行为的规范,其总体的要求有:公共利益至上,忠诚于国家和社会,忠实地履行法律规定,公正地执行公务,恪尽职守,不谋私利等。但是目前我国的行政职业道德规范还过于原则和笼统,很难起到具体的制约作用。这就要求我们要借鉴国外的经验,尽快地制定出具体的、可操作性的行政职业道德规范。

(二) 加强行政组织伦理的保证机制建设

就一般意义而言,行政组织伦理的管理实际上就是要建立一种道德组织。从行政伦理立法的角度看,组织道德的建立离不开有关惩处的规定。惩处规定的内容主要包括其种类、权限、程序以及受理举报和防止打击报复。这里需要注意两个问题:道德惩处的"纽伦堡原则",即被告遵照其政府或某一长官之命而行动的事实,不能使其免除责任;道德提倡的揭发机制,即对于具有道德良心和正义感而违背组织政策去坚

持伦理标准的组织成员的保护①。这就要求行政人员在行政实践中保持伦理自主性,坚持伦理标准以维护公共利益。

二、行政组织文化建设

组织文化是指作为一个组织运行的基础,由一系列态度、信念和价值所构成的基本模式。组织文化实际上就是由其大部分成员所共同分享的、对周围的人和事的假定和判断的总和②。组织文化的核心是组织的价值观,不同性质的组织有不同的价值观。作为公共领域的行政组织应当树立公共利益至上、为公民服务的价值观。这种价值观显然是有别于追逐利益最大化的私人组织的价值观的。在私人领域,人们作为"经济人"可以拥有不同于公共领域的价值观。人们对个人利益的追求,不仅是合理的应当也是合法的,这在客观上也推动了社会的发展。而在公共领域,行政人员的社会角色决定了他们必须对自己的某些权利诉求有所限制,对个人利益的过分追求有时很有可能和他的公共职责相冲突。当人们一旦以"公共人"的身份加入行政组织,行政人员的个人价值观就必须统一到为公共利益服务的整体价值观中去。这就要求行政组织必须通过教育、宣传、培训等手段塑造这种积极的价值观和组织文化。

---

① 张国庆.行政管理学概论[M].北京大学出版社,2000.549—550.
② 马国泉.行政伦理:美国的理论与实践[M].复旦大学出版社,2006.82.

正如库柏所说,领导者的行为对组织具有极大的影响力。因此,行政组织的领导者要始终清楚地认识到他们的言行是本组织文化中最引人注目的范例,建立有效的廉洁行为激励机制。行政组织要对廉洁的行为大张旗鼓地宣扬,与此同时,要进行实实在在的重奖。对于不惧个人风险,敢于挺身而出,制止坏人坏事的英勇行为,更应如此。只有在这种组织文化中,组织才会鼓励行政人员勇于对抗上级的不合理决定,实现维护公共利益的目的,行政人员的伦理自主性才会得到支持和认同。而在一种过分强调职位权威和下级对上级绝对服从的组织文化中,行政人员很难保持其伦理自主性。在这样的组织文化中,行政人员即使有向善的潜质,有坚守伦理自主性的愿望,他们中的大多数人也会出于恐惧遭受报复而不敢坚守伦理自主性。

三、道德品质培养

在一个组织中经常会有这样的现象:一些行政人员面对不道德的上级和组织时会选择沉默,而有一些行政人员则会基于伦理精神的要求违背对上级的忠诚而捍卫公共利益。这反映了行政人员道德品质的差异性。实际上行政人员并不是简单的工作人员,他们必须是一个拥有共同信仰的社会群体,这个共同的信仰就是对公共利益的尊重。那些选择面对有悖于社会伦理精神的上级命令而保持沉默的行政人员,并没有培养起公共利益至上的道德品质,从而使伦理自主性很难通过他们的道德品质发挥作用。因此,培养行政人员高尚的道德品质对于保持伦理自主性至关重要。

首先,要在行政人员的入口上严格把关,把那些道德品质低劣的人排斥在行政组织之外。一些抱着升官发财目的的人在进入行政组织后,总是会千方百计地寻找法律制度的漏洞而谋取个人利益,从而可能危及公共利益。其次,加强对行政人员的道德教育。在塑造行政人员高尚的道德品质方面要着重注意对其德性的培养。公共行政所提倡的德性是和公共行政的性质紧密联系在一起的,那就是要求行政人员的德性中要有公共利益的位置。行政人员一旦投入到公共行政事业中,他就必须作出对公众负责等具有德性内涵的选择。如果他不作出此种选择则意味着他的职业选择是失败的。因此,对符合公共行政精神的道德品质特别是德性的培养有助于行政人员坚守伦理自主性。

目前,如何有效地遏制官员腐败已经成为我国学术界研究的热门话题之一。每当行政官员出现腐败问题时,人们总是习惯于从组织制度方面寻找原因,并乐于采取新的立法,制定新的规则,而事实证明效果并不理想。众所周知,法律是道德的底线,法律制度可以惩罚人们从恶的一面却无法鼓励人们为善的一面。因此,法律制度的作用是有限的,其只有和行政人员的道德自律相结合,才能从根本上遏制行政腐败。

公共生活不可能没有道德,在这个领域中对道德力量的忽视和对法律制度的片面强调,同样是极其危险的。对于法律的过分倚重,客观上会造成只重强制惩戒不讲内心自律,只循规蹈矩、亦步亦趋地按行政法规行事,而不讲发挥积极主动性,同时会使得法律正在变得零碎、主观,更加接近权术和远离道德,更加关心直接后果而更少关心一致性和连贯性①。为了从根本上有效遏制行政腐败现象,通过多种途径促进行政人员保持伦理自主性是非常必要的。在组织中保持伦理自主性就是库柏所说的要坚持内部控制。内部控制可以保证公共组织中的符合道德的行为,是由一系列公务员自己内心的价值观和伦理准则组成的,在缺乏规则和监督机制的情况下,鼓励从事合乎道德规范的行为。因此,强调内部控制就是强调道德和个人品质在行政过程中的作用。正如张康之教授所言,行政人员"在何种程度上拥有自主性,是取决于他在何种程度上成为行政道德的主体,只有当他是一个完全的行政道德主体时,他的行政行为才会具有充分的自主性"②。

国内最近几年很多被揭露的腐败案件,很大程度上是和行政人员的检举分不开的。如 2000 年底安徽利辛县人事局大规模安排假大中专生就业的特大丑闻,就是由新任县委书记夏一松揭发的。国外类似的事例更多。促成尼克松总统下台,使他最终身败名裂的实际上也是他的司法部长和一个外号为"深喉"的官员。因此,伦理自主性在反腐败中所起的作用是不容低估的。

从学理上说,法律制度可以制约腐败却无法根治腐败。

---

① 朱岚. 关于行政道德立法问题的思考[J]. 兰州学刊,2004(6).

② 张康之. 公共行政中的哲学和伦理[M]. 中国人民大学出版社,2004. 287.

法律规范所倡导的道德价值只有内化为行政人员的内在信念,法律规范才能发挥更加有效的制约与导向作用。对于反腐败而言,法律制度只是一种外部力量,是一种静态的规定,它总是落后于动态的现实世界的发展。因此,只要存在自私自利的心理,不管法律制度多么健全,行政人员总会为了个人私利而不惜牺牲公共利益,行政腐败也就不可避免。只有发挥道德的作用,强调法律制度和道德的结合,发扬行政人员伦理自主性才能从根本上消除腐败、化解冲突。

参 考 文 献

英 文 文 献

[1] Aelst,Peter Van,Stefaan Walgrave,New media,new movements? The role of the internet in shaping the "anti-globalization" movement,Information,*Communication* & *Society*,2002(5)

[2] Almeida,Paul D. ,Mark Irving Lichbac,To The Internet,From the Internet:Comparative Media Coverage of Transnational Protests. *Mobilization*:*An International Quarterly*,2003(8)

[3] Andrew,Chadwick,Philip N. Howard,*Handbook of internet politics*,Routledge,2003

[4] Ayres,Jeffrey M. ,From the Streets to the Internet:The Cyber-Diffusion of Contention. *The Annals of the American Academy of Political and Social Science*,1999(1)

[5] Berlet,Chip,Reevaluating the net,*Intelligence Report*,2001(102)

[6] Best,Samuel J. ,Brian S. Krueger,Analyzing the representativeness of internet political Partici Pation. Political Behavior,2005 (27)

[7] Bimber,Bruce,The Internet and Political Mobilization:Research Note on the 1996 Election Season. *Social Science Computer Review*,1998(16)

[8] Bimber,Bruce,The Internet and Political Transformation:Populism,Community,and Accelerated Pluralism. *Polity*,1998(31)

[9] Bruce Bimber. The Study of Information Technology and Civic En-

gagement, *Political Communication*, 2000(17)

[10] Chowdhury, Mridul, The Role of the Internet in Burma's Saffron Revolution, Berkman Center Research Publication, 2008—9—1

[11] Clark, John D. , Nuno S. Themudo, Linking the web and the street: Internet-based "dotcauses" and the "anti-globalization" movement, *World Development*, 2006(34)

[12] Dear, Michael, Understanding and Overcoming the NIMBY Syndrome[J], *Journal of the American Planning Association*, 1992, 58(3)

[13] Dear, M. and S. M. Taylor, *Not on Our Street: Community Attitudes Toward Mental Health Care*[M], London: Pion, 1982

[14] Eltantawy, Nahed, Julie B. Wiest, Social Media in the Egypitan Revolution: Reconsidering Resource Mobilization Theory. *International Journal of Communication*, 2011(5)

[15] Garrett, Kelly R. , Protest in an Information Society: A Review of Literature on Social Movements and New ICTs. *Information, Communication and Society*, 2006(2)

[16] Gervers, John H. , The NIMBY Syndrome: Is it Inevitable[J], *Environment: Science and Policy for Sustainable Development*, 1987, 29(8)

[17] Gillmor, Dan, Here Comes "We Media". Columbia Journalism Review, 2003(6)

[18] Hara, Noriko, Internet use for political mobilization voices of participants. American Journal of Sociology, 2009(5)

[19] Hara, Noriko, Zilia Estrada, Analyzing the mobilization of grassroots activities via the internet: a case study, *Journal of Information Science*, 2005(31)

[20] Hooghe a, Marc, Sara Vissers a, Dietlind Stolleb, The Potential of Internet Mobilization: An Experimental Study on the Effect of Internet and Face-to-Face Mobilization Efforts, *Political Communication*, 2010(27)

[21] Hsu, Shu-Hsiang, NIMBY opposition and solid waste incinerator sitting in democratizing Taiwan[J], The Social Science Journal, 2006, 43(3)

[22] Huang, BiYun, Analyzing a Social Movement's Use of Internet: Resource Mobilization, New Social Movement Theories and the

Case of Falun Gong,Pro Quest LLC,2009

［23］ Huang,Ronggui,Ngai-ming Yip,Internet and Activism in Urban China：A Case Study of Protests in Xiamen and Panyu. *Journal of Comparative Asian Development*,2012(3)

［24］ Hughes,Christopher R. ,Gudren Wacker, *China and internet： politics of the digital leap forward*. Rountledge Curzon,2003

［25］ Inhaber,Herbert,*Slaying NIMBY Dragon*［M］,New Brunswick Press,1998

［26］ Kavada, Anastasia, Exploring the role of the internet in the "movement for alternative globalization"：The case of the Paris 2003 European Social Forum,*Political Studies Association*,2006 (3)

［27］ Kikuchi,Runosuke and Romeu Gerardo,More than a decade of conflict between hazardous Waste management and public resistance：A case study of NIMBY syndrome in Souselas［J］,*Journal of Hazardous Materials*,2009,172(2)

［28］ Krueger,Brian S. ,A Comparison of Conventional and Internet Political Mobilization,*American Politics Research*,2006(34)

［29］ Krueger, Brian S. , A Comparison of Conventional and Political Mobilization,*American Politics Research*,2006(34)

［30］ Levin, Brian, Cyberhate：a Legal and historical analysis of extremists' use of computer networks in America, *American Behavioral Scientist*,2002(45)

［31］ Lohmann,Susanne,The Dynamics of Information Cascades：The Monday Demonstrations in Leizing,East Germany,1989—1991. *World Politics*,1994(47)

［32］ Lucy,Erik P. ,Social Access to the Internet,*Harvard International Journal of Press/Politics*,2000(5)

［33］ Lupia,Arthur,Osela Sin,Which Public Goods are Endangered：How Evolving Communication Technologies Affect the Logic of Collective Action. *Public Choice*,2003(117)

［34］ McCarthy,John D. ,Mayer N. Zald,Resource Mobilization and Social Movements：A Partial Theory. *American Journal of Sociology*,1977(82)

［35］ Meyer and K. E. Portney, *Sitting Hazardous Waste Treatment Facilities：The NIMBY Syndrome*［M］, N. Y. ：Aubum

House,1991

[36] O'Hare M. ,Not on My Back,You Don't: Facility Sitting and the Strategic Important of Compensation[J], *Public policy*, 1977,25 (4)

[37] Pandi , Asha Rathina, Blogging and Political Mobilization among Minority Indians in Malaysia[dissertation]. ProQuest LLC,2011

[38] Patrick Devine-Wright, *Renewable Energy and the public : From NIMBY to Participation*[M],Earthscan LLC,2013

[39] Patrick Devine-Wright,Rethinking NIMBYism: The Role of Place Attachment and Place Identity in Explaining Place-protective Action[J], *Journal of Community & Applied Social Psychology J. Community*,2009,32(19)

[40] Postmes,Tom,Sunzanne Brunsting,Collective Action in the Age of the Internet: Mass Communication and Online Mobilization, *Social Science Computer Review*,2002(20)

[41] Rabe,B. G. ,*Beyond NIMBY: Hazardous Waste sitting in Canada and the United States*[M],Cambridge University Press,1994

[42] Ritvala, Tiina, Asta Salmi, Value-based network mobilization: A case study of modern environmental networkers. Industrial Marketing Management,2010(39)

[43] Rojas, Hernando, Mobilizers Mobilized: Information, Expression Mobilization and Participation in the Digital Age. *Journal of Computer-Mediated Communication*,2009(14)

[44] Saha,R. and P. Mohai,Historical Context and Hazardous Waste Facility Sitting: Understanding Temporal Patterns in Michigan [J],*Social Problems*,2005,52(4)

[45] Sakai,Toyotaka,Fair waste pricing: an axiomatic analysis to the NIMBY problem[J],*Economic Theory*,2012,50(2)

[46] Sandole,Dennis,Sean Byrne & Ingrid Sandole Staroste & Jessica Senehi,*Handbook of conflict analysis and resolution*, Routledge Taylor& Francis Group,2009

[47] Smelser,Neil J. ,*Theory of Collective Behavior*,NY: Free Press, 2006

[48] Swanstrom, Niklas, Regional Cooperation and Conflict Management: Lessons from the Pacific Rim. ProQuest LLC,2006

[49] Taylor,Maureen,Shuktara Sen Das,Public Relations in Advoca-

cy：Stem Cell Research Organizations Use of the Internet in Re-
source Mobilization. *Public Relations Journal* ,2010(4)

［50］Tolbert,Caroline,Ramona Mcneal,Unraveling the Effects of the
Internet on Political Participation? *Political Research Quarterly* ,
2003(56)

［51］Vissers,Sara,Marc Hooghe & Dietlind Stolle,The Impact of Mo-
bilization Media on Off-Line and Online Participation：Are Mobili-
zation Effects Medium-Specific? *Social Science Computer Re-
view* ,2012(30)

［52］Vittes, M. E. ,S. A. Lilie,Facators contributing to NIMBY atti-
tudes［J］,*Waste Management* ,1993,13(2)

［53］Weber,Lori M. ,Alysha Loumakis & James Bergman,Who par-
ticipates and Why?：An Analusis of Citizens on the Internet and
the Mass Public. *Social Science Computer Review* ,2003(21)

［54］Whitehead,Steven D. ,Auto-FAQ：An Experiment in Cyberspace
Leveraging. *Computer Networks and ISDN Systems* ,1995(28)

［55］Xenos,Michael,Patricia Moy,Direct and Differential Effects of the
Internet on Political and Civic Engagement,*Journal of Communi-
cation* ,2007(57)

［56］Xi,Ruiyun,The Internet,Freedom of Speech,and Social Transfor-
mation：A Examination of the Impact of Cyber-Forums on Policy-
Making in China. ProQuest Information Learning Company,2005

［57］Yang,Guobin,The co-evolution of the Internet and civil society in
China,*Asian Survey* ,2003(3)

［58］Zartman,William I. ,Towards the Resolution of International
Conflict,*Conflict Resolution Review* ,2003(10)

中 文 文 献

中 文 译 著

［1］L・科塞. 社会冲突的功能. 孙立平等译. 北京：华夏出版社,1989

［2］阿尔文・托夫勒. 力量转移：临近 21 世纪的知识、财富和暴力. 刘
炳章等译. 北京：新华出版社,1996

［3］艾尔东・莫里斯,卡洛尔・麦克拉吉・缪勒. 社会运动理论的前
沿领域. 刘能译. 北京：北京大学出版社,2002

［4］安德鲁・查德威克. 互联网政治学：国家、公民与新传播技术. 任
孟山译. 北京：华夏出版社,2010

［5］安德鲁·基恩.网民的狂欢:关于互联网弊端的反思.丁德良译.海口:海南出版公司,2010

［6］奥尔波特等.谣言心理学.刘水平等译.沈阳:辽宁教育出版社,2003

［7］奥尔森.集体行动的逻辑.陈郁等译.上海:上海人民出版社,2004

［8］芭芭拉·A·布贾克·科尔韦特.谈判与冲突管理.刘昕译.北京:中国人民大学出版社,2009

［9］查尔斯·蒂利,西德尼·塔罗.抗争政治.李义中译.南京:译林出版社,2010

［10］查尔斯·蒂利.身份、边界与社会联系.谢岳译.上海:上海人民出版社,2008

［11］丹尼尔·扬克洛维奇.对话力:化冲突为合作的神奇力量.陈淑婷,张桂芬译.杭州:浙江人民出版社,2015

［12］德·吉特林.新左派运动的媒介镜像.胡正荣,张锐译.北京:华夏出版社,2007

［13］德尼·塔罗.运动中的力量:社会运动与斗争政治.吴庆宏译.南京:译林出版社,2005

［14］菲尔德.环境经济学革和,原毅军,陈艳莹译.大连:东北财经大学出版社,2010

［15］弗雷德·简特.利害冲突.马黎、李唐山译.北京:中国人民大学出版社,2006

［16］加布里埃尔·A·阿尔蒙德,小G·宾厄姆·鲍威尔.比较政治学:体系、过程和政策.曹沛霖,郑石萍,公婷等译.上海:上海译文出版社,1997

［17］简·芳汀.构建虚拟政府:信息技术与制度创新.邵国松译.北京:中国人民大学出版社,2004

［18］杰克·奈特.制度与社会冲突.周伟林译.上海:上海人民出版社,2009

［19］卡耐基.化解冲突的艺术.朱其芳译.北京:中国电力出版社,2015

［20］凯斯·桑斯坦.网络共和国——网络社会中的民主问题.黄维明译.上海:上海人民出版社,2003

［21］克莱·舍基.未来是湿的.胡泳、沈满琳译.北京:中国人民大学出版社,2009

［22］克里斯特尔·弗雷.化解冲突的黄金法则.王尚方译.北京:中国铁道出版社,2010

［23］克鲁克斯.迈向环境可持续的未来:中华人民共和国国家环境分

析.《迈向环境可持续的未来》翻译组译.北京:中国财政经济出版社,2012

[24] 勒庞.乌合之众——大众心理研究.冯克利译.北京:中央编译出版社,2004

[25] 鲁恂·W·派伊.政治发展面面观.任晓,王元译.天津:天津人民出版社,2009

[26] 罗伯特·阿克塞尔罗德.合作的进化.吴坚忠译.上海:上海世纪出版集团,2007

[27] 马歇尔·卢森堡.用非暴力沟通化解冲突.于娟娟,李迪译作.北京:华夏出版社,2015

[28] 迈尔森.博弈论:矛盾冲突分析.北京:中国人民大学出版社,2015

[29] 迈尔斯.他人即地狱?张智勇,金盛华,侯玉波译.北京:人民邮电出版社,2012

[30] 曼纽尔·卡斯特.认同的力量.曹荣湘译.北京:社会科学文献出版社,2006

[31] 曼纽尔·卡斯特.网络社会:跨文化的视角.周凯译.北京:社会科学文献出版社,2009

[32] 曼纽尔·卡斯特.网络社会的崛起.夏铸九等译.北京:社会科学文献出版社,2003

[33] 孟德斯鸠.论法的精神.张雁深译.北京:商务印书馆.2004

[34] 密尔.论自由.程崇华译.北京:商务印书馆,1996

[35] 鸟越皓之.环境社会学——站在生活者的角度思考.宋金文译,北京:中国环境出版社,2009

[36] 皮特·何.嵌入式行动主义在中国——社会运动的机遇与约束.李婵娟译.北京:社会科学文献出版社,2012

[37] 琼斯,费边.冲突.冯丽译.北京:华夏出版社,2011

[38] 让-诺埃尔·卡普费雷.谣言:世界最古老的传播.郑若麟译.上海:上海人民出版社,2008

[39] 塞缪尔·亨廷顿.变化社会中的政治秩序.王冠华等译.上海:上海世纪出版集团,2008

[40] 桑德拉·黑贝尔斯,理查德·威沃尔二世.有效沟通.李业昆译.北京:华夏出版社,2005

[41] 威廉·W·威尔莫特,乔伊斯·L·霍克.人际冲突——构成和解决.曾敏昊,刘宇耘译.上海:上海社会科学院出版社,2011

[42] 约翰·奈斯比特.大预测.郑荣译.北京:中国人民大学出版社,2006

[43] 詹姆斯·C·斯科特. 弱者的武器. 郑广怀等译. 南京:译林出版社,2007

　中　文　专　著

[1] 蔡前. 以互联网为媒介的集体行动研究. 南昌:江西人民出版社,2009

[2] 曾鹏. 社区网络与集体行动. 北京:社会科学文献出版社,2008

[3] 常健. 公共冲突管理评论 2014. 天津:南开大学出版社,2015

[4] 常健. 公共冲突管理评论 2015. 天津:南开大学出版社,2016

[5] 常健. 中国公共冲突化解的机制、策略和方法. 北京:中国社会科学出版社,2013

[6] 常健. 公共冲突管理. 北京:中国人民大学出版社,2012

[7] 邓集文. 中国城市环境治理的信息型政策工具研究. 北京:中国社会科学出版社,2015

[8] 邓万春. 动员、市场风险与农民行为. 武汉:湖北人民出版社,2006

[9] 杜俊飞. 沸腾的冰点:2009 年中国网络舆情报告. 杭州:浙江大学出版社,2010

[10] 范逾. 纠纷解决的理论与实践. 北京:清华大学出版社,2007

[11] 方兴东,王俊秀. 博客——E 时代的盗火者. 北京:中国方正出版社,2003

[12] 郭朝阳. 冲突管理:寻找矛盾的正面效应. 广州:广东经济出版社,2000

[13] 郭良. 网络创世纪——从阿帕网到互联网. 北京:中国人民大学出版社,1997

[14] 何明修. 社会运动概论. 台北:三民书局,2005

[15] 何显明. 群体性事件的发生机理及其应急处置:基于典型案例的分析研究. 上海:学林出版社,2010

[16] 胡泳,范海燕. 网络为王. 海口:海南出版社,1997

[17] 胡泳. 众声喧哗:网络时代的个人表达与公共讨论. 桂林:广西师范大学出版社,2008

[18] 黄少华,翟本瑞. 网络社会学——学科定位与议题. 北京:中国社会科学出版社,2006

[19] 李琼. 政府管理与边界——社会冲突中的群体、组织和制度分析. 北京:新华出版社,2007

[20] 李雪梅. 环境治理多中心合作模式研究——基于环境群体性事件. 北京:人民出版社,2015

[21] 李永刚. 我们的防火墙:网络时代的表达与监管. 桂林:广西师大

出版社,2009

[22] 梁旭. 城市环境污染及治理研究. 北京:时事出版社,2013

[23] 林永生. 中国环境污染的经济追因与综合治理. 北京:北京师范大学出版社,2016

[24] 孟威. 网络互动:意义诠释与规则探讨. 北京:经济管理出版社,2004

[25] 欧阳帆. 中国环境跨域治理研究. 北京:首都师范大学出版社,2014

[26] 潘家华. 中国的环境治理与生态建设. 中国社会科学出版社,2015

[27] 钱箭星. 生态环境治理之道. 北京:中国环境科学出版社,2008

[28] 丘昌泰. 邻避情结与社区治理:台湾环保抗争的困局与出路. 台北:韦伯文化国际出版有限公司,2007

[29] 丘昌泰. 剖析我国公害纠纷. 台北:舒馨出版社,1995

[30] 邱昌泰,黄锦堂,汤京平. 解析邻避情结与政治. 台北:翰芦图书出版有限公司,2006

[31] 邱林川,陈韬文. 新媒体事件研究. 北京:中国人民大学出版社,2011

[32] 汝信,陆学艺,李培林. 2005年中国社会形势分析与预测. 北京:社会科学文献出版社,2004

[33] 孙立平,晋军,何江穗等. 动员与参与——第三部门募捐机制个案研究. 杭州:浙江人民出版社,1999

[34] 孙立平. 博弈——断裂社会的利益冲突与和谐. 北京:社会科学文献出版社,2006

[35] 谭东生. 战争动员学. 北京:军事科学出版社,1997

[36] 唐明勇,孙晓晖. 危机与应对:新中国视野下的危机事件与社会动员个案研究. 北京:中国党史出版社,2010

[37] 陶坚. 全球环境治理与我国的资源环境安全研究. 北京:知识产权出版社,2016

[38] 汪劲,严厚福,孙晓璞. 环境正义:丧钟为谁而鸣. 北京:北京大学出版社,2006

[39] 王好. 如何进行冲突管理. 北京:北京大学出版社,2003

[40] 王四新. 网络空间的表达自由. 北京:社会科学文献出版社,2007

[41] 王佃利. 邻避困境:城市治理的挑战与转型. 北京:北京大学出版社,2017

[42] 吴健. 环境经济评价——理论、制度与方法. 北京:中国人民大学出版社,2012

[43] 谢岳.抗议政治学.上海:上海教育出版社,2010

[44] 谢耘耕.新媒体与社会.上海:上海交通大学出版社,2011

[45] 徐祖迎.以互联网为媒介的冲突管理——基于网络动员的视角.
上海:上海三联书店,2016

[46] 许尧.中国公共冲突的起因、升级与治理——当代群体性事件发
展过程研究.天津:南开大学出版社,2013

[47] 杨启乐.当代中国生态文明建设中政府生态环境治理研究.北京:
中国政法大学出版社,2015

[48] 应星."气"与抗争政治:当代中国乡村社会稳定问题研究.北京:
社会科学文献出版社 2011

[49] 臧国仁.新闻媒体与消息来源——媒介框架与真实建构之论述.
台北:三民书局,1999

[50] 张小平.全球环境治理的法律框架.北京:法律出版社,2008

[51] 赵伯艳.社会组织在公共冲突治理中的作用研究.北京:人民出版
社,2012

[52] 赵鼎新.社会与政治运动讲义.北京:社会科学文献出版社,2006

[53] 郑大伟.新农村环境治理典型案例.北京:中国劳动社会保障出版
社,2011

[54] 周建鹏.区域环境治理模式创新研究.北京:光明日报出版
社,2015

[55] 周丽旋,彭晓春.邻避型环保设施环境友好共建机制研究——以
生活垃圾焚烧设施为例.北京:化学工业出版社,2016

[56] 朱源.国际环境政策与治理.北京:中国环境出版社,2015

[57] 庄贵阳,朱仙丽,赵行姝.全球环境与气候治理.杭州:浙江人民出
版社,2009

中 文 论 文

[1] 白红义.环境抗争报道的新闻范式研究——以三起邻避冲突事件
为例.现代传播(中国传媒大学学报),2014(1)

[2] 曹阳,樊弋滋,彭兰.网络集群的自组织特征:以"南京梧桐树事件"
的微博维权为个案.南京邮电大学学报(社会科学版),2011(3)

[3] 常健,杜宁宁.中外公共冲突化解机构的比较与启示.上海行政学
院学报,2016(3)

[4] 常健,方扬.论公共冲突管理中表达渠道与互动平台的平衡.学习
论坛,2011(5)

[5] 常健,金瑞.论公共冲突过程中谣言的作用、传播与防控.天津社
会科学,2010(6)

［6］常健,李婷婷.我国现阶段的公共冲突及其治理.理论探索,2012
（6）

［7］常健,李志行.韩国环境冲突的历史发展与冲突管理体制研究.南
开学报(哲学社会科学版),2016(1)

［8］常健,李志行.韩国政府委员会在公共冲突治理中的作用及其启
示.国家行政学院学报,2016(1)

［9］常健,田岚洁.公共领域冲突管理的制度建设.国家行政学院学
报,2015(3)

［10］常健,田岚洁.中国公共冲突管理体制的发展趋势.上海行政学院
学报,2014(3)

［11］常健,王玉良.冲突化解研究诸领域及其对公共冲突化解研究的
影响.上海行政学院学报,2015(3)

［12］常健,韦长伟.当代中国社会二阶冲突的特点、原因及应对策略.
河北学刊,2011(3)

［13］常健,许尧,张春颜.社会稳定风险评估机制中的问题及完善建
议.中国行政管理,2013(4)

［14］常健,许尧.论公共冲突管理的五大机制建设.中国行政管理,
2010(9)

［15］常健,许尧.论公共冲突治理的三个层次及其相互关系.学习与探
索,2011(2)

［16］常健,袁珂.对话方法在冲突化解中的有效运用.学习论坛,2014
（10）

［17］常健,袁珂.西方冲突化解的主要方法及其发展脉络.国家行政学
院学报,2015(1)

［18］常健,袁珂.西方冲突化解研究的三种范式及其发展趋势.中国行
政管理,2014(11)

［19］常健,郑玉昕.冲突管理目标的两个层次:表层平静与深层稳定.
学习论坛,2012(12)

［20］常健.简论社会治理视角下公共冲突治理制度的建设.天津社会
科学,2015(2)

［21］陈宝胜.公共政策过程中的邻避冲突及其治理.学海,2012(5)

［22］陈宝胜.国外邻避冲突研究的历史、现状与启示.安徽师范大学学
报(人文社会科学版),2013(2)

［23］陈宝胜.邻避冲突基本理论的反思与重构.西南民族大学学报(人
文社会科学版),2013(6)

［24］陈佛保,郝前进.美国处理邻避冲突的做法.城市问题,2013(6)

[25] 陈虹,朱啸天.结构公共事件中的微博能量——以"微博打拐"事件为例.新闻记者,2011(5)

[26] 陈俊宏.邻避(NIMBY)症候群、专家政治与民主审议.东吴政治学报,1999(10)

[27] 程雨燕.环境群体性事件的特点、原因及其法律对策[J].广东行政学院学报,2007(2)

[28] 陈强,徐晓林.网络群体性事件演化要素研究.情报杂志,2010(11)

[29] 陈映芳.行动力与制度限制:都市运动中的中产阶级.社会学研究,2006(4)

[30] 陈映芳.贫困群体利益表达渠道调查.战略与管理,2003(6)

[31] 陈勇,王剑.群体性突发事件中的谣言控制——以"瓮安事件"为例.当代传播,2009(3)

[32] 储城,潘金珠,夏美武."村改居"社区邻避冲突的治理——以江苏南通十总居社区为例.江海学刊,2014(2)

[33] 崔晶.中国城市化进程中的邻避抗争:公民在区域治理中的集体行动与社会学习.经济社会体制比较,2013(3)

[34] 邓君韬."邻避运动"视野下PX项目事件审视,湖南社会科学,2013(5)

[35] 董幼鸿."邻避冲突"理论及其对邻避型群体性事件治理的启示.上海行政学院学报,2013(2)

[36] 范少虹.论"邻避冲突"中的政府依法行政.暨南学报(哲学社会科学版),2013(3)

[37] 冯仕征.沉默的大多数:差序格局与环境抗争[J].中国人民大学学报,2007(1)

[38] 高恩新.互联网公共事件的议题建构与共意动员——以几起网络公共事件为例.公共管理学报,2009(4)

[39] 管勤积.动员、话语和机遇——以D厂为个案分析集体行动成功的核心因素.中国社会学网:http://www.sociology2010.cass.cn/news/378849.htm

[40] 郭景萍.集体行动的情感逻辑.河北学刊,2006(2)

[41] 郭薇,常健.行业协会参与社会管理的策略分析——基于行业协会促进行业自律的视角.行政论坛,2012(2)

[42] 郭小平."邻避冲突"中的新媒体、公民记者与环境公民社会的"善治".国际新闻界,2013(5)

[43] 韩恒.网下聚会:一种新型的集体行动——以曲阜的民间祭孔为

例.青年研究,2009(6)

[44] 韩鸿.参与和赋权:中国乡村社区建设中的参与式影像研究.国际新闻界,2011(6)

[45] 韩志明.利益表达、资源动员与议程设置——对于"闹大"现象的描述性分析.共管理学报,2012(2)

[46] 何国平.网络群体事件的动员模式及其舆论引导.思想政治工作研究,2009(9)

[47] 何艳玲,陈晓运.从"不怕"到"我怕":"一般人群"在邻避冲突中如何形成抗争动机.学术研究,2012(5)

[48] 何艳玲."邻避冲突"及其解决:基于一次城市集体抗争的分析.公共管理研究,2006(12)

[49] 何艳玲."中国式邻避冲突":基于事件的分析.开放时代,2009(12)

[50] 何艳玲.对"别在我家后院"的制度化回应探析——城镇化中的"邻避冲突"与"环境正义".人民论坛,2014(6)

[51] 何羿,赵智杰.环境影响评价在规避邻避效应中的作用与问题.北京大学学报(自然科学版),2013(6)

[52] 侯光辉,王元地.邻避危机何以愈演愈烈——一个整合性归因模型.公共管理学报,2014(3)

[53] 侯璐璐,刘云刚.公共设施选址的邻避效应及其公众参与模式研究——以广州市番禺区垃圾焚烧厂选址事件为例.城市规划学刊,2014(5)

[54] 胡象明,王锋.中国式邻避事件及其防治原则.新视野,2013(5)

[55] 胡燕,孙羿,陈振光.邻避设施规划的协作官治问题——以广州两座垃圾焚烧发电厂选址为例.城市规划,2013(6)

[56] 胡泳.谣言作为一种社会抗议.传播与社会学科,2009(9)

[57] 胡泳.中国的互联网与社会动员.二十一世纪,2011(3)

[58] 黄豁."体制性迟钝"的风险.瞭望,2007(4)

[59] 黄荣贵,桂勇.互联网与业主集体抗争:一项基于定性比较分析方法的研究.社会学研究,2009(5)

[60] 黄荣贵,张涛甫,桂勇.抗争信息在互联网上的传播结构及其影响因素:基于业主论坛的经验研究.新闻与传播研究,2011(2)

[61] 黄荣贵.互联网与抗争行动:理论模型、中国经验及研究进展.社会,2010(2)

[62] 黄卫星,苏国卿.受众心理视角下的网络谣言生成与治理——以"艾滋女"事件为例.中州学刊,2011(2)

[63] 黄岩,文锦.邻避设施与邻避运动.城市问题,2010(12)

[64] 黄有亮,张涛,陈伟,刘佳佳."邻避"困局下的大型工程规划设计决策审视.现代管理科学,2012(10)

[65] 计慧慧.微博呼吁何以引发现实集体行动——以"微博打拐"事件为例.青年记者,2011(12)

[66] 纪宝成.单纯"效率导向"导致冲突加剧.人民论坛,2011(8)

[67] 金通.垃圾处理产业中的邻避现象探析.当代财经,2007(5)

[68] 乐国安,薛婷,陈浩.网络集群行为的定义、和分类框架初探.中国人民公安大学学报,2010(6)

[69] 乐国安.网络集群行为过程分析.人民论坛,2010(13)

[70] 李德满.十年来中国抗争运动研究述评.社会,2009(6)

[71] 李德营.邻避冲突与中国的环境矛盾——基于对环境矛盾产生根源及城乡差异的分析.南京农业大学学报(社会科学版),2015(1)

[72] 李方.直斥网络暴民相当于以暴易暴.南方都市报,2006—6—16

[73] 李敏.城市化进程中邻避危机的公民参与.东南学术,2013(2)

[74] 李琼.转型期我国社会冲突研究综述.学术探索,2003(10)

[75] 李苏鸣.快闪族行动与群体突发事件.公安研究,2005(6)

[76] 李婷玉.网络集体行动发生机制的探索性研究——以 2008 年网络事件为例.上海行政学院,2011(2)

[77] 李小敏,胡象明.邻避现象原因新析:风险认知与公众信任视角.中国行政管理,2015(3)

[78] 李修棋.为权利而斗争:环境群体性事件的多视角解读.江西社会科学,2013(11)

[79] 李永展.邻避设施冲突管理之研究.国立台湾大学建筑与城乡研究学报,1998(9)

[80] 李永展.邻避症候群之解析.都市与计划,1997(1)

[81] 李照作.邻避冲突及其对社会管理的启示.郑州大学学报(哲学社会科学版),2013(6)

[82] 刘晶晶.空间正义视角下的邻避设施选址困境与出路.领导科学,2013(2)

[83] 刘俊波.冲突管理理论初探.国际论坛,2007(1)

[84] 刘力锐.西方网络动员研究的进程:领域、议题及启示.当代社科视野,2012(6)

[85] 刘能.怨恨解释、动员结构和理性选择——有关中国都市地区集体行动发生可能性的分析.开放时代,2004(4)

[86] 刘威.慈善资源动员的权力边界意识:国家的视角.东南学术,

2010(4)

[87] 刘小峰. 邻避设施的选址与环境补偿研究. 中国人口资源与环境, 2013(12)

[88] 刘小魏,姚德超. 新公民参与运动背景下地方政府公共决策的困境与挑战——兼论"邻避"情绪及其治理. 武汉大学学报(哲学社会科学版),2014(2)

[89] 刘勇. 利益差异效能累加:群体冲突的触发根源——以斯梅尔塞的"价值累加理论"为解释框架. 福建论坛(人文社会科学版),2011(1)

[90] 娄胜华,姜姗姗. "邻避运动"在澳门的兴起与治理——以美沙酮服务站选址争议为个案. 中国行政管理,2012(4)

[91] 卢阳旭,何光喜,赵延东. 重大工程项目建设的"邻避"事件:形成机制与治理对策. 北京行政学院学报,2014(4)

[92] 芦红,吕庆华. 冲突管理:研究动态与展望. 广西财经学院学报, 2009(2)

[93] 罗楚湘. 网络空间的表达自由及其限制——兼论政府对互联网内容的管理. 法学评论,2012(4)

[94] 罗龙女. 价值累加理论框架下的群体性事件解析——以石首事件为例. 领导科学,2010(2)

[95] 罗艳. 网络时代的多元化公共领域. 青年记者,2007(10)

[96] 吕德文. 媒介动员、钉子户与抗争政治:宜黄事件再分析. 社会, 2012(3)

[97] 马奔,王昕程,卢慧梅. 当代中国邻避冲突治理的策略选择——基于几起典型邻避冲突案例的分析. 山东大学学报(哲学社会科学版),2014(3)

[98] 马新建. 冲突管理:一般理论命题的理性思考. 东南大学学报(哲学社会科学版),2007(3)

[99] 孟薇,孔繁斌. 邻避冲突的成因分析及治理工具选择——基于政策利益结构分布的视角. 江苏行政学院学报,2014(2)

[100] 孟伟. 建构公民政治:业主集体行动策略及其逻辑. 华中师范大学学报,2005(5)

[101] 孟卧杰. 论政府网络监管的正当性及其有效改进——以"谷歌事件"为表述对象. 湖北行政学院学报,2010(5)

[102] 彭兰. 媒体微博传播的策略选择. 中国记者,2011(2)

[103] 彭小兵. 邻避效应向环境群体性事件转化的机理研究——以四川什邡事件为例. 上海行政学院学报,2014(6)

[104] 齐明山,陈虎,刘飙毅.论公共组织冲突管理机制的嬗变.新视野,
　　　2007(4)

[105] 齐杏发.意义与限度:华南虎照片事件中的公民社会视角.社会科
　　　学家,2008(7)

[106] 琼尼·琼斯.社会媒体与社会运动.陈后亮译.国外理论动态,
　　　2012(8)

[107] 丘昌泰.从邻避情结到迎臂效应:台湾环保抗争运动的问题与出
　　　路.政治科学论丛,2003(17)

[108] 丘昌泰.公共设施中邻避情结的成因与因应:以民营电厂为例
　　　[J].政治学报,2003(16)

[109] 裘丽,傅荣,陈碧玉.互联网大规模灾害响应中的志愿行动网络研
　　　究.公共管理学报,2012(3)

[110] 任孟山.政治机会结构、动员结构和框架过程——当代互联网与
　　　社会运动的一个分析框架及案例考察.中国青年政治学院学报,
　　　2011(6)

[111] 师曾志.沟通与对话:公民社会与媒体公共空间——网络群体性
　　　事件形成机制的理论基础.国际新闻界,2009(12)

[112] 石发勇.关系网络与当代中国基层社会运动:以一个街区环保运
　　　动个案为例.学海,2005(3)

[113] 宋维强.中国农民群体性事件研究:[博士论文].天津:南开大
　　　学,2006

[114] 孙健,徐祖迎.网络舆论监督及其规范.中国行政管理,2011(12)

[115] 孙炜."我们是谁":大众媒介对于新社会运动的集体认同感构
　　　建——厦门PX项目事件大众媒介报道的个案研究.新闻大学,
　　　2007(3)

[116] 孙晓晖.网络群体性事件中执政公信力的流失及其防范——基于
　　　社会动员的分析视角.理论与改革,2010(4)

[117] 谭柏平.生态成长建设中环境邻避冲突的源头控制——兼论环境
　　　影响评价法律制度的完善.北京师范大学学报(社会科学版),
　　　2015(2)

[118] 谭爽,胡象明.邻避型社会稳定风险中风险认知的预测作用及其
　　　调控——以核电站为例.武汉大学学报(哲学社会科学版),2013
　　　(5)

[119] 谭爽,胡象明.邻避型社会稳定风险中风险认知的预测作用及其
　　　调控——以核电站为例.武汉大学学报(哲学社会科学版),2013
　　　(5)

[120] 汤汇浩.邻避效应:公益性项目的补偿机制与公民参与.中国行政管理,2011(7)

[121] 汤京平,陈金哲.新公共管理与邻避政治:以嘉义县市跨域合作为例.政治科学论丛,2005(23)

[122] 唐杰.互联网发展对社会抗议的影响研究.社会科学辑刊,2007(6)

[123] 唐明良.新型工业化城镇化背景下浙江应对邻避冲突的选择——风险沟通及其实现.浙江学刊,2013(2)

[124] 陶鹏,童星.邻避型群体性事件及其治理.南京社会科学,2010(8)

[125] 汪建华.互联网动员与代工厂工人集体抗争.开放时代,2011(11)

[126] 王彩波,张磊.试析邻避冲突对政府的挑战——以环境正义为视角的分析.社会科学战线,2012(8)

[127] 王佃利,徐晴晴.邻避冲突的属性分析与治理之道——基于邻避研究综述的分析.中国行政管理,2012(12)

[128] 王国勤.当代中国"集体行动"研究述评.学术界,2007(5)

[129] 王宏伟,董克用.应急社会动员模式的转变:从"命令型"到"治理型".国家行政学院学报,2011(5)

[130] 王晶晶,张浩.冲突管理策略理论述评.经济与社会发展,2007(10)

[131] 王奎明,于文广,谭新雨."中国式"邻避运动影响因素探析.江淮论坛,2013(3)

[132] 王奎明,钟杨."中国式"邻避运动核心议题探析——基于民意视角.上海交通大学学报(哲学社会科学版),2014(1)

[133] 王扩建.网络群体性事件:特性、成因及对策.中共南京市委党校学报,2009(5)

[134] 王敏,覃军.网络社会政府危机信息传播管理的困境与对策.当代世界与社会主义,2012(1)

[135] 王锡锌.政府信息公开语境中的"国家秘密".政治与法律,2009(3)

[136] 王英.网络事件中的符号运作技巧——以"小百合 BBS 汉口路西延事件"为例.东南传播,2009(10)

[137] 韦长伟."问题化"逻辑:弱势群体抗争的一种解释.理论与改革,2011(5)

[138] 韦长伟."问题化"逻辑:弱势群体抗争行动的一种解释.理论与改革,2011(5)

[139] 韦长伟.冲突管理取向.应急性与常规性的结合.理论探索,2011(3)

[140] 韦长伟. 冲突解决的三种机制及合理体系. 云南社会科学,2012 (2).

[141] 韦长伟. 社会冲突的常规化管理：必要性、障碍与路径选择. 河南 大学学报(社会科学版),2012(4).

[142] 韦长伟. 中西方冲突管理的应急式与常规化. 云南社会科学,2011 (2).

[143] 韦长伟. 转型时期中国社会抗争研究：抗争剧目、基本假设与生成 机制. 晋阳学刊,2016(1).

[144] 翁定军. 冲突的策略：以 S 市三峡移民的生活适应为例. 社会, 2005(2).

[145] 吴翠丽. 邻避风险的治理困境与协商化解. 城市问题,2014(2).

[146] 吴云清,翟国方,李莎莎. 邻避设施国内外研究进展. 人文地理, 2012(6).

[147] 谢建芬. 论网络群体性事件中的社会建构机制构建. 前言,2010 (22).

[148] 谢金林. 情感与网络抗争动员——基于湖北"石首事件"的个案分 析. 公共管理学报,2012(1).

[149] 谢进川. 互联网与群体性事件研究综述. 现代传播,2010(8).

[150] 谢良兵. 厦门 PX 事件：新媒体时代的民意表达. 中国新闻周刊, 2007(20).

[151] 谢耘耕,荣婷. 微博舆论生成演变机制和舆论引导策略. 现代传 播,2011(5).

[152] 谢彰文,徐祖迎. "中国式"邻避冲突及其治理. 未来与发展,2014 (8).

[153] 熊炎. 邻避型群体性事件的实例分析与对策研究——以北京市为 例. 北京行政学院学报,2011(3).

[154] 徐武生. 政府—社会—公民的良性互动：政府应对网络群体性事 件的善治之道. 当代世界与社会主义,2011(1).

[155] 徐祖迎,常健. 公共冲突管理中行政权力介入的效果及其限度. 理 论现代化,2012(1).

[156] 徐祖迎,朱玉芹. 邻避冲突治理的困境、成因及破解思路. 理论探 索,2013(6).

[157] 徐祖迎. 第三方权威在冲突化解中的作用、条件及其限度. 长白学 刊,2011(2).

[158] 徐祖迎. 公共冲突管理中的第三方干预. 理论探索,2011(2).

[159] 徐祖迎. 论冲突化解方式的可选择性. 新疆社会科学,2011(5).

[160] 许尧. 群体性事件中主观因素对冲突升级的影响分析. 中国行政管理,2013(11)

[161] 薛可,邓元兵,余明阳. 一个事件,两种声音:宁波 PX 事件的中英媒介报道研究——以人民网和 BBC 中文网为例. 新闻大学,2013(1)

[162] 阎志刚. 转型时期应加强对社会冲突的认识和调控. 江西社会科学,1998(5)

[163] 杨斌艳. 网络群体事件中网民的心理分析. 网络传播,2009(9)

[164] 杨国斌. 互联网与中国的公民社会. 二十一世纪,2011(4)

[165] 杨槿,朱竑."邻避主义"的特征及影响因素研究——以番禺垃圾焚烧发电厂为例,世界地理研究,2013(3)

[166] 杨菁,沈小蓉. 网络动员中中国非政府组织的作用研究. 电子科技大学学报(社科版),2010(2)

[167] 杨鸣宇. 谁更重要?——政治参与行为和主观绩效对政治信任影响的比较选择. 公共行政评论,2013(2)

[168] 杨渝南. 公共危机中的社会动员战略研究:以汶川大地震为例. 电子科技大学学报(社科版),2010(2)

[169] 杨志军. 环境治理的困局与生态型政府的构建. 大连理工大学学报(社会科学版),2012(3)

[170] 姚德超,刘筱红. 邻避现象及其治理. 城市问题,2014(4)

[171] 姚栋. 大城市"原居安老"的空间措施研究. 城市规划学刊,2015(4)

[172] 应星."气场"与群体性事件的发生机制——两个个案的比较. 社会学研究,2009(6)

[173] 应星. 草根动员与农民群体利益的表达机制——四个个案的比较研究. 社会学研究,2007(2)

[174] 于建嵘. 当前我国群体性事件的主要类型及其基本特征. 中国政法大学学报,2009(6)

[175] 于建嵘. 集体行动的原动力机制研究——基于 H 县农民维权抗争的考察. 学海,2006(2)

[176] 于建嵘. 利益、权威和秩序——对村民对抗基层政府的群体性事件的分析. 中国农村观察,2000(4)

[177] 于建嵘. 中国的社会泄愤事件与管治困境. 当代世界与社会主义,2008(1)

[178] 张春颜,常健. 公共领域冲突控制与化解的耦合对治理方式与效果间关系的影响研究. 统计与信息论坛,2015(6)

[179] 张春颜,许尧.公共领域冲突控制与冲突化解耦合模式研究.上海行政学院学报,2013(4)

[180] 张飞,张翔,徐建刚.基于多主体包容性的邻避效应全过程风险规避研究.现代城市研究,2013(2)

[181] 张劲松.邻避型环境群体性事件的政府治理.理论探讨,2014(5)

[182] 张荆红.价值要素:转型中国群体事件研究的重要维度.湖北行政学院学报,2011(4)

[183] 张荆红.价值主导型群体事件中参与主体的行动逻辑.社会,2011(2)

[184] 张乐,童星."邻避"冲突管理中的决策困境及其解决思路.中国行政管理,2014(4)

[185] 张乐,童星."邻避"行动的社会生成机制.江苏行政学院学报,2013(1)

[186] 张乐,童星.公众的"核邻避情结"及其影响因素分析.社会科学研究,2014(1)

[187] 张乐,童星.价值、理性与权力:"邻避式抗争"的实践逻辑——基于一个核电站备选厂址的案例分析.上海行政学院学报,2014(1)

[188] 张磊.业主维权运动:产生原因及动员机制——对北京市几个小区个案的考察.社会科学研究,2005(6)

[189] 张明善,占英春.网络舆情传播对群体性突发事件的影响模型.西南民族大学学报(自然科学版),2011(3)

[190] 张维平.突发公共事件社会力量的动员与参与机制的社会学分析.新疆社会科学,2007(2)

[191] 张向和,彭绪亚,刘峰,彭莉.重庆市垃圾处理厂的邻避效应分析.环境工程学报,2011(6)

[192] 张向和,彭绪亚.基于邻避效应的垃圾处理场选址博弈研究.统计与决策,2010(20)

[193] 张向和,彭绪亚.垃圾处理设施的邻避特征及其社会冲突的解决机制.求实,2010(2)

[194] 章友德,周青松.网络动员的结构和模式——以"小雪玲救助案"为例.政工研究动态,2008(8)

[195] 章友德,周青松.资源动员和网络中的民间救助.社会,2007(3)

[196] 赵伯艳.冲突转化途径:理论阐释与适用范围探析.云南行政学院学报,2014(3)

[197] 赵伯艳.公共冲突治理的三类干预角色分析——兼论政府和社会组织角色担任的适宜性.天津商业大学学报,2014(3)

[198] 赵伯艳.论吸纳民间团体参与决策对公共冲突化解的积极作用——以台北宝藏岩聚落拆迁冲突的化解诶过程为例.天津商业大学学报,2011(3)

[199] 赵伯艳.社会组织参与冲突管理的功能与可行性分析——基于与公共行政组织的比较视角.云南行政学院学报,2011(3)

[200] 赵伯艳.社会组织在公共冲突治理中的角色定位.理论探索,2013(1)

[201] 赵伯艳.推进社会调解组织参与社会矛盾化解——基于几个案例的分析.社团管理研究,2011(11)

[202] 赵伯艳.我国公共冲突干预治理中的角色混乱问题解析.领导科学,2015(35)

[203] 赵伯艳.我国公共冲突治理结构的困境、问题和对策——引入社会组织的视角.社团管理研究,2012(11)

[204] 赵金,叶匡政,张修智.网络群体性事件之上看下看.青年记者,2009(19)

[205] 赵鹏."典型群体性事件"的警号.瞭望,2008(36)

[206] 赵小燕.邻避冲突参与动机及其治理:基于三种人性假设的视角.武汉大学学报(哲学社会科学版),2014(2)

[207] 赵振祥,刘毅.微博救助行动的舆论动员结构探析.重庆工商大学学报(社会科学版),2012(3)

[208] 赵志勇,朱礼华.环境邻避的经济学分析.社会科学,2013(10)

[209] 郑杭生,杨敏.当前我国社会矛盾的新特点及其正确处理.中国特色社会主义研究,2006(4)

[210] 郑萍.中国传媒公共领域探究——基于学界的争论.中国行政管理,2010(1)

[211] 郑卫.邻避设施规划之困境——上海磁悬浮事件的个案分析.城市规划,2011(2)

[212] 郑永廷.论现代社会的社会动员.中山大学学报(社会科学版),2000(2)

[213] 钟玉明,郭奔胜.社会矛盾新警号.瞭望,2006(42)

[214] 周葆华.突发公共事件中的媒体接触、公众参与与政治效能——以"厦门PX事件"为例的经验研究.开放时代,2011(5)

[215] 周丽旋,彭晓春,关恩浩,张越南,黄思宇.垃圾焚烧设施公众"邻避"态度调查与受偿意愿测算.生态经济,2012(12)

[216] 周裕琼,蒋小艳.环境抗争的话语构建、选址与传承.深圳大学学报(人文社会科学版),2014(3)

[217] 朱力,卢亚楠. 现代集体行为中的新结构要素——网络助燃理论探讨. 江苏社会科学,2009(6)

[218] 朱力. 暴雨下的中国式社会动员. 人民论坛,2008(4)

[219] 邹积超. 邻避问题化解的法治路径——以杭州中泰九峰垃圾焚烧厂事件为例. 环境保护,2014(16)

附　录

案例 1　德国民众抗议"斯图加特 21"

德国民众示威抗议"斯图加特21"项目

　　"斯图加特 21"项目是德国有史以来工程最为浩大、投资预算最为庞大的铁路工程项目之一,工程的关键环节是将位于德国巴登—符腾堡州的斯图加特火车终点站改建为可以连接欧洲高速铁路网的地下贯穿式火车站。工程为期 15 年,预算耗资将达到 60 亿欧元,设计时速为每小时 250 公里,新建隧道 66 公里,新建铁轨 117 公里,其中 60 公里是属于高速铁路轨道,地下贯穿式火车站改造后斯图加特市黄金地段增加 100 公顷。2012 年 2 月 2 日正式启动改造工程,随即遭到当地民众的抗议示威。

反对的声音可以追溯到 1980 年第一次提出改造斯图加特火车站的计划,直到"斯图加特 21"计划正式推出立刻成为市民热议的话题。理由是"斯图加特 21"项目将对当地的自然环境和人文环境造成破坏,占用大量公共空间和城市绿地,施工还将泵出更多的地下水,危害城市树木生长,特别是对始建于 18 世纪的宫廷花园造成破坏。宫廷花园不仅具有很强的历史人文价值,同时作为连接斯图加特市中心和内卡河的原生态绿色环保地带,宫廷花园与市内其他花园链接,共同组成斯图加特的 U 形绿化地带。"斯图加特 21"工程将切断宫廷花园与市内其他绿化设计的联系,破坏花园本身的生态环境,进而影响当地的生态系统。2007 年 10 月,该地环保组织就得到其支持者和当地民众大约两万人的支持,反对斯图加特市引进该项目,要求斯图加特政府举行公投决定是否接受改造工程。根据当地报纸《斯图加特新闻报》的统计,截止到 2008 年 11 月份的民意调查,反对火车改建项目的比例达到了 64 个百分点。到 2010 年铁路部门进一步公布详细的工程计划,立刻引来当地市民的巨大反弹和强烈争议。

2008 年 10 月 11 日,斯图加特市民组织了首次示威游行,大约 4000 名来自地方民间机构、环保机构、自然保护联盟的反对者参与其中。他们提出,要保护斯图加特极具自然价值的宫廷花园和极具文化价值的旧火车站。从 2009 年开始,当地市民每周一定期到斯图加特火车总站附近的广场集会示威,抗议当地政府引进修建项目,不仅形成了"星期一理性示威"惯例,每周末还不定期举行示威游行。2010 年 2 月工程正式启动之后,示威者开始分散到各个施工地点,以静坐的方式组成人链和人体路障阻碍拆迁工作。按照工程计划,修建工程需要砍掉宫廷花园内许多树木,当地花园管理部门和市民便轮流在公园露宿守夜,还有些环保组织的激进人士在树上搭建树屋居住,当年夏天的活动重心主要集中在施工将要破坏的斯图加特宫廷花园附近。2010 年 7 月 26 日,斯图加特火车站原址聚集的参加反对工程的示威群众,据组织者称有 5 万多人,在当天晚些时候当地警方出动以非法闯入为名逮捕了其中的 50 名示威者。"斯图加特"事件就此全面爆发。到 2010 年 9 月 30 日,示威群众和警方发生激烈冲突,许多守卫宫廷花园树木的静坐民众遭到警方警棍、水炮、催泪弹和胡椒喷雾的大规模驱逐,有 400 多人不同程度受伤。第二天,斯图加特市举行了有史以来规模最大的示威游行,组织方面表示有近 10 万名市民参加。

2011 年 11 月 27 日,斯图加特议会决定就久拖不决的"斯图加特 21"火车站改建项目正式进行全民公投,以结束各方对该项目多年来的互不妥协和争论不休。按照法律,需要至少 1/3 的公民,即约 250 万人反对修建地下贯通式火车站才能推翻"斯图加特21"项目。虽然这对于反对者来说面临的困难是相当大的，但反对方也作出承诺会坚决维护全民公投的结果、并用实际行动支持选举结果。两天后的全民公投结果数据表明，赞成改建斯图加特总火车站的公民占58.8%，项目反对者占41.2%，无一人弃权。随后，"斯图加特21"项目反对联盟组织宣布承认并接受失败。巴登—符腾堡州长也表示："我们将接受这个投票结果，因为这是整个州政府共同做的决定。"

"斯图加特21"事件引发了社会各界的反思和回应。

第一，类似德铁这类大型企业与市民社会之间传统的力量关系发生了改变。德国历史上从未有类似的事情发生过，即斯图加特市民组织的抗议活动最终迫使政府以全民公投的方式决定"斯图加特21"这一超级改建工程的命运。公民个人逐渐意识到自己在环保公益领域的诉求主体地位，维护其知情权、提出异议权和环境诉讼等法定权利。有人引用法国《环境宪章》第7条的规定来支持这一理念，即在法律规定的条件和限制下，每一个人都有权获得由政府当局掌握的与环境相关的信息，并参加会对环境产生影响的公共决定的制定。

第二，政府组织展开讨论，进一步论证"斯图加特21"项目的科学性和可行性。德国总理默克尔强调，为了工程建设的推进，德政府必须证明该项目是可靠的。同时，要求"斯图加特21"项目负责人提出具体的物种保护方案和物种迁移物种栖息地的行动计划，并邀请环保专家全程监督有关物种的调研工作和栖息地的施工建设。以蜥蜴种群迁移计划为例，项目发言人沃尔夫冈厄迪特里希表示,为了保护好德国珍贵的蜥蜴物种,他们特别在三个地点建立了占地 1.3 公顷的替代性蜥蜴栖息地,里面装设了隐蔽的干石墙、低矮灌木和砾石路面,并用木桩和沙地为产卵中的蜥蜴提供保护,这一理想的蜥蜴栖息地将于 2013 年竣工。此外,还邀请独立专家和环保人士研究受影响地区的树木人口比例,制定植被保护措施,种植果树,护理果园,建设沿铁路绿化带。

第三,警方开展内部自查工作,反思之前疏散工作不利的原因。德国国内舆论认为,警方没有及时科学舒缓对立情绪,在工程拆迁施工进行中没有制定考虑完备的疏导方案,导致冲突升级,大量示威民众受到不同程度的擦伤、割伤以及韧带损伤,还有人因水炮而失明,其中包括许多儿童和老年人,因而内政部官员需要对疏散过程中示威游行参加者的受伤负责。正是由于批评警方的不当行为使得示威冲突由风险升级为事实,内政部长厄兹戴米尔发表公开道歉。

第四,确认项目相关者的利益诉求,保持各方独立的立场,将双方诉求交予民意基础上的民主决策。项目施工方德国铁路总裁格鲁伯表示,德铁在斯图加特市建设的是一个先进的火车站,而不是一个核反应堆,对旷日持久的示威浪潮表示震惊,认为德铁是按照与政府的合约施工,不存在法律异议,因而不会暂停工程进度。同时他也表示,斯图加特市民有举行示威游行的权利,他呼吁示威者保持和平的抗议,但工程的命运最终由各级议会决定。

总之,正如德国学者费德理乌斯表达的,以环保著称的欧洲时常发生由重大项目引发的环保争议和示威。这迫使各国越来越认识到，应该让民众更多地参与大项目的事前评估。首先，这是民众的一种民主参与，可以激发民众的主人翁精神，集思广益。其次，也可防止政府在一些大项目上的疏忽。最后，民众参与可让政府卸下沉重的包袱：上大项目对政府也是压力，通过广大民众参与，可让部分反对者明白大多数民众的主流意见。

资料来源：汲立立："'斯图加特21'项目的反思"，《学习时报》2012年11月12日。

案例2 德国民众抗议核废物运输

民众抗议政府延长核电站运营期。

2010年11月9日，突破了5万名抗议者沿途重重堵截，一队运送德国核废料的卡车终于抵达德国北部格莱本的核废料储藏地。一场德国史上耗时最长的核废料运输就此艰难地画上句号。

虽然有抗议者和警察发生冲突的报道，但示威整体是一次非暴力的抗议。虽然抗议者对核废料的运输和填埋感到担忧和愤慨，但他们不只是"愤怒的青年人"，他们有明确的目的和分工，甚至接受了专门的培训。虽然核废料仍然冲破阻力到达目的地，但抗议者们相信，如此规模的抗议一定能让政府在处理核废料时，更加谨慎。

一次最久最贵的核废料运输

11 月 8 日，天刚蒙蒙亮，初冬早晨的寒气还未退去，德国北部丹宁堡通往格莱本的公路上，一群裹着睡袋和毛毯的人渐渐苏醒过来。

他们是一群示威者，在公路上过了一整夜，夜间低于零度的气温没能将他们赶走。一早，"增援部队"送来了热咖啡和早餐，示威者们很快恢复了活力。大家肩并肩，围坐在马路中间，开始又唱又跳、自娱自乐，看起来更像是次野餐。

在德国反对核能民间组织 X-tausendmal quer 的发起下，4000 多名德国各界人士来格莱本静坐，阻截核废料运送到它的最后一站。

11 月 5 日，载有 123 吨高放射性核废料的列车从法国出发前往德国。这些源自德国核能发电厂产生的废料，此前被送到法国阿海珐集团下属一家核燃料回收厂进行处理，然后按计划用火车运到丹宁堡后，装上卡车运输到 20 公里外的格莱本，存放在一个临时存储设备中。

从法德边界至运输终点格莱本的 1000 多公里路上，这百余吨的核废料遇到重重阻碍。前后三天，德国警方出动了大约 2 万警力为核废料"护航"，总共花费约 7000 万美元，成为德国有核电以来耗时最久、耗资最多的核废料运输。

填埋目的地有核泄漏危险

谈起在格莱本的示威经历时，X-tausendmal quer 组织成员，25 岁的马科斯·埃尔曼很有成就感："我们做的事情非常有意义，让政府认识到在格莱本储存核废料的做法行不通。"

马科斯告诉本报记者，将格莱本作为储存核废料的地点曾引发很多争议和抗议。因此这座城市对抗议者来说，具有很强的象征意义。

由于核废料填埋本身具有危险隐患，德国政府一直为寻找合适的核废料处置库烦恼。上世纪 70 年代德国政府决定将格莱本作为过渡性的核废料的储藏地。目前，这里已有两座过渡性储藏设备在使用。来自德国各地核电站和研究中心的高放射性核废料都被送到这里，它们被储存在一座地面储藏库的干式储存罐里。现有储量的上限是 420 个储存罐。

1977 年，德国政府决定在格莱本的地下盐丘再建造一座深达数百米的核废料处置库。但之后的地质勘测显示，盐丘的地下岩层并不稳固，并且还会接触到地下水。这不仅意味着地下水和周围生态将受污染，还可能导致地下处置库坍塌，引发核泄漏灾难。今年，默克尔领导的中右派政府不顾抗议，重启对格莱本盐丘的勘探和开凿，引发强烈抗议。

这一次，为了抗议政府将这批核废料运到格莱本，绿色和平组织、绿党、工会等号召并组织了大规模抗议行动。有人在铁轨上静坐，有人将自己锁在轨道上，致使列车只能缓慢前行，甚至改线。

8 日,在艰难地完成铁路运输后,核废料被装入 11 个集装箱中,由一队卡车运送,在大批防暴警察和数十辆装甲警车护卫下,踏上最后 20 公里公路旅程。

这段公路上,数万民众静坐堵路。有人将卡车停在路中央,还有人将 2000 多只羊赶上公路……车队的前行速度几乎比步行还慢。

反核组织培训示威群众

"在大街上静坐 44 个小时当然不是件舒服的事,到晚上,温度低于零度,还好大家带了垫子、毛毯、热饮料和食物。"马科斯笑着说,"我们还放音乐、唱歌助兴,时间并不难熬,但警察们就没有这么好过了。"

虽然一边是以马路为床,坚守阵地的示威者,另一边是全副武装的警察。双方并没有发生真正的肢体冲突。警察们面对这样的场面已经训练有素,X-tausendmal quer 共号召了4000 余人在公路上静坐,但无一人受伤或被捕。随着运送核废料的车队以步行的速度前进,马科斯和伙伴扮演"人肉路障"的角色,大批警察开始当"搬运工",为核废料开道。

"他们把我们一个个从公路上搬走。没有冲突,没有人受伤。"马科斯说。

事实上,马科斯在 X-tausendmal quer 组织的主要任务就是对参加静坐的民众进行培训。"我会告诉他们怎样才是非暴力的示威——如何和警察打交道,当他们把我们从现场带走时该怎么做。"

静坐前的一周多时间里,马科斯和伙伴们对几千名示威者做了类似的培训,让他们都有所准备,在表达抗议时确保自己和他人不受伤害。

另外,根据德国法律,在公路上静坐并不被视为刑事犯罪,针对其最严厉的处罚是罚款,而且根据以往的经历,静坐示威者人数越多,他们受到处罚的可能性就越小。

不过在另外一些地方,抗议活动就没有这样平静。

一些示威者在抗议时,试图将铁轨下的基石搬走,让铁路线瘫痪。警察在阻止、驱赶的过程中,动用了催泪瓦斯,因此有 100 多名示威者受了轻伤。

整体而言,这是一次和平、非暴力的抗议。

德国民众不满政府核能政策

据报道,这是自 1995 年以来,德国的第七次核废料运送行动。

既然不是第一次,德国人为什么反应如此强烈?

上世纪 70、80 年代,对于核武阴云的恐惧和对核废料的担忧使得很多德国人加入到了反对核电的行列。

1986 年 4 月 26 日,切尔诺贝利核电站发生核泄漏事件,德国的核电发展也就此遇到来自民间的强大阻力。和 20、30 年前相比,今天的德国人开始更理智地对待核能,除了质疑,他们开始讨论自己是否真的需要核能,能否用更安全清洁的能源来替代。而大多数人得出的结论是肯定的。

此前,默克尔政府做出决定,确认核电的"过渡性能源"地位,平均延长德国核电站运营期 12 年,这立即遭到各界批评。柏林市在 9 月举行了声势浩大的 10 万人大游行,反对政府的核能政策。小城格莱本,此次也有 5 万人加入了抗议活动,这是当地历史上规模最大的一次反核游行。除了担忧核污染,人们认为,这样的政策只是让大型能源企业受益,对民众没好处。

据反核人士说,这批运到格莱本的德国核废料,辐射性比 1986 年切尔诺贝利核泄漏造成的辐射高出一倍,"万一运载过程发生意外,必将威胁人们的生命和健康。"

反核能形式多样分工明确

即便几万人重重设卡,11 辆载有核废料的卡车最终还是到达目的地。这样的结果是否会令抗议者失望?

马科斯并不这样认为,因为从最开始他们的目的就不是阻拦某一次核废料的运输。

"当然有人会呼吁战斗到底,阻止核废料的运达。但我们都很清楚,这批核废料最终会送到目的地。而我们举行抗议活动更大的意义,是反核能政治,而不仅限于 11 辆运送核废料的卡车。"

"当然,我们不能指望示威游行立竿见影。但回顾历史可以发现,几十年前德国政府原本计划修建很多核电站,但由于民众的反对,除了上世纪 70、80 年代建的核电站之外,再没修建新的核设施。"马科斯说。

X-tausendmal quer 只是德国反核阵线的一个组成部分。

马科斯介绍说，"我们的组织主要负责和平示威，德国还有很多的组织在进行各种其他抗议活动，如游说国会立法；法律组织提起诉讼，要求关闭核电站；还有的致力于推动清洁能源的使用。还有德国绿党，他们是政党中反对核能立场最鲜明的代表。"

和政党不同的是，X-tausendmal quer 是一个开放的网络，任何人都可以参加。其组织内部没有等级制度，也没有核心的领袖。是否举行抗议活动，由成员提前投票决定。

为了筹备下一步的抗议活动，X-tausendmal quer 现已邀请了各界的抗议人士在 12 月初会谈。"在联合抗议的过程中，你会遇到很多志同道合的人，有的人投入大半生精力，就为了来确保子孙后代不会受核污染的威胁，能结交这些人，让我们很受鼓舞。"

德国历史上耗时最长的一次核废料运输，引起了舆论的广泛讨论，对政府的压力也不言而喻。马科斯相信这次抗议非常成功，"我们还将继续抗议，直到最后一座核电站彻底关闭。"

材料来源：德国民众设"人肉路障"阻止核废料列车，新浪网：http://news.sohu.com/20101114/n277603185.shtml。

案例 3　美国尤卡山项目遭到民众抵制而终止

选址尤卡山

风险类邻避设施诸如核电、核废物处置库作为一种高科技产品的代表,其风险一直以来就是社会广受社会关注的议题。这种风险类邻避设施面临的最主要的问题不仅仅体现在经济和技术理性方面,更重视与大众对核设施的风险感知相关。美国的尤卡山项目的兴建于最终废止就经历了一段曲折的过程。

根据美 1982 年《核废物政策法》明确规定了联邦政府对美国所有民用乏燃料的管理责任。1987 年,美国国会通过《核废物政策法修订案》(NWPAA),指定尤卡山场址为唯一高放废物处置库候选场址,要求能源部对其场址特性进行评价并查明该场址作为地质处置库的适宜性。2002 年 7 月 9 日,由总统推荐并经美国国会批准,尤卡山场址被确定为高放废物地质处置的最终场址。

尤卡山场址位于曾进行过 904 次核爆炸试验(1945—1992 年)的内华达试验场址西南,南距拉斯维加斯 160km,为戈壁地区,气候干燥,年降水量 180mm,景观地貌与我国甘肃北山的高放废物处置库预选场址类似。该场址围岩为熔结凝灰岩,地下水距地表深度 500~800m,地下水 pH 为 10~12。拟建处置库离地表深度为 200~500m,位于地下水位之上 245~305m,平均约为 300m。因此,处置地段位于包气带中。该候选处置库拟处置高放废物 70000t,其中商用废物为 63000t(来自 41 个州),军用废物为 7000t(来自汉福德场址)。现美国运行的核电站有 104 座,每年由核电站产生的废物有 2000 多吨。

民众的担忧

内华达州本身没有商业运营的核设施,但却要接受核废物,这一点使他们在心理上很不平衡,因此,内华达州政府和尤卡山附近的居民一直强烈反对把高放废物处置库建在他们那里。他们主要基于以下几个理由:

第一,地区构造稳定性问题。内华达州是美国地震最活跃的地区之一,根据美国地质调查局资料,自 1915 年以来,该州发生 5 级和 5 级以上的地震共 10 次,其中 7 级以上为 3 次(7.1~7.2),6~7 级有 5 次;1954 年有 4 次地震,强度是 6.6~7.1 级。在尤卡山附近,1992 年有 5.6 级地震,1999 年有 4.7 级地震。因此,当地公众对处置库地区的地震活动性甚为担扰。

第二,核废物运输过程中如何防止破坏和恐怖袭击问题。由于尤卡山处置库处置的核废物,是通过铁路从全国各地核电站运送而来,因此,提出了在核废物运输过程中如何防止破坏和防范恐怖袭击等问题。

第三,在建选申请书中,缺乏空中飞行器可能在当地发生事故的相应信息。

第四,对废物罐的寿命提出质疑,认为现在尚无数据支持能源部提出的关于废物包装件外侧拱门形防滴水罩(Drip shield)的寿命设想。

第五,卡山附近居民担心处置库的有害物质会随地下水带至居民区,影响人们的生存条件,因为尤卡山附近有断裂和地震,以及历史上存在火山活动。

当 2002 年布什政府向参、众两院推荐该场地为处置库最终场地时,当时的内华达州州长吉恩(Guinn)和司法部长桑多瓦尔(Sandoval)就控告布什政府,要求终止尤卡山的核废物处置计划,但由于参、众两院都批准了布什政府的建议,因此,地方政府也无能为力。尤卡山附近的居民是印第安人中的肖松尼族(Shoshone)和佩恩特族(Painte),他们认为把处置库建在那里,是对有色人种的一种歧视。该场地附近有一个核器试验场,有 40 多年的运行历史,进行过 900 多次核试验,导致当地居民的癌症和白血病等疾病的发病率较高,因此,这也就成为当地居民反对在此建造处置库的理由之一。

项 目 废 止

美国经济近年来日益衰退,这在尤卡山项目的投资上,也显得十分清楚。早在 2007 年 12 月,尤卡山地下工程的通风系统由于缺乏足够资金而停止运行。2009 年 2 月 14 日,能源部发言人班森(Benson)说,尤卡山的 600 名合同工中将辞退 500 名或更多合同工。现在的投资情况已难以维持以往的工程,因此,原来运输核废物的铁路修建计划,也可能难以完成(原计划在 2016 年完成)。

随着奥巴马当选美国新一届总统,美国政府对尤卡山项目的态度发生了根本性转变。奥巴马在赢得选举,于 2009 年 1 月 5 日与尤卡山项目的坚定反对者、内华达州参议员、众议院多数派政党领袖哈利雷德会面,表示将削减 2010 财年尤卡山项目的全部拨款。

2009 年 2 月,能源部在向国会提交的 2010 年财政预算申请中,除保留核管会许可证申请审查的拨款外,取消了所有对尤卡山项目的拨款。

能源部目前正沿着一种"基于共识"的方式行事,计划在新的废料处置库被选定之前,加强来自当地和州政府层面的支持。"我们认为这些步骤只是常识,"莫尼兹在华盛顿特区的一次演讲中说道,"在试图为这些废料库选址时,缺少一种基于共识的方式几乎是一个致命的缺陷。"他引述上个月由位于德州达拉斯的废物控制专家协会发布的计划——在德克萨斯州达拉斯建立一个私立核废料储存所,认为这是一迹象,表明某些社区在废料储存问题上已准备好与政府建立联系。

2010 年 3 月 3 日,能源部正式向核管会提交申请,撤销其于 2008 年 6 月提交的尤卡山处置库建造许可证申请书。这意味着美国唯一的高放废物地质处置项目已经正式终止。

材料来源:逢硕:"双管齐下:美国政府为核废料寻找储存地",《世界科学》,2016 年第 2 期;徐国庆:"关于尤卡山项目的一些思考",《世界核地质科学》,2011 年第 6 期;刘超:"处于十字路口的尤卡山",《国外核新闻》,2009 年 1 月 25 日。

案例 4 "拱心石"项目的搁置与重建

"拱心石 XL"(Keystone XL)是一条计划修建的跨国石油管道的名称,这条管道的起点位于加拿大的阿尔伯塔省,终点位于美国德克萨斯州墨西哥湾海岸,全长越 2700 公里,若建成,堪称北美洲"能源主动脉",每天可将多达 83 万桶原油

输送到德州的炼油厂。

　　加拿大管道公司 2010 年 6 月铺设完成横跨美国中西部的"拱心石"输油管道,用于将加拿大的原油输送到美国。该公司后来计划将此管道延长至美国得克萨斯州,延长段项目被称为"拱心石 XL"输油管道。该项目计划投资 70 亿美元,建成后,预计每天的原油输送量可达 80 万桶。

支持者的理由

　　在美国国内,共和党和保守派是该项目的支持者,主要包括石油和管道公司,能源州的多数民众,甚至还有民主党的"传统票仓"工会组织,支持的理由如下:

　　首先,该项目将确保美国的能源安全。美国是全球第一大石油消费国和头号经济体,加拿大是世界第三大石油储备国和第五大石油生产国,该管道将强化"友好邻邦"加拿大对美国的能源进口,能使美国对中东及委内瑞拉等"危险地区"的石油依赖度减少 40% 以上,对美国的能源非常有利。

其次,该项目将促进美国能源产业的发展。在"页岩气革命"的推动下,美国非常规石油产量迅速增长,该管线经过美国蒙大拿州和北达科他州,可将巴肯地区生产的大量页岩油运往墨西哥湾炼厂,帮助炼厂获得安全可靠的廉价油源,美国消费者也可因此选用较为低价的本地生产油品,促进美国经济的长期增长。

最后,管道的修建将带动美国的就业。美国国务院的评估报告认为,该计划将为管道沿线增加 4 万个直接或间接的就业机会,这对提振美国的劳动力市场,推动经济发展大有裨益。

反对的声音

该项目的反对者主要是自由派民主党人和环保人士以及一些当地民众。反对"拱心石 XL"管道建设已经成为美国新一代环保运动的"旗帜",为此,华尔街和好莱坞的一大批富人名人纷纷出钱出力去制止该输油管的建设。反对的理由主要基于以下三个方面:

第一,美国石油政策重点应强调新能源的发展和能源结构的改善,建设这条 3000 公里长的管道会大大增加美国人对石油消费的依赖,增加温室气体排放。有人认为,拱心石 XL就像是一个定时炸弹,会给环境造成很大破坏。

第二,若该项目投入建设,有关沿途路线上的森林植被将被破坏,管道在途经地区可能出现泄漏,污染环境与水源。一旦发生泄漏,管道所在地民众会面临着巨大的灾难。

第三,阿尔伯塔的油砂矿生产的原油比其他种类的石油对环境污染更严重。油砂的硫、镍、氮等含量数倍于常规石油,不能用传统的采油技术开提取,需要加热。开采同样单位的石油,从油砂中开采需要消耗更大量的水,并增加高达17％的碳排放。

项目遭到搁置

2010 年 12 月,"拱心石 XL"项目被质疑存在环境风险,美国国家环境保护局和一些非政府组织及科研机构发布公告,证明该项目存在环境的风险。由美国自然环境保护然资源保护委员会和以"地球之友"为代表的一些非政府组织支持的"反油砂运动"也在此时出现。

2011 年 5 月,"拱心石 XL"遭到了成立以来最大的一次危机,受到了来自农牧业组织和环保团体的抵抗,并要求立即停止该项目,原因在于"拱心石石油管道系统"先后发生的大规模的石油泄漏,引起了民众对"拱也石化"项目的强烈质疑。

由于该管道建设计划将要穿越美国原住民保留区,所以遭到了原住民的强烈反对。美国国务院发布环境评估报告称,"拱心石"ＸＬ石油管道项目不会对加拿大油砂开采和总体温室气体排放产生明显影响,为美国总统奥巴马批准这个搁置许久的项目扫清了一道关键障碍。美国国会曾于 2011 年 12 月底通过一项立法,要求奥巴马在 60 天内就是否批准"拱心石"XL 项目作出决定。由于无法在国会设置的最后期限前就该项目的环境影响进行全面评估,奥巴马政府于 2012

年1月否决了该项目并一直被搁置。

项目的重建

2017年1月24日,美国总统特朗普上任第二天,继续在白宫签署行政命令,他决定重启美加"拱心石"XL输油管道项目(Keystone XL,以下简称拱心石)。此举直接推翻了奥巴马任内否决该项目的决定。

对于特朗普的决定,原住民领袖立岩苏族保留区(Standing Rock Sioux Tribe)主席阿尔尚博二世(Dave Archambault II)发表声明称:"特朗普总统应该遵守法律,尊重我们的协约,建设一条公平而合理的管道计划。美国人民都知道这个管道穿越我们的保留区,却没有得到我们的同意。这个管道的将会威胁我们和1700万下游美国人的饮用水安全。"

拱心石项目最大的反对者就是两个原住民保留地和环保主义团体。随着计划重启,拱心石项目将必然遭到激烈的抗议。

拱心石计划穿越贝托尔德(fort berthold)和立岩(Standing Rock)两个印第安人保留地。同时威胁着穿越地区的水源。阿尔尚博二世在声明中还强调:"我们不反对美国的能源独立,但是我们反对鲁莽推动这种动机不纯的计划,这完全是对我们权利的无视和对我们的用水的威胁。"

原住民环保联盟(Indigenous Environmental Network)也宣布:"我们将动员大规模民众参与到非暴力不合作的抗议活动中。"

资料来源:谢红娟:"善治视野下邻避运动的政府应对",华中师范大学硕士论文,2015;董春岭:"拱心石"背后的美国政治角力,《瞭望新闻周刊》2015 年 2 月 9 日;"特朗普签行政命令,重启奥巴马否决的输油管道项目",凤凰财经网:http://finance. ifeng. com/a/20170125/15167821_0. shtml;郑启航,"美国政治绑架拱心石 XL 项目",新浪网:http://news. 163. com/15/0110/10/AFJDJU2R00014AED. html。

案例 5　日本新干线邻避事件

1986 年 3 月,经过长达 12 年的诉讼战,日本国铁公司向名古屋受害民众支付 5 亿日元精神损害赔偿,并承诺降噪减震。

新干线是日本的高速铁路客运专线系统,是全世界第一条载客营运高速铁路系统。时至今日,新干线已成为日本的文化符号之一,吸引着世界各地的人乘坐旅游。但 1964 年 10 月 1 日东海道新干线开通以后十几年时间里,由于没有实施有效环境措施,也曾给沿线公众带来难以接受的噪音和震动。

公民发起诉讼

新干线运行十年后的 1974 年 3 月 30 日,575 名紧邻东海道沿线 7 公里区间的居民向名古屋地方法院提起诉讼。其依据是《日本国宪法》第 13 条所规定的"幸福追求权以及环境权"。

诉状称，新干线的运行所造成的高分贝噪音、剧烈的震动导致头痛、自律神经失调，对原告的身体健康造成了损害。同时，新干线的噪音、震动还给原告的会话、睡眠带来了极大的妨碍，严重影响了原告生活。因此，原告要求日本国国铁公司（下称国铁公司）停止新干线的运营，并为已有和未来的损失赔偿 5.5 亿日元。

国铁公司的代理律师称，国铁公司在新干线的开发前和开发后，都尽最大的努力采取了相关措施。例如对部分居民的房屋加护了防音措施，并建议一部分居民搬迁。律师发问道，部分居民拒绝救济行为，固执地要求新干线减速，东京至大阪共有 51 个车站，如果这 51 个地方都像名古屋这样减速的话，就会退回到新干线技术以前的水平，那么新干线的作用如何得以发挥？

法 院 审 理

名古屋新干线诉讼案，自 1974 年 3 月 30 日提起诉讼至 1980 年 9 月 10 日一审判决，历时六年半，共开庭 63 次。一审法院的判决结果并没有过多倾向于当地居民，判决要求被告国铁公司赔偿原告以前遭受的精神损害，原告每人可获得的最高赔偿数额为 100 万日元。对于将来的损害赔偿要求，一审法院则予以驳回。对于原告的新干线减速要求，一审法院以最高法院尚无定论为由不予受理。

　　由于原被告双方对于一审判决的结果均不满意,诉讼进
入二审。名古屋高等法院仍旧驳回了原告的减速请求,但判
决被告国铁公司应给予原告人均 66.5 万日元的赔偿。赔偿
总额达到 3 亿日元。

　　名古屋高等法院判决后,原告和被告均向日本最高法院
提出了上告。1986 年 3 月,双方在诉讼外达成了和解协议。
原告在被告承诺竭力防止噪音和震动的前提下,获得了国铁
公司 5 亿日元的精神损害赔偿,相当于人均 87 万日元。

　　根据统计资料,1986 年,日本国民平均年收入为 362.6
万日元,因此赔偿金额大致相当于人均年收入的四分之一,一
个四口之家所获得的赔偿大抵相当于一个成人的年收入。

亡 羊 补 牢

　　事实上,在最初的十几年间,在名古屋外,新干线沿线大
批居民进行了长年的噪音投诉。除了给予赔偿,官方还采用
科技攻关的办法降噪减震。虽然是全世界第一个成功的高速
铁路系统,新干线最初采用 0 系列机车,无论从列车上或线路
上都未考虑太多的防噪措施。因此距离铁路中心线 25 米,高
于地面 1.2 米处,噪音的最大声级可以达 90 分贝。

　　1982 年以后,日本新干线公司在新干线两侧加装了 2 米
高的声屏障,将噪声降至 79.5 分贝。1985 年以后,新干线公
司陆续推出 100 系列、200 系列等四种机车车型。1997 年推
出的 500 系列机车的车型,可以说是中国和谐号动车的"模
板",子弹头形状的长鼻型车头有效减少了空气阻力和气动

噪音。

相比于 1964 年的 0 系列机车,500 系列机车的速度已从每小时 220 公里提高到每小时 300 公里,但相应的噪音则从90 分贝下降到了 74 分贝。

名古屋新干线公害诉讼案让日本国铁公司吸取了教训,但是经验的积累仍是一个渐进的过程。大量的居民投诉导致日本国铁公司在技术准备不够充分的情况下建起大量声屏障,由于当时无充分的理论计算、实验研究和结果验证,后来出现许多区域声屏障仍不达标的状况。铁路部门只好再增大资金投入,对声屏障加高或改型。国内相关研究者认为,如果说有一条教训可以吸取,那么日本新干线留给 30 年后中国的就是做好环评,在损害发生之前尽量避免或者降低。

资料来源:徐超:"日本新干线邻避事件",腾讯网:ht-tps://finance.qq.com/a/20130107/002931.htm。

案例 6　深圳市民抗议垃圾焚烧厂事件

2015 年 1 月 5 日,广东省深圳市数千市民打出"坚决反对垃圾场建在龙岗上坑塘,要健康不要癌症!""支持垃圾分类处理,做到垃圾不落地","今天不抵制,明天准备做癌症病患者"等标语到深圳市民中心集会,抗议日烧 5000 吨的大型垃圾焚烧场选址龙岗区坪地街道。集会被大批警察强行驱散,多人被抓捕。

选址网上公布惹争议

深圳市规划和国土资源委员会 2014 年 12 月 26 日在其官方网站上公布关于深圳市东部垃圾焚烧处理厂项目选址方案,方案称深圳市东部垃圾焚烧处理厂项目申请用地拟选址于坪地街道四方埔社区上坑塘地段。获悉消息后,市民发起数次示威抗议,尤其是以互联网作为抗议的前沿阵地。

网友@李少卿表示,选址区位于坪地街道四方埔社区上坑塘,靠近居民聚集区。北距马塘村居民区 500 米,东北距牛眠岭居民区 800 米,西南距吓坑村居民区 1000 米,东南距浪背村居民区 960 米。第二,选址区附近为居民聚集区,3 公里范围内现生活近十万居民,5 公里范围内生活数十万居民。

@脆批:反对! 在一个距人口居民区 1 公里,周边 9 公里内十家医院,8 所中小学及无数幼儿园,又紧靠数座水库/河流,且在龙岗坪山新区上风向地方作为有严重污染项目的选址,请重新选址

互联网凝聚网民意见

之后,很多人在网上提出各种疑问,质疑政府的选址行为。如有网民在互联网上提出 12 问:

1. 为什么这个据称世界上最大的垃圾焚烧厂要选址在四周是几十万居民的生活密集区和国家一级水源保护区旁边-四方埔和尚径和松子坑水库? 公示为什么不提及原因,以

及为什么这个地方比其他地方更合适？国家一级水源保护区不是明令禁止建这种污染设施吗，还要建世界最大的？不相信不会受影响。怎么可以让居民喝污水？

2. 会不会是因为垃圾运输成本高，不方便运输到人口密度低的地方，那么试问居民健康和运输成本哪个重要些？运输成本有多高，几十万人每月交税交物业管理费，还要守着超大垃圾焚烧厂？对这些人不公平吧。

3. 四方埔和松子坑水库旁几公里的本地居民每年都发赔偿金，具体是几公里会发（要考虑这么大规模的焚烧厂），为什么会发，多少赔偿可以透明吗？为什么不让他们搬迁，身体受污染影响怎么办？钱可以换来更长的寿命吗？几公里之外也受焚烧厂影响的那些居民怎么赔偿？

4. 现在才公布这个垃圾焚烧厂的位置并且打算立马开工；而附近已有不少楼盘包括刚刚开建的新楼盘（政府已经批地拿钱），许多人已经购买甚至已有业主入住，他们怎么办，可以按当前市场价甚至原价卖给政府吗？让他们买单不公平，都是血汗钱！不能随便就说"不会受焚烧厂影响"（看看红花岭，当初也这么说），那好，业主不愿卖不强求，愿意卖的话政府必须接收，给业主选择的基本权利！因为这是政府的规划并且已批地拿钱！

5. 考虑过人口不密集的地方作为更好的选址吗，深惠交界人口较少山区较多，建"深惠共用的垃圾焚烧厂"可以吗？前提是提前足够时间安置好当地居民。另外坝光社区居民已于 2010 年搬迁到葵涌在那里建可以吗？代表 GDP 政绩的

"生物谷"和人生存的权利相比,取舍可见。还不明白请看上面"为人民服务"几个大字。

6. 四方埔和松子坑水库离两个中心区和坪山火车站都不远,10年后这里可以很繁华,建了超级垃圾焚烧厂,10年后要重新搬迁一次吗? 还是花纳税人的钱,居民买单。

7. 央视报道的龙岗红花岭污染事件现在解决了吗,有改善吗,有解决方案了吧,如果期限内达不到目标,谁来负责,有负责的吗? 让民众又如何信服?

8. 这个新的日处理5000吨的东部垃圾焚烧厂(规模大概七八倍于红花岭)会成为第二个"龙岗红花岭"吗,如何保证? 希望责任人是深圳市市长或市委书记或更高职务,否则难以服众,人心惶惶。

9. 此次公示为什么要"寄信才能反映不同意见",政府应该知道现代人几乎已经不"寄信"了,寄信成本高居民消费不起,试问这样的限制目的何在? 坦率地说,是不是不想让大家提意见? 用网络实名投票或评论等较符合现代人操作的方式是不是更好? 现场凭证件来投票也不错,可以领个"回执",如果"寄信"后石沉大海,找谁说去?

10. 奥一网(南方报系主办)的网络问政平台上有大量网友提问给领导,点击量支持率都排在前三位的关于"这个日处理5000吨垃圾焚烧厂的选址问题"领导们看了还是没看,这么久了领导怎么一点指示没有? 好像还被和谐了,居民们还傻等着,容易让人想起古代草民跪请官老爷为民做主还被看作刁民用杀威棒轰出去的场景,心酸!

11. 说说政府近两年的治理垃圾焚烧的功绩，也让居民们长长见识。有担当的居民也许会帮忙出谋划策，智慧也可以来自民间而不一定是所谓的专家精英。

12. 政府会封掉居民和业主维权使用的 QQ 群等交流工具吗，会封掉某个人的发言吗，有水军帮宣传吗？请如实回答。

垃圾焚烧厂内环境颠覆市民认识

针对网民的质疑，政府和企业部门决定邀请市民走进老虎坑垃圾焚烧发电厂，和垃圾焚烧发电进行了一次"亲密接触"，打消公民的疑虑。2015 年 3 月 2 日上午 10 点 30 分许，在讲解员的带领下，40 名来自各区的热心市民进入老虎坑垃圾焚烧发电厂的垃圾吊控室，家住宝安中心城片区的陈女士在昨日的参观中有感而发，"没想到这么大的厂内气味却没有小区垃圾中转站的气味大，垃圾焚烧发电是政府行为，也是为民服务，市民也应该尽义务，提供方便。"家住福田的罗先生带着女儿来参观，他表示，对于二噁英的排放若有严格的检测，能达到国家标准，作为市民，相对而言会比较放心，回去后会将了解到的情况告诉更多的人让大家都来了解垃圾处理事业。

资料来源：颜瑜："深圳数千市民示威抗议在生活密集区建日烧 5000 吨大型垃圾焚烧场"，乌有之乡：http://www.wyzxwk.com/Article/shehui/2015/01/336058.html。

案例 7　厦门 PX 事件

风　波　由　来

厦门 PX 项目是指台资企业腾龙芳烃(厦门)有限公司投资的,将在厦门海沧区兴建的计划年产 80 万吨对二甲苯(PX)的化工厂的项目。

2007 年 3 月,北京人大、政协会议中,中国科学院院士赵玉芬为代表的 105 位全国政协委员联署了"关于厦门海沧 PX 项目迁址建议的议案",成为本届政协头号议案。该议案认为,距离居民区仅 1.5 公里的 PX 项目存在泄漏或爆炸隐患,厦门百万居民面临危险,呼吁厦门 PX 项目立即停工并迁址。但本议案并未通过。该投资项目仍然得到厦门市委、市政府的鼎力支持。但政府却对外封锁消息,民众在很长时间内都不知情。

互联网和短信的介入

由于厦门政府对当地媒体的管制,厦门 PX 事件并未等到人们的关注。人们关于 PX 厦门的零星报道都是通过外地媒体而获知。网络论坛通过转载的方式披露了 PX 项目的全过程,在前期影响最大的是厦门的当地论坛——"小鱼论坛",在"小鱼论坛"上,所有传统媒体的报道都被转载,并成为网民热议的对象。针对"小鱼论坛"的报道对当地政府造成的被动局面,厦门市政府不动生死地进行了反击——对其进行关闭。小鱼论坛于 5 月 28 日被关闭,首页的提示信息以红色字体写到社区部分帖子有违法行为,"在相关违法信息被清理完后,社区会重新开放。"之后厦门网民开始转战天涯论坛和猫扑等全国性的论坛进行进行发帖和讨论。

在反对厦门 PX 项目的行动中,QQ 群也发挥了重要作用,其中影响最深远的是由吴贤等创立的"还我厦门碧水蓝天"群。由于参与 QQ 讨论人数的迅速增加,"还我厦门碧水蓝天"迅速扩展到了 1、2、3 群,而且往往通过群公告的形式进行引导。在 PX 事件的初期,该群主要讨论的是 PX 项目的危害,到了 6 月 1 日大游行之后,政府开始对 PX 项目进行环评,此时,"还我厦门碧水蓝天"适时地进行了动员和引导,群公告马上改成了"关注环评、反对 PX"。

在厦门 PX 中,笔名为连岳的博客在动员中发挥了重要作用。连岳不仅在博客上转载了有关 PX 项目的报道,还通过博客协调人们的行动,告知人们应该怎么办。他在博客上刊登环评报告,揭露 PX 项目的危害,发表《厦门人民怎么办》鼓励厦门人民乃至全国人民如何捍卫应有的公民权利:

1. 首先,你不要怕,议论全国政协的头号提案不是罪,你不会被抓的。

2. 如果你有 BLOG,上论坛,请转载这篇新闻:《厦门百亿化工项目安危争议》;转载国内合法发行的报纸上的新闻也不是罪,你不会被抓的。

3. 如果还是害怕,就在近期之内多跟你的朋友、家人、同事议论这件事——他们说不定全不知情。

4. 如果你还是怕,那就告诉最好的朋友及家人。

5. 如果你不怕,还应该告诉漳州、泉州的朋友,他们一样处于危险之中。

6. 说清楚下面几句话就可以了。

7. 这是 105 位全国政协委员反对的化工项目,他们中包括了最权威的专家。

8. PX 项目至少应该离城市一百公里才安全。

9. 厦门人至今被剥夺了 PX 项目的知情权,这反应了它是违反民意的。

10. 它将使厦门经济倒退,物业贬值、游客减少;而且厦门人还将由此落下软弱与愚蠢的名声。

11. 你得癌症的可能性大大提高了。

12. 不需要你有太勇敢的举动,只要你让你身边的人都知道这件事以后,厦门之死你就没有责任了。

此后,连岳不断地将媒体报道张贴在博客上,并在事情发生的各个阶段以写"连十条"的独特形式进行总结。他的博客点击率迅速上升,他的看法和意见广为流传,被市民视为"精神支柱"。

在厦门 PX 事件中,短信大发权威,很多公民都受到过同样的一条短信:

"台湾陈由豪与翔鹭集团合资已经在海沧动工 PX 化工项目,这种化学剧毒产品一旦投入生产,意味着在厦门岛放了一颗定时原子弹,厦门人民的生活以后将在白血病和畸形儿中度过,我们要生活,要健康! 国际组织规定这类专案要在距离城市 100 公里以外才能开发,而厦门最远距此项目才 16 公里,为了我们的子孙后代,行动吧,参加万人大游行,时间为六月一日八点起,由所在地向市政府进发,手绑黄丝带!一起来吧,为了厦门的明天!"

散　　步

2007年6月1日上午8时许,三三两两的市民自发上街,手系黄丝带,开始了在此后以来一直未被公众忘怀的集体"散步"。当事者回忆称,散步在平静的气氛中进行,无论市民还是警方,都没有过激行为。警察在人群前头的道路两侧封锁交通,为"散步"的人群开辟安全通道。示威人士占据主要街道,手上举着写有"反对PX,保卫厦门"、"要求停建,不要缓建"、"爱护厦门,人人有责"、"保卫厦门,拒绝劈叉"、"STOP PX"、"抵制PX项目,保市民健康,保厦门环境"等字样的横幅及标语,领头者头戴一个防毒面具,要求政府终止兴建化工厂的计划。

持续到6月1日下午3点30分,市政府召开紧急新闻发布会,说明PX事件已经全面停工并正在重新组织区域规划环评,时间将在半年以上。其间市民若有建议,可以通过正常渠道向政府反映,由政府转达有关专家。6月2日约下午3时,人群陆续散去。当日,市政府颁布禁令,要求撤除市面上一切有关PX项目的报道,清除互联网上有关PX项目的信息。

事件的解决

游行发生之后,厦门市政府厦门市将PX项目纳入厦门市城市总体规划环境影响评价,进行新的考量。自5月30日缓建启动,到12月中旬的环评座谈会,经过半年时间,终于有了令人满意的结果。来自厦门的消息称,福建省政府和厦门市政府上周末决定顺从民意,停止在厦门海沧区兴建PX,将该项目迁往漳州古雷半岛兴建。落下帷幕的厦门PX之争,为中国的公共事件元年划上了一个几近完美的句号。

有评论称,这是庶民的胜利——网民的胜利、市民的胜利、公众舆论的胜利、公众行动的胜利。

资料来源:邹军:"中国内地都市社会运动中的网络表达——基于对厦门、上海两起社会运动的考察",载于邱林川、陈韬文:《新媒体事件研究》,北京:中国人民大学出版社,2011;曾繁旭、蒋志高:"年度人物:厦门市民PX的PK战",南方周末:http://www.infzm.com/content/4640;袁越:"厦门PX事件",《三联生活周刊》2007年10月15日。

案例8　化州市民抗议修建火葬场

抵　　制

2014年4月12日,化州市丽岗镇爆发了抗议修建火葬场而引发的群体性事件。化州市丽岗镇爆及附近村庄约500多名市民在丽岗镇街聚集,反对在该镇建设殡仪馆,事件中引发周边村民围观。事情发生后,化州市委、市政府高度重视,认真组织做好解释疏导工作。由于民众有不同意见,12日当天下午,该市一名分管民政事务副市长到达现场,宣布市政府停止建设该项目的决定。

然而,紧急叫停并未完全打消一些群众的顾虑。14 日,部分群众再次聚集,希望殡仪馆项目能够彻底取消。14 日上午 11 点左右,100 多人来到化州市政府门口聚集抗议,截至 14 日下午 4 点左右,聚集者仍未完全散去。一名姓吴的抗议者说,当地政府表示的"停止"是暂停,并不是"取消",他们担心殡仪馆项目还会继续进行。随着政府宣布停建,抗议的人群逐渐散去。总体来说,茂名化州丽岗镇交通畅通,群众情绪稳定,整个事件属于平和处理,没有人员冲突,没有拘留任何人员。

修建火葬场是市政的需要

修建火葬场是公共利益的需要,是城市发展过程中不可或缺的公共设施。建设殡仪馆是民生工程,符合化州市的需要。通常来说,火葬场也应该是城市建设的必须配置,很难想像一个城市会没有火葬场。早在 2013 年,茂名化州市曾出台《关于深入推进殡葬改革加强殡葬管理的意见》。《意见》稿说计划到 2015 年,各镇(区、街道)建成的公益性骨灰存放设施数量将不少于 2 座。根据不愿意透露姓名的政府公职人员称,茂名目前只有一座火葬场,而对于茂名这个具有 800 万人口的城市,远远不够。因而,茂名根据省里的部署,计划在茂名化州以及信宜各建一个。

化州市委宣传部副部长陈爱表示,建设殡仪馆符合化州市的需要,是一项实实在在的民生工程。化州市总人口 160 多万,多年来,遗体需要运到茂名殡仪馆火化,最远距离 130 多公里,边远山区从早上 6 点出发,直到晚上 8 点家属才能回家。

根据化州市殡仪馆建设项目可行性研究报告,项目总用地面积 42186 平方米,建筑占地 6261 平方米。化州市政府宣传部副部长陈爱接受记者采访时表示,项目的立项过程合理合法。从 2012 年底开始筹建,该项目先后完了选址、立项、征地、环境评估、可行性报告、风险评估、土地规划调整、规划设计等前期工作,选址经市政府常务会议讨论决定。2013 年 10 月通过法定手续开始对项目进行公开招投标。各项手续齐备充分,完全按照有关程序、手续办理才开始项目建设。

抵 制 原 因

民众之所以抵制修建火葬场,基于以下几个方面的原因:

第一,封建思想的影响。地方群众封建残余思想较重。"群众普遍认为"建设殡仪馆视为不吉利的东西,在茂名市农村,入土为安的旧观念是比较根深蒂固的。在茂名化州当地,由于山地居多,所有当地人仍然保留着土葬的风俗。特别是老一辈人,对于火葬仍然保留较为抵触的思想。在茂名化州当地,遗体火化仍被一些群众特别是老人视为"畏途",不少人家早早就为老人做好棺木,选好坟址。年轻人也不敢破除旧的传统习俗,否则就会被村里人说"不孝"。因此,偷偷土葬、火化后又葬,买尸顶火化等现象时有发生。2000 年之前,茂名市火化率低,殡改工作落后,被列为省重点管理单位。早于2004年,茂名殡仪馆就被披露出交钱后可将尸体烧一半后土葬的情况,随后茂名实行殡葬改革,曾表示2005年去化率达100%,摘掉了省重点管理单位、殡改工作落后的帽子。

第二,群众的跟风从众心理,对政策理解不足。在建设之初,政府做了大量舆论宣传工作,群众没有表示特别的异议。化州市委宣传部方面表示,2012年底开始筹建殡仪馆的时候,政府就该项目建设的有关环节征求了群众的意见,专门举行了专家论证会和听证会,群众没有提出异议。2013年12月至2014年3月底建设期间,周边群众对建设也没有提出意见和反映问题。但在一部分人的带头或者情绪感染下,殡仪馆建设附近的群众迫于宗族等原因,不得不参加抗议、示威活动。

第三,基于邻避情结而反对修建。火葬场的建设原委毋庸多说,化州市丽岗镇及附近村庄之所以反对火葬场选址在其镇建设殡仪馆,并不是因为担心PX一样可能的危害,而是不愿意自己家门口就是火葬之地。当地群众对火葬场很反感,感觉不吉利,对当地名声不好。同时,有人认为,火葬场有可能带来严重的气味污染,火葬场建在居民区集中的区域,离几万人的居民区不到一公里。

第四,信息封锁,市民感觉"受骗"。据称,当初政府在征地时并未没有明确提出修建火葬场,有人称要在当地修建垃圾焚烧厂,也有人称要修建养老院,与老百姓的心理期望差距太大。此次化州政府决定建设一个规模及功能更加完善的火葬场,但透露给居民的信息却是修建垃圾焚烧场。"原本就有不少居民以污染环境为由,反对建垃圾场;现在居然变成建设火葬场,我们的反对声更大了。"村民通过建筑工人才得知实情,火葬场建在离居民区不到一公里的地方。知道项目开始动工了,居民才知道修建火葬场,民众的知情权没有得到保障。

　　资料来源:"广东化州市民聚集抗议建殡仪馆,政府称有人挑唆",腾讯网:http://new. qq. com/cmsn/20140415001304;"广东化州群众抗议建火葬场,官方宣布停建该项目",腾讯网:http://new. qq. com/cmsn/20140414005772;"广东化州火葬场续:民众称征地时说修建养老院",中国广播网:http://news. china. com/domestic/945/20140414/18446967_2. html。

案例9:北京六里屯垃圾焚烧厂引争议

　　一边是列入北京市"十一五"规划的重点建设项目,一边是周边居民的健康生存权利,作为此次维权主力的新建小区的白领们,早知过去老居民维权毫无进展的窘境,又面临没有时间、人心不齐、有关部门推诿的压力,但是,他们还是知难而进。不到半年的时间,就取得六里屯垃圾焚烧厂缓建的阶段性成果,尽管他们称谓"谨慎乐观",但是结果还是出乎意料。

　　寻找维权组织者钟民毅可谓一波三折,可是让有关部门真正做到决策"尚民主、重民意"又何其艰难。此次维权的标

本性意义就在于昭示"权利本位"回归的脚步声由远渐近。

一边是六里屯周边居民要求无污染的生存环境，一边是列入北京市"十一五"规划紧锣密鼓筹建的北京市海淀区六里屯垃圾焚烧发电项目，就像两块带有正负两极雷电的云团相遇了。

六里屯垃圾焚烧发电项目依托于六里屯垃圾填埋场，尽管 1995 年北京市环保局对后者进行环评审批时就指出："从环境保护的角度考虑在此地建设垃圾填埋场是不适宜的"，"填埋场界外 500 米之内不宜兴建永久居住设施、现有设施应予搬迁"。但是，十年多的时间过去了，周边的居民反而越来越多，而且要在此地增建垃圾焚烧发电项目，忍受了十多年恶臭的居民即将面临二噁英的威胁，无疑是雪上加霜。

2007 年 6 月 7 日，国家环保总局建议六里屯垃圾焚烧发电项目应予缓建。

这是民意的阶段性胜利，体现了民众参与公众事务意识的觉醒和政府对民意的尊重、对民生的关怀。

体　验　恶　臭

六月底的太阳很毒,树叶静静地泛着银白的光,记者在离六里屯垃圾填埋场两公里左右的小区里并没有闻到任何臭味。

"你来得不是时候,晴天几乎没有味道,最厉害的是下雨阴天的时候,由于气压低,臭味难以扩散,方圆两公里左右恶臭铺天盖地。"百旺茉莉园的一位业主说。

离垃圾场不足一公里时,传说中的臭气终于一阵阵扑面而来。说起恶臭,一位面色黝黑的当地居民无奈地摇起头来。他们村多数人家平时都不敢开窗户,很多人还把院子用塑料布封了起来,但是仍然挡不住恶臭的入侵。

十多年前,垃圾填埋场这里是青山绿水,芦苇遍地,生活在这里的人感到很惬意。

由于上风上水,北京市也曾把这里作为一个预留的"绿肺",后来这里变成了砖厂的取土坑,再后来就变成了垃圾填埋场。

6月24日下午4点,西北天空乌云密布,中海风涟山庄的王先生站在北边书房准备欣赏即将到来的雨景,突然看到一团黄灰色的东西正从西北笼罩过来,开始以为是雨点,后来发现那东西颗粒很细又浑浊,又以为是风刮过来灰尘。等到那气团逼近小区的时候,闻到了一股奇臭无比的垃圾气味,他赶紧把家里的所有窗户都关严实,终于明白刚才看到的不是雨滴不是灰尘,而是西北填埋场吹过来的没有来得及扩散的浓缩垃圾臭味。

在垃圾填埋场的大门口，地上布满了黑黑的轮胎印，每隔两三分钟，就有一辆大型的垃圾运输车呼啸着满载而归，成团的苍蝇在扬起的臭气中飞舞。

六里屯垃圾填埋场紧邻百旺新城大型社区，南有北京大学、清华大学、圆明园，西临西山及百旺山，东临中关村软件园、上地信息产业基地，北有永丰科技园、生命科技园和航天城。中间有极为珍贵的饮用水通道京密引水渠。

按照 1995 年北京市环保局环评审批报告，"填埋场界外500 米之内不宜兴建永久居住设施、现有设施应予搬迁"，可是，1980 年就在此居住的老张的家离垃圾场直线距离只有200 米，从来没有人告诉他应该搬迁。

对解决臭味问题，六里屯垃圾场场长深感内疚："垃圾渗漏液和臭味问题是世界性难题，目前解决的唯一办法是离居民点远一些。"

垃圾厂选址实属无奈

已开始动工的垃圾焚烧厂厂址，距六里屯垃圾填埋场场长渠永生的办公室只有几十米远。

渠永生说，垃圾填埋场属于海淀环卫部门，和在建的垃圾焚烧厂并没有隶属关系。"他们是企业，我们是事业单位。从垃圾处理角度，我是赞同垃圾焚烧的。"

渠永生的"赞同"有两种含义，一是与填埋处理方式相比，焚烧会做到"垃圾减量化"，二是填埋场已有很长时间处于超负荷运作状态。"填埋场设计的日垃圾处理能力是 1500 吨，但我们现在会达到 2300 吨。垃圾焚烧厂的出现，能缓解我们的压力。"

海淀区市政管委有关人士曾提到，海淀的垃圾只能在自己区域内想办法，"仅依靠一个六里屯垃圾填埋场，很可能在其服役的 18 年期限未到的时候，我们又要找地方挖坑建新填埋场了。"

对于焚烧厂建在六里屯，渠永生告诉记者这样一个细节：一名海淀区市政管委官员站在海淀区地图前，苦笑着问他："这么大的海淀区，除了六里屯，你觉得还能去哪里建垃圾焚烧厂？"但这种无奈并不被周边居民接受。4 月 14 日，六里屯填埋场举办公众接待日时，有 300 多人到垃圾填埋场门口。但让渠永生尴尬的是，来访公众对垃圾填埋如何消除臭味的工艺不感兴趣，更多的是问为什么垃圾焚烧厂还建在六里屯。

寻找钟民毅

颐和山庄、西六建设区几乎是与垃圾填埋场同时存在的社区，居民早就为臭气污染问题维过权，但是，十年来，几乎没有任何进展，臭气仍如影相随。

这次取得"缓建"阶段性的成果，应归功于百旺茉莉园和中海风涟山庄等新社区的年轻业主们。

在中海风涟山庄门口，一位匆匆坐车进城的女业主核实完记者的身份，在汽车启动时，高声说出了一个手机号码。

机主就是钟民毅，一位非常年轻的 IT 从业者，中海风涟山庄业主论坛的总版主，维权行动的召集人之一。从 2006 年 12 月底开始维权，到 2007 年 6 月 7 日，他们仅仅用半年的时间就完成了当地老居民十多年没有完成的艰巨任务。

手机拨通后，钟民毅不在小区。尽管他介绍了两位老先生接受采访，还是令人有"寻隐者不遇"的失望。

退休前从事科研工作的两位老先生说，六里屯垃圾焚烧发电项目是北京市"十一五"规划重点建设项目，过去计划经济时代，个人利益必须服从政府的公共利益，有难处也要忍。现在不同了，个人不愿为政府的规划失误"买单"，政府也必须尊重和保护人们的生存权利和生活质量。

2006 年底，业主们在海淀区政府发布的海淀区十一五规划和参观海淀北部新区规划展上了解到：根据海淀区总体规划，政府拟准备在六里屯垃圾填埋场的南侧，新建一座投资超过 8 亿元的垃圾焚烧发电厂，并计划在 2007 年 3 月动工。

此规划让所有业主们认为，海淀区政府的该项举措不但不能从根本上解决六里屯垃圾场臭味扰民的问题，还有可能导致周边乃至更远地区环境的进一步恶化。

2006 年 12 月 14 日召开的海淀区八届一次政协会议上，九三学社海淀区委提交的《对六里屯垃圾填埋场环境治理的建议》的调查报告更加证实了他们的担忧：报告论述了六里屯垃圾填埋场污染情况严重，渗漏液的处理能力不强，对海淀区的水环境造成不良影响的情况以及周边居民对六里屯环境的不满情绪和对垃圾处理手段的恐慌心理；民革海淀区工委提交的《关于建立科学处理生活垃圾体系的建议》提案中指出，从海淀区居民生活垃圾的成分上分析,居民生活垃圾热值低、湿度大,与西方发达国家垃圾相比,不适合焚烧发电,同时,提案认为,规划中的发电厂位于海淀北部新区,这个区是海淀的高新技术产业区和旅游区,不适合建设这样的项目,否则会产生新的空气污染和土壤污染。

认识问题的严重性,再加上学者们的支持,2006 年 12 月 29 日,《百旺新城社区居民反对在六里屯建垃圾焚烧厂投诉信》在钟民毅等人的努力下出炉了。

一 波 三 折

就像记者寻找钟民毅一样,业主们的维权同样是一波三折。

2007 年 1 月,北京市环保局对几十位业主的来访并不热情,但是却透露了一个信息:六里屯垃圾焚烧发电项目不仅仅是环评的问题,还有规划的问题。

于是,钟民毅们又向北京市政府申请行政复议,直到 2007 年 5 月 25 日,才有了行政复议的结果:六里屯垃圾焚烧发电厂项目是《北京市生活垃圾治理白皮书》确定的项目之一,是海淀区重点基础设施建设项目。被申请人在该建设项目选址过程中,多次召开专家研讨会和有关部门参加的论证会,对该项目的选址和防护距离进行了分析论证,被申请人核发的《建设用地规划许可》确定的建设项目位置,考虑了对周边居民的环境影响,并且符合《中华人民共和国城市规划法》和《北京市城市规划条例》的规定。

综上所述,被申请人 2006 年 12 月 31 日为第三人核发的《建设用地规划许可证》,事实清楚,适用依据正确,程序合法,根据《中华人民共和国行政复议法》第 28 条第 1 款第 1 项的规定,本机关决定予以维持。

申请人如对本决定不服,可以自接到本决定书之日起 15 日内依法向人民法院提起行政诉讼。

看到结论,那些本来就认为希望不大的业主想到了放弃。但是,钟民毅等几个最初的召集者却依然在坚持。

他们鼓励业主们集资,制作标语横幅展板,到附近的小区去宣传,继续激起业主维权的热情。

"关注这件事的人差不多有 90%,但是真正参与的不多,需要有闲有钱的人。没有办法,我们见着'菩萨'就拜,也许就会碰上有雨的云彩。后来,多亏我们小区的一位业主认识全国政协委员周晋峰,今年全国'两会'之前,全国政协委员周晋峰专门到六里屯附近调研,并在'两会'上提交了《关于停建海淀区六里屯垃圾焚烧厂的提案》。再加上全国各大媒体的关注,事情才有了进展。"钟民毅说。

"这件事到目前阶段,多亏年轻人的热情,他们发挥网络的优势,解决了没有时间聚会的问题。除此以外,来自外部的压力也不小。警察就曾经两次去我家做工作,劝说我不要参与此事。"接受采访的一位业主说。

谨 慎 乐 观

6 月 5 日世界环境日,一些百旺新城地区的业主们统一着装来到国家环保总局要求见局长解决问题。

2007 年 6 月 7 日，国家环保总局副局长潘岳向媒体通报，建议北京市海淀区垃圾焚烧发电项目在进一步论证前应予缓建。

6 月 12 日，国家环保总局公布了关于北京海淀区六里屯垃圾焚烧发电项目的行政复议决定：该项目在进一步论证前应予缓建，并全面公开论证过程，扩大征求公众意见范围。论证和征求公众意见的结果必须报送北京市环保局核准并发布公告，然后报国家环保总局备案。在公告和备案之前，该项目不得开工建设。

有业主认为，国家环保总局的决定给足了北京市环保局的面子。既肯定了北京市环保局批复立项的合法性，又给出了补充改正的机会。因为，2006 年 2 月，国家环保总局发布了第一个《环评公众参与暂行办法》，要求项目在环评的各个阶段都要公开有关信息，听取公众意见；2006 年 6 月 1 日环保总局、国家发改委下发《关于加强生物质发电项目环境影响评价管理工作的通知》；今年 4 月 25 日，公布了《环境信息公开办法（试行）》。北京市环保局的决定虽然违反上述规定，但是法不溯及既往。初战告捷，但不是胜券在握。这是业主们的普遍心态。

"仗得一个个地打，程序是先把焚烧厂停建，再去解决已经污染的填埋场。臭味是历史形成的。解决起来也不可能太快，然而焚烧厂是致命的，非首先解决不可，防止有人利用所谓的建立焚烧厂来消除臭味搞'一箭双雕'。"一位业主在论坛上的评论代表了大多数人的担忧。

对此结果表示谨慎乐观的钟民毅认为百旺新城地区的业主们比通州区的一些业主幸运得多。朝阳区的高官屯位于朝阳和通州的交界处,那里也建了垃圾场,对朝阳区的居民没有什么影响,靠近垃圾场的通州居民却遭殃了,到哪里反映问题,都没有人管。

两年多前,潘岳还在感叹环保工作"公众参与程度太低",如今让他感到有点始料未及的是,中国的公众参与,从初期的宣传鼓动,到较大范围的参与和依法监督,仅用了两年时间。

初 见 成 效

2006 年底,海淀区政府宣布,准备在六里屯垃圾填埋场的南侧,新建一座投资超过 8 亿元的垃圾焚烧发电厂。计划 2007 年 3 月动工。

周边居民获悉后,担心二噁英等污染,联系到全国政协委员周晋峰,他专门到六里屯附近调研,并在"两会"上提交了《关于停建海淀区六里屯垃圾焚烧厂的提案》。他在提案中指出:六里屯地区周边有十几万居民,并且京密引水渠也穿过该地区。垃圾焚烧产生的具有高致癌性和致畸性的二噁英,将给周边居民以及环境带来巨大危害和威胁。因此应停建六里屯垃圾焚烧厂项目,另选位置。

2017 年 3 月 14 日,周边居民钱左生、赵勇等 127 人联合向北京市环保局提交《行政复议书》,要求撤销对六里屯垃圾焚烧发电厂环境影响报告书的批复。

参与提请行政复议工作的谢律师认为,环评报告存在诸多错漏。例如,报告书称海淀区主导风向为东北风,而海淀区政府网站上说:海淀区冬季盛行西北风,夏季盛行东南风。

北京市环保局 3 月 23 日作出《行政复议答辩状》时指出,根据多年气象统计资料来看,海淀全年主导风向是东北风。而一位不愿透露姓名的气象专家指出,一个地区应报告并存主导风向和次级主导风向才是合理的。

2007 年 6 月 7 日,国家环保总局副局长潘岳向媒体通报,建议北京市海淀区垃圾焚烧发电项目在进一步论证前应予缓建。

当年 6 月 12 日,国家环保总局公布了关于北京海淀区六里屯垃圾焚烧发电项目的行政复议决定:该项目在进一步论证前应予缓建,并全面公开论证过程,扩大征求公众意见范围。论证和征求公众意见的结果必须报送北京市环保局核准并发布公告,然后报国家环保总局备案。在公告和备案之前,该项目不得开工建设。

就像记者寻找到维权组织者钟民毅颇费周折一样,居民维权的过程同样艰难,让人看到希望的是毕竟民众维权的意识日渐增强。

提高公民参与与自己切身利益密切相关公共事务的热情,不仅需要更多的钟民毅,更需要逐步完善的程序正义。

资料来源:侯兆晓:"北京六里屯垃圾焚烧发电厂缓建始末",《民主与法制》2007 年 8 月 9 日;易靖:"北京六里屯垃圾焚烧厂项目确定被废弃",《京华时报》2011 年 1 月 20 日;胡

雪柏："六里屯垃圾焚烧厂引争议"，《京华时报》2007 年 4 月
18 日。

案例 10　广东番禺垃圾焚烧厂事件

　　广东番禺本来计划新建一个垃圾焚烧发电厂，以解决迫
在眉睫的垃圾处理问题，但是计划一出，却遭到了当地居民的
强烈反对，在得知政府将在附近建垃圾焚烧厂之后，广州市番
禺区华南板块的部分居民以各种方式表达他们的不满。向有
关部门投诉信访，在小区广场签反对意见书等等，他们反对的
主要原因是担心焚烧垃圾过程中会产生有毒物质——二
噁英。

　　这就是垃圾焚烧厂的规划选址地点。按照规划，这里将
新建一座日处理两千吨生活垃圾的焚烧厂，然而离规划选址
地直线距离两公里外，就是广东房地产界享有盛誉的番禺华
南板块，因为风景优美和相对低廉的房价有 30 多万人来此购
房置业。

　　"项目环评不通过，绝不开工，绝大多数群众反映强烈，也
绝不开工。"这是广州市番禺区区长楼旭逵在创建番禺垃圾处
理文明区座谈会上的新表态。番禺将在全区进行为期半年的
大讨论，广泛开展征求民意的工作。

　　曾饱受争议的番禺垃圾焚烧厂，经过易址后，2013 年 6
月 26 日在广州南沙区大岗镇装备基地地块举行奠基仪式。

在广佛两地相关领导的见证下,这个命途多舛的生活垃圾焚烧发电项目,迁址重新开工建设了。

政　府　决　策

2006 年 8 月 25 日,历经三年多调研和选址论证的广州市番禺区垃圾焚烧厂取得广州市规划局下发的项目选址意见书。

2009 年 2 月 4 日,广州市政府发出通告,决定在番禺区大石街会江村与钟村镇谢村交界处建立生活垃圾焚烧发电厂,计划于 2010 年建成并投入运营。该公告表示:"违反本通告、拒绝、阻碍国家工作人员依法执行职务的,由公安机关依照有关治安管理处罚的法律、法规规定处理;构成犯罪的,依法追究刑事责任"。

2009 年 4 月 1 日,番禺区市政园林局获得国土部门批准的土地预审报告。

进入公众视野

2010 年 9 月起,广州番禺大石的居民从媒体、网络等民间渠道得知当地要建垃圾焚烧厂。媒体报道称,规划在番禺大石街会江村附近、日处理 2000 吨垃圾的生活垃圾焚烧发电厂可能在国庆节后开工,2010 年亚运会前投入使用。

10 月 25 日下午,番禺大石数百名业主发起签名反对建设垃圾焚烧发电厂的抗议活动。

10 月 30 日,番禺区政府召开了解释垃圾焚烧疑问的新闻发布会。就是在这次会上出现的四位专家后来广受网友诟病。

11月5日,广东省请中心对垃圾焚烧厂8公里内的12个小区调查证明,97.1%受访居民反对建垃圾焚烧发电厂。同一天,广州市番禺日报以头版头条报道《建垃圾焚烧发电厂是民心工程》,称番禺区人大代表70多人视察了项目选址现场,认为这是"为民办好事、办实事的民心工程"。

11月6日,广州市政协委员韩志鹏建议,在当前市民激烈反对建垃圾发电厂的情况下,因势利导推进垃圾分类。据相关观察,同一天,之前积极跟进的广州各大媒体要么失语,要么改口,广州电视台、《广州日报》先后报道番禺和广州当局将"依法推进垃圾焚烧项目"。

11月14日,广州规划局表示2006年便批准了番禺垃圾焚烧厂的选址工作,正在配合环卫部门进行环评。强调如果通不过环评,规划局才不会发出规划许可证。

11月22日,广州市政府召开新闻通报会,表示"要坚定不移推动垃圾焚烧"。

11月21—22日,CCTV公开报道广州番禺垃圾焚烧厂这一全国性的公共政策事件。

出 现 转 折

11月23日,番禺区长召开了"创建番禺垃圾处理文明区工作座谈会",与约30多名小区业主进行面对面谈话,称"环评不通过不动工,绝大多数群众反映强烈不动工"。同日,番禺大石镇近 300 名居民因生活垃圾焚烧发电项目问题到市城管委上访之后,又来到附近的市信访局继续上访。但因上访群众没有按照《信访条例》选派 5 位代表与市领导直接对话,表示不愿意"被代表",导致副市长苏泽群空等五个小时,最终也没有与群众交流。

此日,《南方都市报》爆出政府态度的突然转变与复杂的承建运营商关系有千丝万缕的联系。

12 月 1 日,网友爆料坚决要求垃圾焚烧的广州市副秘书长吕志毅和垃圾焚烧利益集团存在密切关联:他的儿子和弟弟都在垃圾焚烧厂供职。吕志毅回应说"这是胡说八道"。

12 月 2 日,网友质疑四位环评专家身份:为做垃圾焚烧生意。

12 月 10 日,番禺区表示,暂缓垃圾发电厂项目选址及建设工作,并启动选址全民讨论。

12 月 20 日,番禺区委书记谭应华应丽江花园业主代表邀请,与反对垃圾焚烧的业主座谈,表示已证实,会江项目目前已经停止。

再次启动征集

2011 年 4 月 12 日,广州市番禺区政府召开"番禺垃圾综合处理(焚烧发电厂)"新闻发布会,并由广州市城市规划勘测设计研究院专家介绍番禺垃圾综合处理(焚烧发电厂)修编情况和备选点情况。

会议上表示,广州市番禺区政府公布 5 个建设垃圾焚烧发电厂的备选地址,最终厂址将通过广泛讨论,根据群众意见、环评分析和专家论证来确定。番禺垃圾焚烧发电厂计划在 2014 年建成投产。

据悉,垃圾处理厂选址提前公开征求市民意见,并且是一个"五选一"方案。此次公布的 5 处备选地址为大石街会江、沙湾镇西坑尾、东涌镇三沙、榄核镇八沙、大岗镇装备基地(新联二村)。

番禺区政府表示,欢迎市民积极提出意见和建议,参与讨论项目可行性及项目最优选址。与此同时,还将积极发挥区人大代表和区政协委员的作用,认真组织专家进行论证。综合择优选址后,将严格按照有关建设程序,稳步推进综合处理项目环评、立项、征地和建设,采用国内最先进的技术和最好的设备设施,以人民群众健康为出发点、落脚点,严格建设、严格管理、严格监管。

陷入暂停期

9 月 8 日下午,广州市通报《关于加强后亚运时期城市管理工作的实施意见》相关情况。市城管委巡视员孙金龙表示,最终决定番禺垃圾焚烧厂建设时间表的是广州市民。

"现在的垃圾处理有焚烧、填埋和厌氧处理,关于它的时间表问题,媒体报道也很多,也有很多领导答复,因为它的每一个步骤都要和人民的意愿相吻合了,最后才能真正定下一个时间,最终定下时间的是我们的市民。"孙金龙表示,整个规划运作、整个环评工作最终还要和当地群众协调好利益关系,才能把它落地。

尘　埃　落　定

2012 年 11 月 18 日，番禺区政府再次发布通告，对广州市第四资源热力电厂(原番禺生活垃圾焚烧发电厂，以下简称第四热电厂)项目进行第二次环评公示，并开展公众调查活动，收集公众对此项目的相关意见。

2013 年 6 月 26 日上午，在南沙区大岗镇举行了第四热电厂的奠基仪式。该项目占地面积 9.68 万平方米，设计日处理生活垃圾 2000 吨，配置 3 台日处理能力为 750 吨的焚烧炉和 2 台 25 兆瓦的汽轮发电机组，年处理生活垃圾 73 万吨和发电 2.63 亿度。预计 2015 年完工，主要负责处理广州市南部区域——番禺区和南沙区的城市生活垃圾，兼顾佛山市顺德区不大于 400 吨/日的生活垃圾。

填埋、焚烧等路线之争

在垃圾处理领域，其实一直有两个路线之争：填埋或者焚烧？

目前世界上处理垃圾主要有 3 种方式：卫生填埋、堆肥和焚烧资源化利用。由于政策、资金、技术等因素，我国许多地方所编制的垃圾处理方案大都采取填埋方式。据新华社报道称，中国除县城之外的 668 个城市中，有 2/3 的城市处于垃圾包围之中，1/4 已经无垃圾填埋堆放场地。而全国垃圾处理量的 70% 以上为填埋。

垃圾填埋,相对处理费用较低,但另一方面却加剧了土地资源的浪费。尤其在一些土地珍贵的区域,建占地面积巨大的垃圾填埋场似乎也一道棘手的难题。

广州市环卫局环卫处处长鲍伦军称,从 2004 年起垃圾日产量每年约递增 5%,增幅过快导致著名的兴丰垃圾填埋场使用寿命提早 8 年结束,预计最多只能延续到 2012 年。

北京,市政管委主任负责人公开表示,再过不到 5 年,北京市基本无地可埋垃圾。

上海,生活垃圾高峰时每天可高达 2 万吨,且仍以每年 5%的速度增长。

由江苏省环境科学研究院提供的南京江北垃圾焚烧厂建设环评报告简本中透露,以人均生产垃圾产量年增长率 4%测算,2010 年南京市将日产垃圾 5378 吨,市区垃圾卫生填埋场将无地可埋。

另一方面,生活垃圾填埋处理虽然把垃圾埋了,但并没有真正解决问题,造成了严重的二次污染,直接威胁到空气、土壤、地下水和饮用水的安全,即"集中污染、立体污染"。近年抽样调查显示,全国城市生活垃圾填埋场所在地的地下水污染已有 86%超过国家标准。

堆肥处理虽然达到了一定资源化目的,但堆肥量太大、养分含量低,长期使用易造成土壤板结和地下水质变坏,垃圾堆肥规模也难以做大。

所以一些专家认为,相比来说,垃圾焚烧应该是垃圾处理的终极手段。他们认为,垃圾经过焚烧处理可使垃圾资源化利用,同时节约了大量的土地资源,焚烧是人口密集、土地缺乏大城市垃圾处理的主要方向。

环境保护部副部长吴晓青曾在 2009 年的两会上表示,垃圾焚烧和发电技术,在国外已有三四十年历史,非常成熟,是垃圾处理的方向。福州市人大副主任高翔在多年调查研究的基础上认为,科学焚烧处理、循环综合利用是推进当前我国城乡生活垃圾统筹规划无害化处理的最佳方案。

焚烧处理是将垃圾置于高温炉中,使其可燃分子充分氧化的一种方式,产生的热能再用来发电和供暖,垃圾焚烧具有减量化最彻底、无害化程度高、资源利用好的显着特点。

据悉,目前国际上发达国家和地区生活垃圾大部分均采取焚烧处理再利用。日本、韩国、新加坡和欧盟大部分国家的 70%—80% 的生活垃圾均焚烧处理。

不过这些理由并不能说服反烧专家。垃圾处理专家、北京市政府参事王维平接受媒体采访时说:"填埋场关键要有'国标',而焚烧厂,它是目前垃圾处理的主流之一,不是最好的,更不是唯一的。"中国环境科学研究院研究员赵章元是国内坚决反对垃圾焚烧的代表人物,他在接受记者采访时认为:"没有分类的混合垃圾,怎么烧都不行的,只有在真正搞好垃圾分类的前提下,剩下都是可烧的垃圾,但不管怎么烧,还是会有二噁英。"

"国内很多焚烧厂,实则为变相的'小火电',虽然已有不少贴上'绿色能源'的标签,但实际仍然是消耗能源的大头。"

遵从民意还是官方意志

而此次番禺垃圾焚烧选址征集民意，理论上可望避免"先斩后奏"再次引发民意强烈反弹而陷入进退维谷的窘境。但是，因为"要不要烧"的官民纷争一直没有熄火，"五选一"只是政府单方设置的步骤，让人很难对选址推进乐观。

尤其是上次风波发源地的大石会江村选址仍列其中，且在官方提供的"五选一"排列表中位居第一位，番禺华南板块住户即刻提出"为什么不再讨论垃圾处理方式"、"能否保证满足敏感区范围内 75% 以上群众同意"、"焚烧发电如何监管"、"为什么不在区政府旁番禺广场建让所有居民信服"等一串质疑。

居住在丽江花园的"巴索风云"等人连日来不断向番禺区政府发出呼吁："怎么确定这五个地址的，规则必须先公开！"

对此，政府解释，公布 5 个备选点，就是要听取民众对各个备选点的意见。收集意见的时间长达两个月（从昨日起至 2011 年 6 月 15 日），希望广大民众在这段时间充分表达意见。在广泛征询意见的同时，他们还积极发挥区人大代表和区政协委员参政议政的作用，认真组织专家进行论证，综合择优选址。暂缓番禺垃圾焚烧发电厂选址建设期间，番禺区为全面掌握民意，多渠道收集专家市民建议，公布了城管区长专线等 5 条意见收集途径，"市民意见赞成焚烧多过填埋。"

巴索风云表示，这一比较既无意义也难以让人信服——因为没有公布这个调查的人群构成情况；没有公布反对垃圾焚烧的人数;反对垃圾填埋并不代表就是支持垃圾焚烧等等,都会让这个所谓的大打折扣。另一个重要的是,在 2009 年 2 月,政府邀请的专家论证会后,唯一反烧的赵章元公开发表文章指责论证会打压不同意见。

有专家指出,政府此次为何如此费尽心思地代表民意,在"垃圾围城"的现实困窘之外,"因为末端是项目,政府更重视。"

而新快报则直接给出了其背后可能的经济算盘:根据公开资料显示,垃圾处理费补贴和上网电价收入是垃圾发电厂成本补偿和利润的主要来源。按每年 6 亿元补贴估算,广日集团特许经营 25 年的广州垃圾发电项目,总共可获得 150 亿元补贴。此外,国家为扶持再生能源项目,除保证所发电力全部收购上网外,每度电还补贴 0.25 元,同时免征增值税、减免所得税,按现值估算 25 年共可获得 347 亿元收入。广日集团从垃圾焚烧和售卖电力两项合计可获 500 亿元收益。

无害解释以及邻避抗争

所谓"邻避抗争",指当垃圾焚烧厂远离自己居住区域时,它会被看作具有公益性质的基础设施;而当这个设施落户居民周边地区时,它就会被看作是个毒气工厂,而遭到居民激烈反对。

在此次事件中,就有部分专家指出,垃圾焚烧场之所以选址艰难,一个主要原因就是因为"邻避抗争"。其实二噁英被妖魔化了,垃圾焚烧并没有公众认为的那么有害。

美国卡万塔中国区副总裁舒成认为："如果比较二噁英产生的量，那么烤肉产生的二噁英比垃圾焚烧高 1000 倍。他认为，垃圾焚烧产生的二噁英量很少，危害也很小。"

中国城市建设研究院徐海云曾撰文：现代化的垃圾焚烧厂对附近周围的环境影响最显著的是垃圾车运输可能带来的噪声和异味。所谓二噁英问题，现代的技术手段已经能够解决。

"目前我国大型垃圾焚烧炉的技术水平已经进入国际先进行列。国外技术较好的垃圾焚烧厂直接就建在居民区和生活区内，日本的垃圾焚烧厂旁边就是小学和幼儿园。"中国固体废气物研究所污染控制与资源化研究所所长、清华大学的聂永丰教授说。

对此，中国民间环保组织"自然之友"调研部主任张伯驹并不认同："二噁英是致癌物，能否控制大家心里没底，公众很难因为推动垃圾焚烧的政府部门一方和相关学者的简单承诺，相信无害；其次，就算能承诺将有害物控制到一定的量，以现在的管理和操作水平，公众的普遍反映是不太能够相信，而且一旦操作出现问题，持久性有机污染物排出，是不可逆的。第三，有学者担心，垃圾焚烧从经济的角度来看，是非常昂贵的垃圾处理选择。"

而反烧派代表、中国环境科学研究院研究员赵章元认为："即使是很先进的焚烧炉，能达到所谓'欧盟标准'，最多也只不过是把二噁英拦截到飞灰或炉渣中，也增加造成土壤污染的机会。"

　　基于此,公众环境研究中心主任马军认为,公众对垃圾焚烧项目进行"邻避抗争"是非常合理的。"从技术上讲,垃圾分类还没有执行到位就贸然搞垃圾焚烧,一方面不精明,另一方面也是有危险的,不同的垃圾一起烧,可能排放更多的二噁英。"

　　事实上,这样的理论阐述并不能带来什么实质性的博弈改变,赵章元最后从公开呼吁反烧到最后低调的进行嘲讽,就是一个无奈的现实结局。因为对于可以设立选择题以及拥护其的一方,他们要么觉得给公众选择就是尊重民意,或者公务繁忙抽不出时间,或者直接不屑于解释,或者也因为节省开支的考虑等等,最终的结果就是,公众最关注的有害担忧,被一些冰冷专业、公众难以体验和理解的数据或理论驳倒。

　　但与以往不同的是,本次,佛山政府被无意涉入。当一个政府以维护自己的利益理由面对另一个政府的选择题时,其结果,自然让公众有了更多的期待。更值得一提的是,10年前,广州大坦沙垃圾焚烧发电厂计划迁址遭到南海反对,最终选址改为李坑;而顺德曾于2002年计划在五沙建垃圾焚烧厂,由于靠近番禺大岗,番禺方面通过广州市政府提出反对,顺德最终撤下了该项目。在此基础上,按照2009年签署的《广佛同城化建设合作框架协议》,两地建立了环保专责小组联席会议。因此,佛山对广州垃圾焚烧厂选址提出异议并不唐突,符合程序。按照以往的经验,如果反建的声音足够强硬,政策有可能修改。

　　资料来源:梁怿韬、张林:"番禺垃圾焚烧厂易址南沙昨奠基,预计2015年完工",《羊城晚报》2013年6月27日;"番禺

事件:垃圾焚烧背后的多方博弈",中国固废网:http://re-
port. solidwaste. com. cn/2011/pangyu/hot2. shtml。

案例 11 大连 PX 事件

背 景

大连 PX 项目是由民营的大连福佳集团和国有的大化集
团一同投资建设,占地 80 公顷,投资 95 亿元,年产量为 70
万吨芳泾,年产值约 260 亿元,可纳税 20 亿元左右,被称作
为中国最大的 PX 项目。2005 年 12 月福佳大化 PX 工厂通
过国家发改委核准,被列为"大连市政府六大重点工程"之
一,2007 年 10 月项目开始动工实施,2008 年 11 月 18 日完
成装置建设,2009 年 5 月试生产,6 月 21 日正式运营。然后
此项目在 2010 年 4 月才经辽宁省环保厅核准进行试生产,
2010 年 11 月份才对此竣工项目公布环保验收的检测和调查
结果,在获批试生产前近 10 个月和国家公式环保验收结果
前近 17 个月就投产。2010 年 7 月 16 日中石油输油管线发
生爆炸,引发大连市附近海域严重漏油和城区严重污染,而
PX 项目距离爆炸的着火点只有 200 米。同年 10 月 24 日同
一出发地点发生了第二次爆炸,它再次侥幸"逃脱"了。但接
连的环境事故引发大连市民强烈不满,产生化工企业猛于火
灾的担忧。

起　　因

2011 年 8 月 8 日上午,受台风"梅花"带来的海水冲击影响,福佳大化 PX 工厂沿海在建的防波堤有两段垮塌,两个 PX 储存罐离被毁的南段堤坝只有 50 米左右的距离,若海水倒灌,情况会很严重。当地的抢险指挥部提出了一旦发生泄漏立即组织社区和企业人群疏散的预案,当地的公安、武警和解放军已做好了疏散的准备,这一消息在当地引发了恐慌。事发后有 400 台次工程车运载石料泥土围堵垮塌处,不久后溃堤风险得到有效控制,未发现有毒气体泄漏,但这一事件引发当地居民的严重不满。

事发当天下午 4 时,央视记者在大连市交警部门的指挥下进入厂区准备采访,厂区冲出十多人推搡阻拦记者、动手抢夺记者摄像机还殴打记者,没有负责人到场。当天还发生多起类似的阻拦记者采访的情况,到达现场的公安系统内部记者也遭到围困,车辆甚至被砸。

在大连市委副秘书长、大连市委宣传部外宣处长及大连金州开发区公安局局长的协调下,同样不能靠近垮塌现场,几名负责人也被殴打。据报道,福佳大化的董事长还宣称"放进一个记者,要你们的命"。这种欲盖弥彰的做法使得大连市民重新重视这一项目并最终形成此次公民运动的一个导火索。

升　　级

8 月 14 日前国内各大论坛及 QQ 纷纷出现号召市民于 8

月 14 日前往人民广场进行散步的消息，但均被各大论坛删除，很多人在 Twitter 与新浪微博相互告知。人们在事先有准备规划，很多人备有面具、横幅、T 衫、标语牌。

网友在微博里发布："这种剧毒化工品一生产，大连意味着放了一颗原子弹，大连人民以后的生活将在白血病、畸形儿中度过。我们要生活、我们要健康"、"1000 枚瞄准台湾的导弹，也远远抵不上对二甲苯储存罐爆炸的威力"、"按照国际惯例，PX 建厂应该离城市 100 公里以外，而大连的 PX 离大连仅仅 20 多公里。"

8 月 14 日晨，很多市民聚集在友好广场，然后高喊口号游行至市委市政府，接着前往人民广场，其间游行人群多次受到军警阻拦但未爆发冲突。游行人群抵达人民广场，现场有"我们要生存、我们要环境、还我大连、PX 滚出大连"等标语，还有人戴着防毒面具手举"还我空气"横幅。一位女生哭着举着标语"救救我的家乡"。大家原地坐下继续喊口号并要求市长出面与市民对话。据报道，参加示威人数有 12000 多名。

上午 10 时许大连市委书记唐军出现在一辆警用面包车上向游行市民喊话。在唐军宣布福佳大化 PX 项目即日停产并尽快搬迁后，群众要求唐军给出期限，在没得到唐军正面回应后，市民高喊"滚蛋"，唐军随后也离开了现场。

中午时出现了反对腐败的诉求，市民提出了四点要求：第一，立即停产；第二，宣布搬迁时间；第三，追究责任人；第四，媒体公开事件。

下午人民广场的集会继续，当天 14 时许，小批武警前往集会人群的后方并抢夺市民们的条幅和标语,引起市民不满。双方爆发冲突,市民们向武警投掷矿泉水瓶、花坛的栏杆等物品,其间武警准备带走一个人但被市民抢回。击退武警后集会市民又迎接了另外的一个从市区内方向走来的游行队伍。16 时许,市民开始离开广场准备游行至市委,当日大连其他地区也爆发示威。

8 月 15 日,有部分学生到福佳总部抗议并要求他们搬迁并公布内幕。

解　　决

实际上,就在溃坝的第二天即 8 月 9 日,大连市委市政府就连夜召开紧急会议,将大连福佳大化 PX 项目的搬迁提上议程。

8 月 14 日下午,大连市委、市政府决定,福佳大化 PX 项目立即停产,并正式决定该项目将被搬迁。

8 月 17 日,大连市各大媒体都刊登了市政府部署福佳大化停产后安全工作的消息,而在此消息旁边是福佳大化"立即进行 PX 项目停产工作"的董事会决定。

然而,据有些媒体报道,该工厂在 8 月 15 日仍在正常运行。有知情人士对媒体称,在政府的要求下,福佳大化于 9 月份有过一次停产,但自 9 月下旬起就一直在正常生产。

12 月 29 日,大连市政府一位官员表示,大连福佳大化石油化工有限公司 PX 项目,经安全整顿并达标后,已于近期恢复生产。同时强调该项目的搬迁工作还在推进中,并未停滞,也没有"收回搬迁"这个说法。

资料来源：马奔，王昕程，卢慧梅.当代中国邻避冲突治理的策略选择——基于几起典型邻避冲突案例的分析[J].山东大学学报(哲学社会科学版)，2014(3)；大连福佳大化PX项目防波堤遭台风梅花冲垮，新浪网：https://news.qq.com/a/20110808/001525.htm。

图书在版编目(CIP)数据

邻避治理:理论与实践/徐祖迎,朱玉芹著.
—上海:上海三联书店,2018.
ISBN 978-7-5426-6375-7

Ⅰ.①邻… Ⅱ.①徐…②朱… Ⅲ.①城市管理—研究—
中国 Ⅳ.①F299.23

中国版本图书馆 CIP 数据核字(2018)第 141612 号

邻避治理:理论与实践

著 者 徐祖迎 朱玉芹

责任编辑 钱震华
装帧设计 汪要军

出版发行 上海三联书店
(201199)中国上海市都市路 4855 号
印 刷 江苏常熟市东张印刷有限公司

版 次 2018 年 8 月第 1 版
印 次 2018 年 8 月第 1 次印刷
开 本 700×1000 1/16
字 数 360 千字
印 张 23.5
书 号 ISBN 978-7-5426-6375-7/C·575
定 价 78.00 元